21 世纪普通高等院校系列规划教材

ERSHIYI SHIJI
PUTONG GAODENG
YUANXIAO
XILIE GUIHUA JIAOCAI

主　编　文兴斌　张育强
副主编　兰庆莲　刘　军　苏永刚

财务软件的比较与维护

Caiwu Ruanjian de Bijiao yu Weihu

 西南财经大学出版社
Southwestern University of Finance & Economics Press

图书在版编目(CIP)数据

财务软件的比较与维护/文兴斌,张育强主编.—成都:西南财经大学出版社,2010.12(2015.7 重印)

ISBN 978-7-5504-0017-7

Ⅰ.①财… Ⅱ.①文…②张… Ⅲ.①会计—应用软件 Ⅳ.①F232

中国版本图书馆 CIP 数据核字(2010)第 237350 号

财务软件的比较与维护

主编:文兴斌 张育强

策　　　划:肖勋
责任编辑:李雪
助理编辑:高玲 王林一
封面设计:杨红鹰
责任印制:朱曼丽

出版发行	西南财经大学出版社(四川省成都市光华村街 55 号)
网　　址	http://www.bookcj.com
电子邮件	bookcj@foxmail.com
邮政编码	610074
电　　话	028-87353785　87352368
印　　刷	四川森林印务有限责任公司
成品尺寸	185mm×260mm
印　　张	20.5
字　　数	505 千字
版　　次	2010 年 12 月第 1 版
印　　次	2015 年 7 月第 2 次印刷
印　　数	3001—4000 册
书　　号	ISBN 978-7-5504-0017-7
定　　价	39.80 元

21 世纪普通高等院校系列规划教材
编　委　会

总 序

为推进中国高等教育事业可持续发展，经国务院批准，教育部、财政部启动实施了"高等学校本科教学质量与教学改革工程"（下面简称"质量工程"）。这是深入贯彻科学发展观，落实"把高等教育的工作重点放在提高质量上"的战略部署，在新时期实施的一项意义重大的本科教学改革举措。"质量工程"以提高高等学校本科教学质量为目标，以推进改革和实现优质资源共享为手段，按照"分类指导、鼓励特色、重在改革"的原则，加强课程建设，着力提升我国高等教育的质量和整体实力。为满足本科层次经济类、管理类教学改革与发展的需求，培养高素质有特色应用型创新型人才，迫切需要普通本科院校经管类教学部门开展深度合作，加强信息交流。值得庆幸的是，西南财经大学出版社给我们搭建了一个平台，协调组织召开了普通本科院校经管院系的院长（主任）联席会议，就教学、科研、管理、师资队伍建设、人才培养等方面问题进行了广泛而深入的研讨。

为了切实推进"质量工程"，第一次联席会议将"课程、教材建设与资源共享"作为讨论、落实的重点。与会同志对普通本科的教材内容建设问题进行了深入探讨，认为目前各高校使用的教材存在实用性和实践性不强、针对性不够等问题，需要编写一套高质量的普通本科教材，以促进课程体系和教学体系的合理构建，推动教学内容和教学方法的创新，形成具有鲜明特色的教学体系，有利于普通本科教育的可持续发展。通过充分的研讨和沟通，会议一致同意，共同打造切合教育改革潮流、深刻理解和把握普通本科教育内涵特征、贴近教学需求的高质量的 21 世纪普通高等院校系列规划教材。

鉴于此，本编委会与西南财经大学出版社合作，组织了乐山师范学院旅游与经济管理学院、西南科技大学经济管理学院、西华师范大学管理学院、西华师范大学历史文化学院、宜宾学院经济管理系、成都大学管理学院、成都大学经济政法学院、成都大学旅游文化产业学院、攀枝花学院经管学院、吉林农业科技学院经济管理学院、内江师范学院经济与管理学院、成都理工大学商学院、成都信息工程学院商学院、成都信息工程学院管理学院、西华大学管理学院、四川农业大学经济管理学院、四川理工学院经济管理学院、佛山科技大学经济管理学院、西昌学院经管系等院系的老师共同编写本系列规划教材。

本系列规划教材编写的指导思想：在适度的基础知识与理论体系覆盖下，针对普通本科院校学生的特点，夯实基础，强化实训。编写时，一是注重教材的科学性和前沿性，二是注重教材的基础性，三是注重教材的实践性，力争使本系列教材做到"教师易教，学生乐学，技能实用"。

本系列规划教材以立体化、系列化和精品化为特色，包括教材、辅导读物、讲课课件、案例及实训等；同时，力争做到"基础课横向广覆盖，专业课纵向成系统"；力争把每本教材都打造成精品，让多数教材能成为省级精品课教材、部分教材成为国家级精品课教材。

为了编好本系列教材，在西南财经大学出版社的支持下，编委会经过了多次磋商、讨论。首先，成立了由西南财经大学副校长、博士生导师丁任重教授任名誉主任，西华大学管理学院院长章道云教授任主任，西南科技大学经济管理学院院长王朝全教授、宜宾学院经济与管理学院院长李成文教授、成都理工大学商学院院长龚灏教授、四川理工学院经济管理学院院长彭礼坤教授、佛山科技大学经济管理学院院长傅江景教授任副主任，其他院系院长（主任）参加的编委会。在编委会的组织、协调下，第一批规划了公共基础、工商管理、财务与会计、旅游管理、电子商务、国际商务、专业实训、金融、综合类九大系列 70 余种教材。下一步根据各院校的教学需要，还将组织规划第二批教材，以补充、完善本系列教材。其次，为保证教材的编写质量，在编委会的协调下，由各院校具有丰富教学经验并有教授或副教授职称的老师担任主编，由各书主编拟出大纲，经编委会审核后再编写各教材。同时，每一种教材均吸收多所院校的教师参加编写，以集众家之长，取长补短。

经过多方努力，本系列规划教材终于与读者见面了。值此之际，我们对各院系领导的大力支持、各位作者的辛勤劳动以及西南财经大学出版社的鼎力相助表示衷心的感谢！

21 世纪普通高等院校系列规划教材编委会

2008 年 12 月

前　言

　　随着计算机技术在经济管理中应用的不断深入，企业信息化已经从单一部门延伸到财务业务一体化，财务与业务高度协同。广大的中小企业已经成为我国经济发展的重要组成部分之一，作为中小企业的企业化建设已成为当前最受关注的热点之一，而其中最为重要的就是财务会计信息化建设。本书通过对目前中小企业信息化建设中应用较多的财务业务一体化软件进行研究和分析，选择了金蝶KIS、速达、浪潮、管家婆和金算盘等软件的最新版本，通过众多实例介绍了中小企业运用相关软件开展财务业务一体化工作的相关知识与操作步骤。其中不但介绍了面向中小企业的常用软件的特点、功能结构、操作流程和操作方法，还重点就相关软件的技术基础、安装和日常运行管理与维护等进行了较详细的讲解。在本书的各章中都附有相关软件操作的案例资料，以供读者在学习过程中学练结合，从而达到充分掌握相关应用软件，实现财务会计信息化的目的，直至为中小企业信息化打下良好的基础。

　　本书具体内容安排如下：

　　第一章金蝶KIS专业版V10.0的应用。本章详细介绍了金蝶KISV10.0版的操作应用，内容主要包括金蝶KIS的安装与配置，账套的管理，系统的基础设置与初始化，财务处理及报表分析等内容。本章内容以实务为中心，通过详细的操作指导与原理，讲解了金蝶KISV10.0版的使用，并附以实账模拟资料进行练习。

　　第二章速达7000SaaS工业版V3.6版的应用。本章详细介绍了速达7000工业SaaSV3.6版的操作应用，其中包括速达7000SaaS工业版V3.6系统的安装与配置，账套管理，基础资料及其初始化，财务管理，资金管理和报表中心。本章同时提供了速达7000工业SaaS3.6版的一套完整的模拟练习，以期通过相关练习让读者深入掌握速达7000工业SaaS3.6版的各项操作访法和步骤。

　　第三章浪潮myGS pSeries管理软件V9.0的应用。本章详细介绍了浪潮myGS pSeries管理软件的操作应用，包括浪潮myGS pSeries管理软件的安装与配置、账套管理，并特别就浪潮的财务会计部分的账务账务处理、辅助管理、固定资产、工资管理，以及报表管理进行系统介绍。本章同时提供了浪潮myGS pSeries管理软件V9.0版的一套完整的模拟练习，以使读者深入掌握浪潮myGS pSeries管理软件V9.0版的各项操作方法和步骤。

　　第四章管家婆财贸双全+V8.8的应用。本章详细介绍了管家婆财贸双全+V8.8的操作应用，其中主要包括管家婆财贸双全+V8.8的安装与配置，基础资料和期初建账，财务管理，业务报表和财务报表。通过大量的操作实例，以财务业务为中心，重点介绍了软件的各项操作方法和步骤。

第五章金算盘 eERP－B V6.22 的应用。本章主要介绍了金算盘金算盘 eERP－B V6.22 的操作应用，其中主要包括金算盘 eERP－B V6.22 的安装与配置，账套管理和基础设置，财务管理的总账处理、工资管理、固定资产管理和分析查询等内容，并提供一模拟实例供练习使用。

第六章典型财务软件的比较与系统维护。本章针对金蝶 KIS 专业版 V10.0、速达 7 000 SaaS 工业版 V3.6、管家婆财贸双全 V8.8、浪潮 myGS pSeries 管理软件 V9.0 版和金算盘 eERP－B V6.22 等几款典型财务软件就其功能、应用领域、用户及市场占有率等方面进行了综合的比较，对系统软件维护、基本优化设置等进行了详细的描述，特别是对财务软件及其数据库支撑平台本身的维护进行了深入的探讨。

在本书的编写过程中，编者不仅注意相关软件的基本功能、应用特点操作流程等的介绍，更着眼于实践技能的培养，通过丰富的操作实例详细介绍了相关软件的操作应用，特别是在各章中都精心设计了操作案例资料，更可以让读者融会贯通，学以致用。

本书根据中小企业财务会计信息和相关软件的特点，合理选择相关软件并安排各章节内容，通过规范的语言和详尽的操作方法和步骤，力求把相关软件的基本操作讲清楚；同时，在各章中都有案例资料供上机操作，以便读者在学习过程中学练结合，进而充分掌握每章的知识。本书既适合各高等院校及职业学校作为学习财务软件的理想教材，也可作为各类培训学校最佳的教学用书；本书对广大想学习财务软件的读者来说也是难得的学习用书。

本书由成都信息工程学院商学院的文兴斌、张育强主编，兰庆莲、刘军、苏永刚副主编，各章分工如下：第一章刘军、第二章苏永刚、第三章张育强与四川航天职业技术学院王江霞、第四章文兴斌、第五章文兴斌与成都职业技术学院熊敏、第六章兰庆莲，全书由文兴斌总纂并审稿。

在本书的编写过程中，得到了相关软件公司的大力支持，在此致以衷心的感谢。由于时间仓促，加之编者的水平有限，书中难免会有错误，恳请读者不吝指正。

编者

二〇一〇年九月

目　录

第一章　金蝶 KIS 专业版 V10.0 的应用

金蝶 KIS 是金蝶软件（中国）有限公司基于微软 Windows 平台开发的最新产品，它以我国当前的会计理论及财务管理实务为基础，以"拓展会计核算，强化企业管理"为指导思想，是面向小型企业的管理解决方案。

第一节　系统的安装与启动

一、系统特点

金蝶 KIS 是以"让管理更简单"为核心设计理念，面向小型企业管理需求开发设计，旨在提高管理能力、完善规范业务流程，全面覆盖小型企业管理的五大关键环节：老板查询、财务管理、采购管理、销售管理、仓存管理。

1. 高性价比

金蝶 KIS 产品充分为用户着想，是采用最成熟的技术，本着"Keep It Simple"的原则开发的新产品，对运行环境要求不高，对用户硬件配置要求低。用户无须额外升级现有的电脑软硬件，也无须再多花钱购买配套的数据库软件等，即可快速投入使用，极大节省用户投资。

2. 快速应用，快速见效

金蝶 KIS 的界面设计标准，美观大方。业务流程设计清晰，账簿报表一目了然。软件的模块化程度高，在一个模块中聚合了多种功能，您只需记忆少量功能模块的使用方法就能完成全部工作。同时，随同产品还提供了金蝶 KIS 多媒体教学光盘，便于自学，使用户可在最短时间内上手。

3. 多视角的财务核算与分析查询

在实现财务核算的同时，企业需要对一些重要项目（如供应商、客户、部门、在建工程、产品成本等等）进行单独管理，金蝶 KIS 的核算项目为企业的特殊管理需求提供了完善的解决方案。

同时，借助核算项目，可以实现对往来账的管理。客户和供应商是企业价值链上的两个重要环节。加强对单位往来的管理，不仅有利于加强对于往来款项的管理，减少坏账损失，加速资金周转，提高企业经济效益，而且有利于营造一个高增值的价值链，为企业的长期、快速发展提供良好的经营环境。使用金蝶 KIS 的往来管理，实现对企业财务活动的事中控制。

4. 直观简洁的财务分析

金蝶 KIS 不仅帮助财务核算人员极大地简化了日常工作，而且要为财务管理人员提供管理决策的平台。金蝶 KIS 的财务分析功能，可结合自定义财务分析报表，以账务核算数据为基础，采用专业的财务分析方法，对企业当前财务状况、经营成果进行评析，并且以图表等方式直观地展现出来。通过对企业财务活动的事后分析，对企业未来财务状况、经营成果进行预测，从而为企业财务决策提供正确的依据。

二、系统的安装

1. 系统配置要求

（1）服务器端

CPU：最低要求 1 GHz Pentium 4 处理器，推荐 1.7 GHz Pentium 4 处理器及以上。

内存：最低 RAM 要求 512MB，推荐 1G 内存。

硬盘：需要 1GB 以上的可用空间。

（2）客户端

CPU：最低要求 600 兆赫（MHz）Pentium III 处理器，推荐 1 GHz Pentium 4 处理器及以上。

内存：最低 RAM 要求 256MB。

硬盘：需要 500 MB 以上的可用空间。

（3）操作系统

服务器端及客户端：Windows Server 2003 简体中文版，Windows 2000 Server 简体中文版，Windows XP Professional 简体中文版，Windows 2000 Professional 简体中文版。

2. 安装过程

KIS 专业版需要 MSDE（SP4）数据库或 SQL SERVER 2000 的支持，所以安装系统前必须先安装数据库。安装步骤如下：

第一步：在光盘驱动器中放入金蝶产品光盘，安装向导会自动启动。如果安装向导没有自动启动，请用鼠标右键单击光盘驱动器，选择"打开"功能，在打开的光盘路径下执行 KISSetup. exe 文件来启动安装向导，如图 1-1 所示。

图 1-1　KIS 专业版安装向导

第二步：执行安装向导中的"环境检测"功能，按提示完成环境安装直到系统提示可以安装专业版了。

第三步：执行安装向导中的"安装金蝶 KIS 专业版"，安装程序将一步步地引导用户完成安装，安装完成后，系统会在桌面和开始菜单里创建图标。

当安装到"选择组件"（选择客户端、服务器端的界面）步骤时，如果选择了安装服务器端系统默认检测是否安装了需要的数据库，如果没有，金蝶安装程序会自动帮客户安装上 MSDE 数据库。

服务器端安装时，安装程序自动恢复金蝶 KIS 专业版演示账套，这样用户在初次使用的时候马上可以登录系统，不需要新建账套即可感受系统的简洁性。该账套的预设用户名为 manager，密码默认为空。

三、系统的启动

1. 服务器端

可以通过任务栏右下角图标查看是否启动数据库服务器和 KIS 加密服务器，如图 1-2 所示。

图 1-2　启动 KIS 专业版时任务栏的服务器状态

单击"开始—程序—金蝶 KIS 专业版—工具—加密服务器"，打开如图 1-3 所示的 KIS 加密服务器，在此可进行软件注册设置，并记录系统的运行状态。

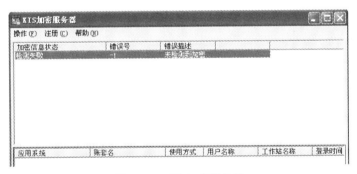

图 1-3　KIS 加密服务器

2. 客户端

单击"开始—程序—金蝶 KIS 专业版—金蝶 KIS 专业版"，进入如图 1-4 所示的系统登录界面。

用户选择或填入自己的用户名、密码，选择所需的账套进行登录后，即会进入到金蝶 KIS 专业版如图 1-5 所示的系统主界面。

整个界面分三个功能区：主功能选项—子功能—相关基础资料及账表管理，子功能区采用流程导航表现形式。

主界面不设置产品功能性菜单，主功能调用直接通过界面功能按钮调用，直观便捷；直接连接金蝶 KIS 网站、在线服务和友商网。

按 F1 键可以调用帮助功能。

图 1-4　KIS 系统登录

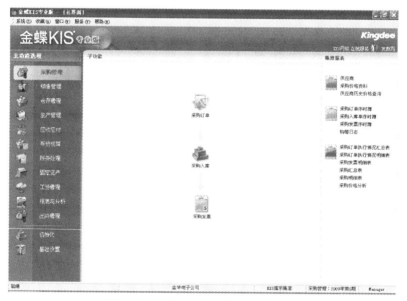

图 1-5　金蝶 KIS 专业版 10.0 主界面

第二节　账套管理

　　账套在系统中是非常重要的，它是存放各种数据的载体，各种财务数据、业务数据都存放在账套中。账套本身其实就是一个数据库文件。

　　在金蝶 KIS 专业版中，一个账套主要包含如表 1-1 所示的信息。

表 1-1　　　　　　　　　　　　　　　　账套信息

数据项	说明	是否必填项
账套号	账套在系统中的编号。用于标识账套具体属于哪个组织机构。	是

表1-1(续)

数据项	说明	是否必填项
账套名	账套的名称	是
账套描述	描述账套的信息	否
数据库文件路径	账套保存的路径。该路径是指数据服务器上的路径，由选择的数据库服务器决定	是
公司名称	公司的名称	否
地址	公司的地址	否
电话	公司的电话	否

一、新建账套

　1. 账套管理登录

　第一次进入金蝶 KIS 专业版，用户可以单击"开始—程序—金蝶 KIS 专业版—工具—账套管理"，出现如图 1-6 所示的界面。

图 1-6　账套登录

　在"账套管理登录"界面中输入用户名（系统默认用户名为 Admin）和密码（初始密码默认为空），就可以登录到账套管理界面，如图 1-7 所示。

图 1-7　账套管理

　账套管理的登录密码是可以修改的。修改的方法是：在账套管理界面，选择菜单"系统一修改密码"，在弹出的"更改密码"界面中，输入旧密码（此时系统默认为空）、新密码和确认密码，然后单击"确定"，登录密码就修改成功了。

2. 新建账套

在账套管理界面，单击菜单"操作—新建账套"，进入如图 1-8 所示的界面。

在"新建账套"界面，输入必要的各种账套信息：账套号、账套名、选择数据库的文件路径。所有信息都输入正确之后，单击"确定"按钮，系统就会开始自动进行账套的创建过程了。

在"操作"菜单下，系统提供了"注册账套"的功能。当数据库账套在 SQL 服务中有注册时，可以直接注册到账套管理中。

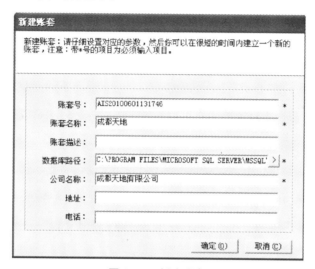

图 1-8　新建账套

二、删除账套

在如图 1-7 所示的账套管理对话框中，用鼠标单击选中要删除的账套，选择菜单"操作—删除账套"，系统会给出一个是否确定删除的提示，单击"是"，然后系统会给出是否要备份账套的提示，如果要备份，就选择"是"，否则就选择"否"，该账套就被删除了。

三、账套的备份与恢复

1. 备份账套

为了保证账套数据的安全性，需要定期对账套进行备份。一旦原有的账套毁坏，则可以通过账套恢复功能将以前的账套备份文件恢复成一个新账套进行使用。

本功能可以将账套文件备份成一个新的金蝶 KIS 账套。

（1）手动备份。

①在"账套管理"界面，选择需要备份的账套。

②选择菜单"操作—手动备份账套"，打开"账套备份"界面，如图 1-9 所示，选择需要备份的路径，输入备份账套的名称。

③设置好后，单击"确定"按钮即可开始备份账套，完成时系统提示生成了两个文件，即数据库文件（.bak）和说明性文件（.dbb）。

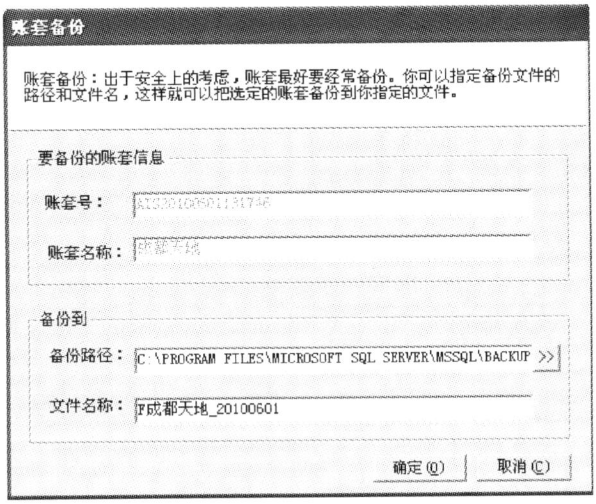

图 1-9　手动备份账套

（2）自动备份设置。

①在"账套管理"界面，选择菜单"操作—自动备份账套"，打开"自动备份账套"界面，如图 1-10 所示，选择需要备份的路径。

②备份方案设置中的两个选项说明。

发生于每天：这是一个时间参数，说明自动备份发生在什么时间，采用 24 小时制。系统默认为凌晨 2 点，天数控制为 3 位。

删除早于此时间的文件：设定一个过期期限，如 7 天或 30 天，程序会自动帮助删除这些文件，天数控制为 3 位。勾选才起效，不勾不起效。

③设置好后，单击"确定"按钮即可。当方案保存后，只有重启加密服务器自动备份设置才能生效。

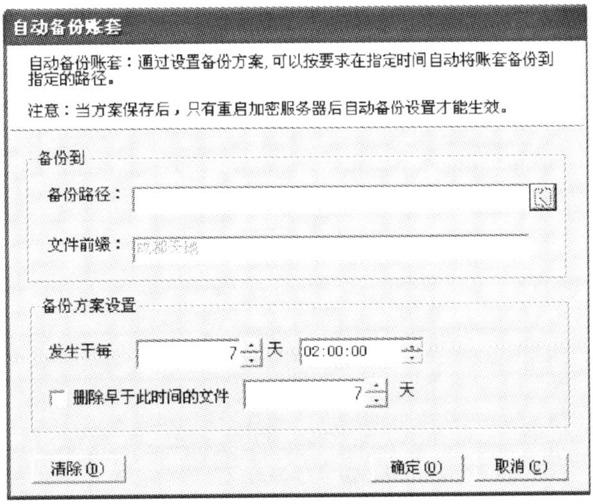

图 1-10　自动备份账套

2. 恢复账套

本功能可以将备份的账套文件恢复成一个新的金蝶 KIS 账套。

（1）在"账套管理"界面，选择菜单"操作—恢复账套"，打开"恢复账套"界面，如图 1 - 11 所示。

（2）选择需要恢复的账套。

（3）在"账套号"和"账套名"处输入拟新建账套的账套编号和名称，编号和名称不允许同系统中已有账套的编号或者名称重复。

（4）设置好后，单击"确定"即可开始恢复账套。

如果是自动备份的账套，由于是压缩文件，所以格式不同，在恢复时会有一个自解压过程。

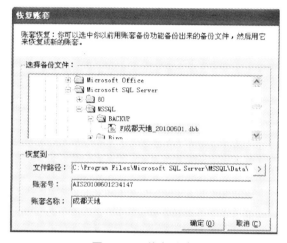

图 1 - 11　恢复账套

四、查看账套

本功能是控制不同用户所能看到的账套，即用户只能看到自己权限范围内的账套。

（1）在"账套管理"界面，选择菜单"操作—查看账套"，进入如图 1 - 12 所示的界面。

图 1 - 12　查看账套

（2）"查看账套"界面分为两部分，左侧为用户列表，列示了对应服务器下所有账套的用户。可以单击单选，也可以利用 CTRL 键一次选择多个用户授予相同账套查看权限。右侧的账套列表把所有账套列出来。选定用户后可以勾选需要其查看的账套赋予查看权限。

（3）选择完毕后单击"保存"按钮并退出。用户重新登录时，输入用户名，系统自动显示赋予了用户查看权限的账套名称。新建账套和升级账套以及恢复账套都保持所有操作员拥有所有账套的查看权限，即保持不使用此功能的用户不需要额外操作就能保持 9.0 版本的操作习惯。

新建用户也默认有权查看所有账套。

五、修改账套属性

（1）在"账套管理"界面，选择需要修改属性的账套。

（2）单击菜单"操作—属性设置"，进入如图 1 - 13 所示的界面。

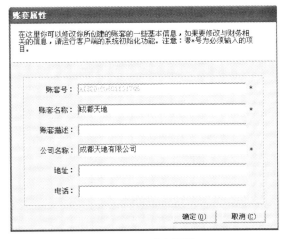

图 1 - 13　账套属性

（3）除账套号不能修改外，用户可以修改账套名称、公司名称等信息，单击"确定"按钮后，系统就会保存所作的修改。

第三节　基础设置和初始化

一、基础设置

基础设置主要是对系统所需的各项基础资料进行维护管理，主要包括会计科目、币别、凭证字、计量单位、结算方式、核算项目、辅助资料、收支类别、采购价格资料、销售价格资料、组装件 BOM、物料辅助属性、系统参数、单据设置、条形码规则、条形码关联、用户管理、上机日志等内容。

在金蝶 KIS 系统主界面上，单击主功能选项的"基础设置"，进入基础资料的维护管理界面，如图 1 - 14 所示。

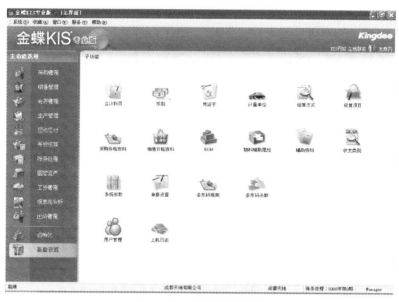

图 1-14　基础设置界面

1. 科目维护

在主界面上，单击"基础设置—会计科目"，进入如图 1-15 科目维护界面，以进行科目组维护、新增从模板中引入科目、修改、删除、浏览、科目禁用、管理科目禁用、引出、打印、预览。

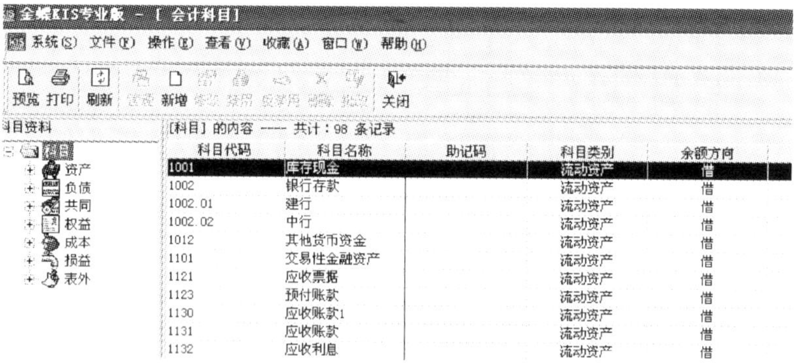

图 1-15　科目维护界面

（1）科目组管理。在金蝶 KIS 系统中，会计科目体系是树形结构的，可以进行分级管理。

系统将会计科目分为两级，第一级包括资产、负债、共同、权益、成本、损益、表外七大类，每类科目下面又进行了再次分类，便构成第二级，如资产分为流动资产和长期资产，在科目设置中必须选择某一个具体的科目类别。

第一级七类科目无论是名称还是代码都是不可以修改的。而对第一级七大类科目下设置的各个科目组，可以对系统预设置的类别进行修改，也可以进行增加下级的明细。修改科目组的操作步骤：

①在"基础设置—会计科目"界面中，选中某一个需要进行修改的科目组，如"流动

资产"。

②选择"操作—修改科目"，或者在科目上单击右键，在弹出的菜单上选择"修改科目"，进入"科目组编辑"界面。

③修改名称后，单击"确定"，完成科目组的修改。

（2）新增科目。选择"操作—新增科目"，进入如图 1-16 所示的"会计科目—新增"界面，在界面内输入科目信息。

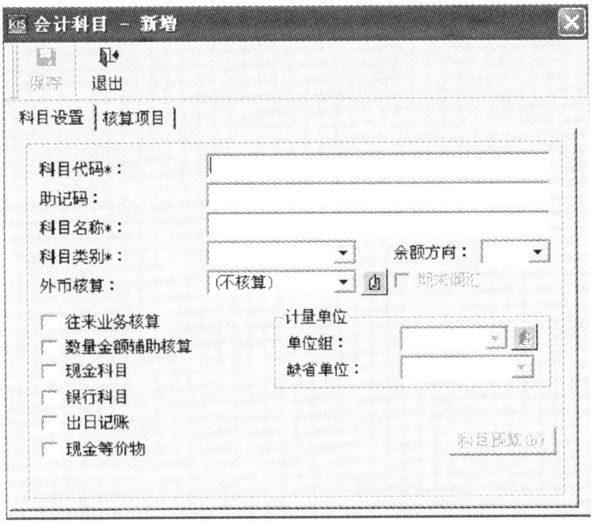

图 1-16　会计科目—新增

输入科目的各种信息后，如果还需要为科目增加需要进行核算的核算项目，则选择"核算项目"页签，单击"增加核算项目类别"，在打开"核算项目类别"界面内选择需要的核算项目，单击"确定"。一个科目允许增加最多四个核算项目。

（3）从模板中引入科目。为了提高用户录入科目的速度，系统提供了引入标准科目的功能。

选择"文件—从模板中引入科目"，打开"科目模板"界面。

选择引入科目的所属行业类型，然后单击"引入"，打开"引入科目"界面，选择要引入的科目。如果要引入所有科目，则单击"全选"即可。

单击"确定"，即可将用户选择的科目引入到系统中来。对引入的科目可以根据情况再进行修改。

（4）修改科目属性。如果要修改某一科目，则先选中该科目，然后在菜单上选择"操作—修改科目"，或右击选择"修改科目"，或双击该科目，弹出"科目—修改"界面，输入科目的修改内容，单击"保存"。

（5）科目预算管理。科目预算可以设置一些简单的预算数据，实现预算管理。通过设置科目预算值后，当在录入凭证时，设置的科目数据超过科目预算值或低于预算值时，系统将提供"不检查、警告、禁止使用"三种方式给用户进行处理，提供了一种事前监控的手段。具体的控制方式在"账务处理—凭证录入—操作—预算控制选项"中进行设置。

先选中需要进行科目预算管理的科目，然后在菜单上选择"操作—修改科目"，或右击选择"修改科目"，或双击该科目，打开"科目—修改"界面，单击界面上的"科目预算"，弹出"科目预算"界面。

在"科目预算"界面，需要分期间分币别录入最明细级科目的预算数据，具体的操作有三种方式：

①没有核算项目的科目的预算数据录入。

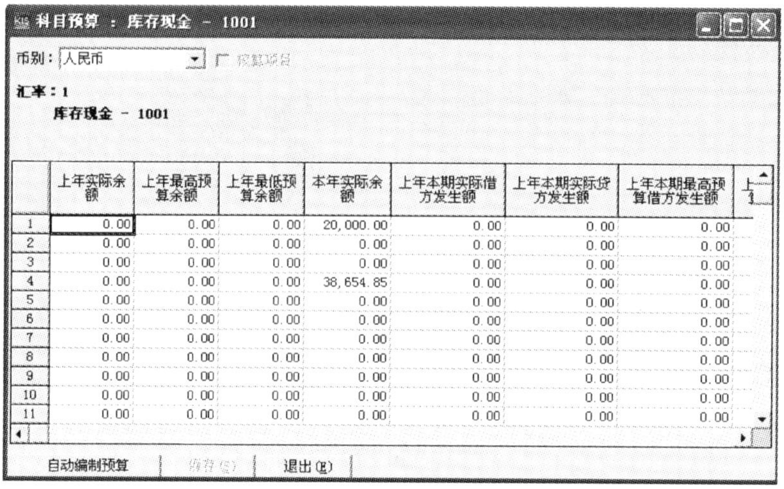

图1-17 没有核算项目的科目预算

在图1-17中，是一个没有带核算项目的会计科目的预算数据录入的界面，预算数据是分期间来进行显示的，用户在此处输入相应的数据保存即可。

②带核算项目的会计科目的预算数据的录入。如果科目下设了核算项目，进行预算数据录入的界面如图1-18所示：

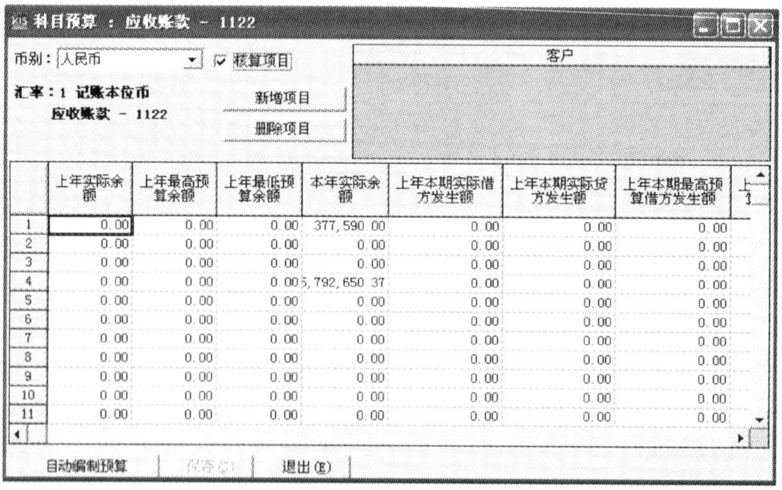

图1-18 带核算项目的科目预算

如果会计科目带了核算项目，则"核算项目"复选框为可选状态。只有选中了这个选项后，"本年最高预算"和"本年最低预算"这两列的数据才会变为可录入的状态，否则为黄色的不可修改的状态。

在进行带核算项目的会计科目的预算数据录入前，必须首先指定具体的核算项目，如果科目带有多个核算项目类别，则必须指定核算项目的组合。

单击"新增项目"，在右边的核算项目列表框中将会增加一条空白记录（列头上会显示核算项目类别的信息，科目下设置了几个核算项目类别，则显示几列，每一列的列头上是核算项目类别的信息），双击这条空白的记录，会弹出核算项目指定的界面。

③科目预算数据的自动编制。在"科目预算"界面，单击"自动编制预算"，打开"自动编制预算"界面，数据来源中有两种选择，"上年实际数"和"上年预算数"，两者必选其一，如在数据来源中选择"上年实际数"，"比例数"中应手工录入计算的比例，如10%，表示的意义是，本年预算数＝上年预算数×10%。

采用这种方法可以快速的进行预算数据的编制，无须分期间地手工录入预算数据。对于一些费用的预算，如需要以前年度的发生额为依据，本年进行控制为上年的90%来做预算，此时就可以采用这种方法来生成预算数据。当然这些数据还可以进行手工的修改，系统以最后一次修改后的数据为准。

（6）禁用科目。如果要禁用某一科目，则先选中该科目，然后在菜单上选择"操作—禁用"，或右击选择"禁用"。禁用后该科目不能被修改、删除，其他系统也不能使用该科目。禁用后该科目在浏览界面上看不到，如果要在浏览界面上看到已经禁用的科目，则可在菜单上选择"查看—选项"，打开选项界面，将"显示禁用基础资料"打上钩，如图1-19所示。

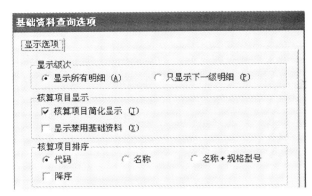

图 1 - 19　基础资料查询选项

2. 币别维护

在企业的经营活动中，都是以币别作为交易的媒介和度量单位的。对于涉外企业，其交易活动中不可避免的涉及多种币别，为了方便用户对不同币种的业务数据进行记录和度量，系统提供了币别这个基础资料。

在主界面上，选择"基础设置—币别"，进入币别维护界面，可以对币别进行新增、修改、删除、禁用、反禁用、引出、打印、预览。

（1）新增币别。在图1-20"基础设置—币别"界面，选择"操作—新增币别"，进入"币别—新增"界面，在界面内输入币别信息。

（2）修改币别。如果要修改某一币别，则先选中该币别，然后在菜单上选择"操作—修改币别"，或右击选择"修改币别"，或双击该币别，弹出"币别—修改"界面，输入币别的修改内容即可。

（3）禁用币别。如果要禁用某一币别，则先选中该币别，然后在菜单上选择"操作—禁用币别"，或右击选择"禁用币别"，禁用后该币别在浏览界面看不到，其他系统也不能

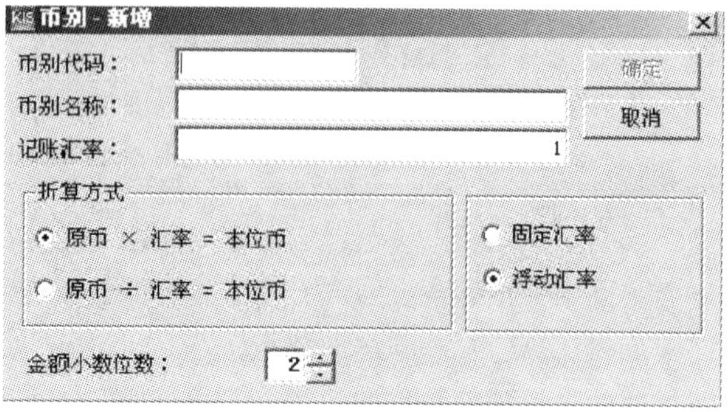

图 1 - 20　基础设置—币别

使用该科目。

3. 凭证字维护

凭证字就是凭证类别。

进入主界面后，选择"基础设置—凭证字"，进入凭证字维护界面。在凭证字设置界面中可以对凭证字进行初始数据录入和日常维护操作，具体操作包括：新增、修改、删除、浏览、禁用、反禁用、设置默认凭证字、引出、打印、预览。

由于上述大部分操作与科目、币别等的操作方法相似。下面具体介绍设置默认凭证字的操作。

选中一凭证字，菜单上选择"操作—设为默认值"，或右击选择"设为默认值"，则可以将指定的凭证字设为默认凭证字，在新增凭证时，该凭证字将自动带入到凭证中。想更改默认凭证字，选中另一个凭证字重复上述操作即可，则默认凭证字变为当前的凭证字。

限制多借多贷凭证即在账务处理系统进行凭证录入时，如果选择了限制多借多贷的凭证字，则系统将对当前凭证进行判断，如是多借多贷凭证，则该凭证不允许保存。对于一借一贷、一借多贷、多借一贷的凭证系统不做上述限制。

4. 计量单位维护

存货的设置必定涉及计量单位。在金蝶 KIS 专业版中，计量单位的设置先要设置计量单位组，再在组中设置计量单位。同时在一个计量单位组中，有且只能有一个默认计量单位。

进入主界面后，选择"基础设置—计量单位"，进入计量单位维护界面，可以对计量单位组和计量单位进行维护管理。可以进行计量单位组修改、新增、删除、禁用、引出、打印、预览。

（1）计量单位组。在菜单上选择"操作—新增计量单位组"，进入如图 1 - 21 所示"计量单位组—新增"界面，输入计量单位组的名称后，单击"保存"，保存新增计量单位组的资料。

如果要修改某一计量单位组，则先选中该计量单位组，然后在菜单上选择"操作—修改计量单位组"，或右击选择"修改计量单位组"，弹出"计量单位组—修改"界面，输入计量单位组的修改内容即可。

如果要删除某一计量单位组，则先选中该计量单位组，然后在菜单上选择"操作—删除计量单位组"，或右击选择"删除计量单位组"。

（2）计量单位。计量单位包括代码、名称、换算率、类别四项信息，如图 1 - 22 所示：

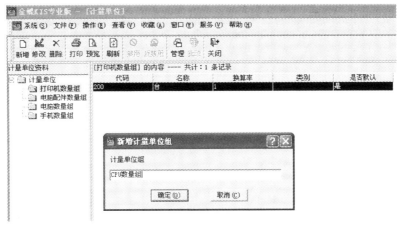

图 1-21　计量单位组—新增

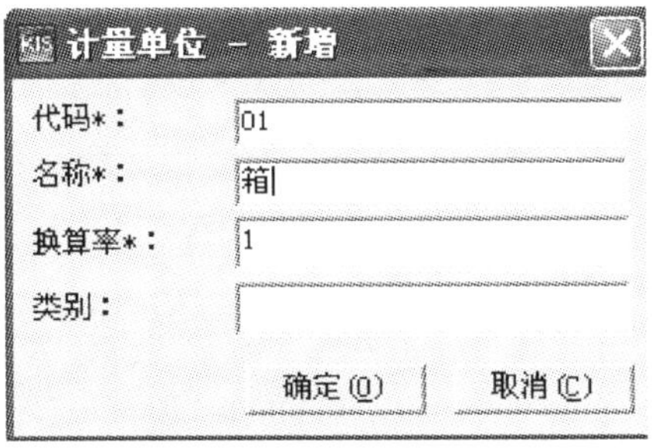

图 1-22　计量单位—新增

　　在新增界面中输入计量单位的代码、名称和系数（默认新增计量单位的系数为1）。单击"保存"，即可保存新增计量单位的资料。

　　如果该计量单位是当前计量单位组的第一个计量单位，那么系统会自动将该计量单位设为默认计量单位，该默认计量单位的系数系统会自动更改为 1（无论用户之前如何设置）。

　　默认计量单位是可以修改的。方法是：选择一个计量单位，选择"操作—设为默认单位"，这个计量单位就被改为了默认计量单位。如果这个计量单位的系数不是 1，系统会自动将这个计量单位的系数改为 1，同时其他计量单位的系数也会同比进行更改。

　　在一个计量单位组中，有且只能有一个默认计量单位。默认计量单位是计量单位组内其他计量单位进行换算的基础。所以设置默认计量单位时须谨慎。

　　5. 结算方式维护

　　进入主界面后，选择"基础设置—结算方式"，进入如图 1-23 所示的结算方式维护界面。在结算方式设置界面中可以对结算方式进行初始数据录入和日常维护操作。

　　结算方式的新增、修改、删除、浏览、禁用管理、引出、打印预览与科目、币别等的操作方法相似。

　　6. 核算项目维护

　　在金蝶 KIS 专业版中，核算项目是指一些具有相同操作、作用相类似的一类基础数据的统称。核算项目的共同特点是：

图1-23 结算方式维护

（1）具有相同的操作，如可以增删改，可以禁用，可以进行条形码管理，可以在单据中通过F7进行调用等。

（2）是构成单据的必要信息，如录入单据时需要录入客户、供应商、商品、部门、职员等信息。

（3）本身可以包含多个数据，并且这些数据需要以层级关系保存和显示。

具有这些特征的数据系统会把它们统一归到核算项目中进行管理。这样管理起来比较方便，操作起来也比较容易。

在金蝶KIS专业版中已经预设了多种核算项目类型，如客户、部门、职员、存货、仓库、供应商、现金流量项目等。用户也可以根据实际需要，自己定义所需要的核算项目类型。进入金蝶KIS主界面后，选择"基础设置—核算项目"，进入核算项目统一维护界面，对核算项目进行统一的维护和管理。对核算项目的维护具体可分为核算项目类别维护和核算项目维护。对于核算项目类别，用户可以进行新增、修改、删除。

而对于核算项目，用户可以进行新增、修改、删除、浏览、禁用、反禁用、条形码管理、引出（包括F7搜索结果引出）、打印、预览。

（1）核算项目类别管理。进入金蝶KIS主界面后，选择"基础设置—核算项目"，进入如图1-24所示"基础资料—全部核算项目"界面对核算项目类别进行统一的维护和管理。

虽然金蝶KIS专业版已经预设了多种核算项目，但由于企业自身情况千差万别，核算项目可能仍不能满足用户的实际需要。在这种情况下，用户可以根据自身需要，新增一些核算项目。

假定需要新增一个核算项目类别"银行"，包括的属性有银行的代码、名称、地址、区域。地址属性：类型为文本类型，长度为10。区域属性：为系统中已经存在的辅助资料。

操作步骤如下：

①在"全部核算项目"界面内，选择"核算项目"根目录，此时菜单内容相应改为对核算项目类别的操作。

②选择"操作—新增核算项目类别"，进入"核算项目类别—新增"界面，如图1-25所示。

③输入核算项目类别的代码和名称。

④代码、名称这两个属性不用新增，因为系统默认就有。

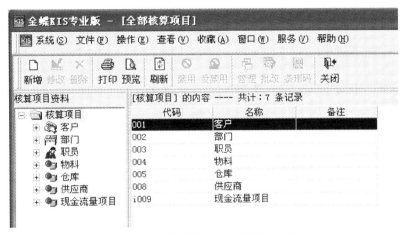

图 1-24 基础资料—全部核算项目

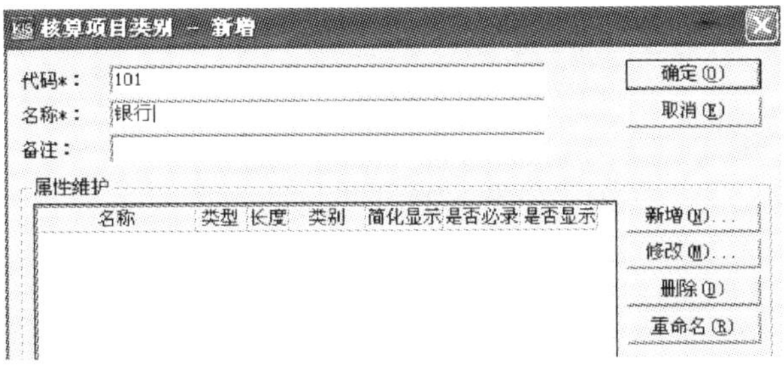

图 1-25 核算项目类别—新增

⑤单击"新增",打开"自定义属性-新增"界面,如图 1-26 所示。为该核算项目"银行"新增自定义属性"地址"。

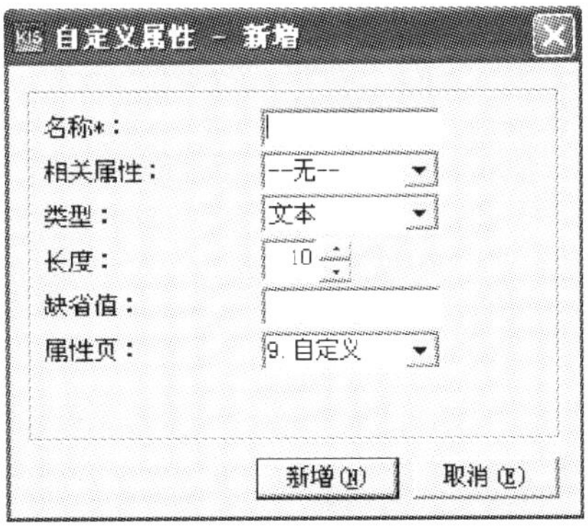

图 1-26 自定义属性—新增

⑥在"名称"处输入地址,"相关属性"保持为"无","类型"设置为"文本","长度"设为"10","缺省值"为空,"属性页"默认为"自定义"。

⑦ 输入完毕后,单击"新增",保存自定义属性的资料,返回到"核算项目类别—新增"界面。此时"核算项目类别—新增"界面自定义属性处多了一条记录。

⑧再次单击"新增",打开"自定义属性-新增"界面,为该核算项目"银行"新增

自定义属性"区域"。

⑨在"名称"处输入区域，相关属性处选择辅助资料"区域"，缺省值和属性页保持系统默认状况，不做变化。

⑩输入完毕后，单击"新增"，保存自定义属性的资料，返回到"核算项目类别—新增"界面。此时"核算项目类别—新增"界面自定义属性处一共有了两条记录。

⑪单击"确定"。核算项目类别"银行"就新增成功了。

（2）核算项目管理。系统中存在着各种核算项目，如客户、部门、职员等，而且用户也可以自定义增加核算项目类别，但是对这些核算项目又应该如何使用和管理呢？

下面就以核算项目"客户"为例来进行说明。

如何进入到客户基础资料中，对客户进行维护呢？进入的方法有两种：

①进入主界面后，选择"基础设置—核算项目管理"，进入核算项目统一维护界面。在这里，可以对系统中的所有核算项目进行统一的维护和管理，不仅仅是客户，还有其他的核算项目。

②进入主界面后，选择"基础设置—核算项目—客户"，进入客户维护界面。在这个界面里，可以专门对客户资料进行维护和管理。

而对于核算项目，用户可以进行：新增、修改、删除、浏览、禁用、反禁用、条形码管理、引出、打印、预览。

如果要新增核算项目"客户"，具体的操作步骤是：

①在"基础资料—核算项目"界面内，选择"客户"。

②选择"操作—新增核算项目"，进入"客户—新增"界面，界面如下图1-27所示。

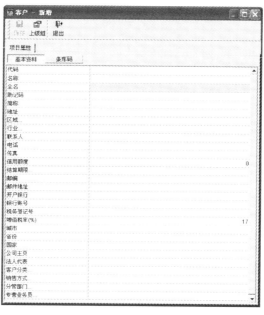

图1-27　客户—新增

③在"基本资料"标签页中可以看到有些字段数据，如"区域"等后面有三个省略号（"…"），表示引用了其他的基础资料或辅助资料，可以单击键盘上的F7或者F8键进行选择，加快录入数据的速度。

④输入需要的信息后，单击"保存"，保存新增客户的资料，返回客户设置界面。

7. 收支类别

收支类别是针对应收应付模块的其他收入单和费用支出单而设计的，它分为收入类别和支出类别，分别对应其他收入费用单、相关报表引用，通过收支类别的定义，可以统计和核算非主营收支的资金分类，收支类别同时绑定会计科目，在生成凭证时引用。

8. 系统参数

账套建好后，就可以登录 KIS 专业版系统了，首先需要对系统初始参数（即企业信息、会计期间和启用期间的设置）和记账本位币进行设置。然后进行其他一些基础参数的设置，它的设置关系到所有业务和流程的处理，用户在设置前要慎重考虑。

选择"基础设置—系统参数"，打开"系统参数"窗口，如图 1 - 28 所示。

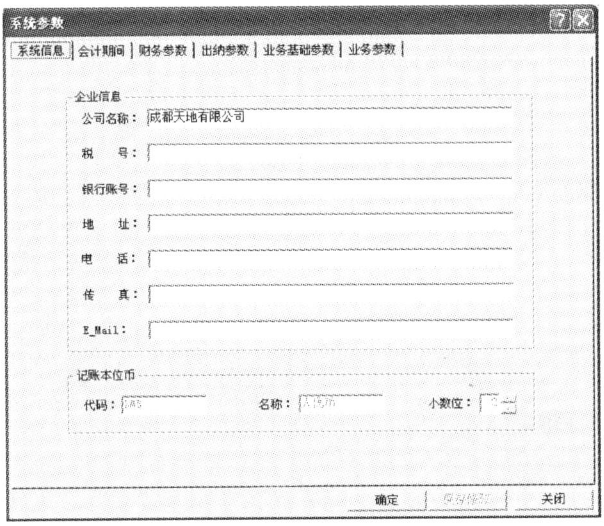

图 1 - 28　系统参数

系统参数包括系统信息、会计期间、财务参数、出纳参数、业务基础参数和业务参数。这些参数的设置对系统的后续操作非常重要。

9. 权限管理

在 KIS 专业版主界面中，选择"基础设置—用户管理"，即可进入如图 1 - 29 所示的用户管理界面。

用户管理是对账套使用者的管理，包括新增用户，删除用户，用户授权。一般情况下是在账套管理部分进行的，如果给特定的用户授予了管理员的权限，以该用户登录后，也可以在客户端进行用户管理。

如果用户自己想修改自己的密码，可以右击自己的用户名，在用户属性中更改自己的密码。

在用户进行用户授权时，如果用户所在的组已经获得授权，那么该用户在授权时，对应该用户组的权限字体都必须显示为蓝色，表示用户所在的用户组已有的权限。离开用户组后则该权限字体正常变成黑色。但对于一个用户存在多个用户组的情况，如果用户组中有共同的权限，那么用户离开其中一个用户组后，权限需仍然按照其他用户组权限判断是否为蓝色。

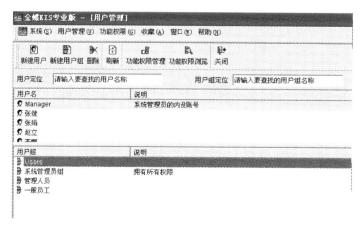

图 1 - 29　用户管理

用户可以对客户、仓库、供应商进行明细数据授权：勾选"启用数据授权"按钮再按"数据授权"按钮调出"数据授权"界面，对应明细数据前选项勾选表示用户具备某明细核算项目的查看权和使用权。现对用户组暂不支持启用数据授权，通过"引入其他用户授权"的功能变通实现。账务模块、存货核算模块和生产模块暂不支持数据授权。

二、初始化

初始化是指企业账务和购销存业务的背景设置和启用账套会计期间的期初数据。

整个系统初始化流程包括以下几步：①新建账套；②系统设置；③基础资料设置；④初始数据录入；⑤结束初始化。

1. 科目初始数据录入

当各项资料输入完毕后，接下来就可以开始初始数据的录入工作了。除非是无初始余额及累计发生额，否则所有用户都要进行初始余额设置。初始余额的录入分两种情况进行处理：一是账套的启用时间是会计年度的第一个会计期间，只需录入各个会计科目的初始余额；另一种情况是账套的启用时间非会计年度的第一个会计期间，此时需录入截止到账套启用期间的各个会计科目的本年累计借、贷方发生额、损益的实际发生额、各科目的初始余额。根据以上情况，在初始数据录入中要输入全部本位币、外币、数量金额账及辅助账、各核算项目的本年累计发生额及期初余额。

（1）数据录入。单击"初始化—科目初始数据"，就会出现如图 1 - 30 所示"科目初始数据"录入界面。在此窗口的"币别"下拉列表框中，可选择不同的货币币种进行录入。选择非本位币的其他币种时，所有的数据项目都会分为原币和折合本位币两项，在输入完原币数额后，系统会根据预设的汇率自动将原币折算为本位币，系统会将输入的各个币种的折合本位币汇总为综合本位币进行试算平衡。

在数据的录入过程中，系统提供了自动识别的功能：如果科目是数量金额核算，当光标移到该科目时，系统自动弹出"数量"栏供用户录入；如果科目是损益类科目，当光标移到该科目时，系统会自动弹出"损益类本年实际发生额"供用户录入；余额可分为借贷方两栏显示。

如果科目设置了核算项目，系统在初始数据录入的时候，会在科目的核算项目栏中做一标记"√"，单击"√"，系统自动切换到核算的初始余额录入界面，每录完一笔，系统

图 1 - 30　科目初始数据录入

会自动新增一行，也可以单击鼠标右键增加新的一行来录入数据。

在"初始数据录入"界面中系统以不同的颜色来标识不同的数据：

白色区域：表示可以直接录入的账务数据资料，它们是最明细级普通科目的账务数据。黄色区域：表示为非最明细科目的账务数据，这里的数据是系统根据最明细级科目的账务数据或核算项目数据自动汇总计算出来的。

绿色区域：系统预设或文本状态，此处的数据不能直接输入。

（2）试算平衡。上述数据输入无误后，单击"平衡"或选择菜单"查看—试算平衡"，系统会弹出"试算平衡表"界面供用户查看试算平衡的结果。如图 1 - 31 所示。

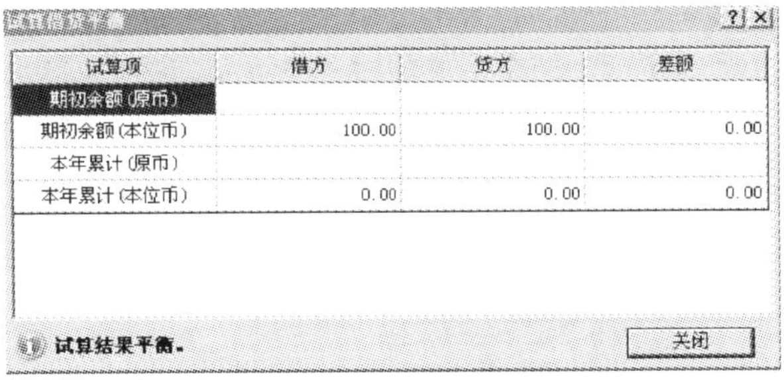

图 1 - 31　试算平衡表

如果账套数据是平衡的，系统在界面的左下方"试算结果平衡"前方显示绿色图标，借、贷方的差额为零；如果账套数据不平衡，系统会在界面的左下方"试算结果平衡"前方显示红色图标，并显示借、贷方的差额数据，提示账务数据不正确，需要检查修改。

2. 固定资产初始数据录入

在企业启用 KIS 固定资产系统前，通常有很多固定资产已经使用了若干期，企业已经有了手工的固定资产台账，因此为了保证数据的完整性，在正式启用系统前，需要将这些固定资产的历史数据在初始化时录入系统中。

单击"初始化—固定资产初始数据"，可直接弹出如图 1 - 32 所示的"卡片及变动—新增"界面，根据企业已有的固定资产台账数据，开始固定资产卡片数据的录入和编辑。

折旧作为一种费用，应当计入生产成本的过程，因此需要根据其使用部门，合理地进行折旧费用的分摊。"部门及其他"部分的信息主要是为固定资产计提折旧和进行费用分摊

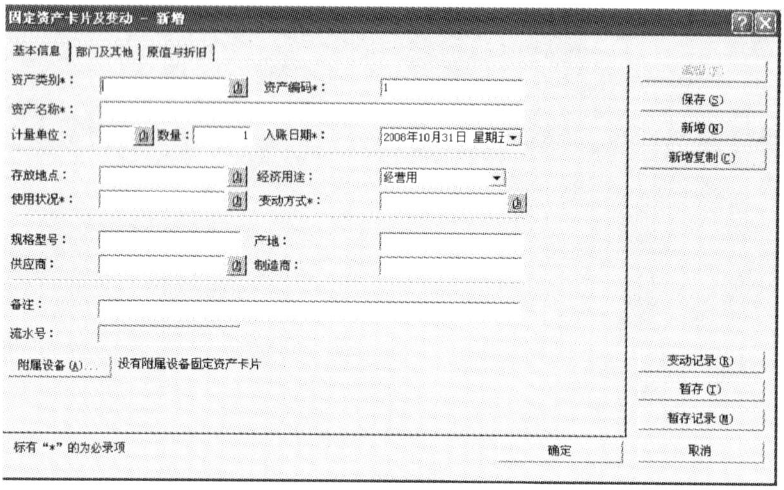

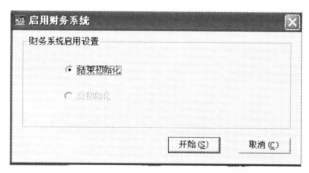

图 1 - 32　卡片及变动—新增

提供依据的，因此需要设置使用部门、固定资产及累计折旧的核算科目、折旧费用的核算科目等，这些信息都可以按 F7 选择录入。由于这些信息将影响以后各期固定资产的折旧计提和折旧费用的分配，因此在选择时务必慎重。

3. 启用财务系统

初始数据试算平衡和现金流量数据符合勾稽关系之后，在"启用财务系统"界面就可以结束初始化工作。

在"金蝶 KIS 专业版"主界面，选择"初始化—启用财务系统"，进入"结束初始化"界面进行操作，如图 1 - 33 所示。结束初始化后，将不允许再进入初始数据录入界面，此时，用户可以开始一系列财务工作了。

图 1 - 33　启用财务系统

需要特别说明的是，固定资产结束初始化是与总账系统的初始化同时结束和反结束的。核对原值、累计折旧、减值准备的余额与账务相符后，选择"初始化—启用财务系统"，可以结束初始化设置，进入正常固定资产管理的业务处理中。

如果需要进行反初始化，选择"初始化—启用财务系统—反初始化"即可。

4. 出纳初始数据录入

在 KIS 主界面中，选择"初始化—出纳初始数据"。

在进行出纳初始化前首先需要到系统参数中设置出纳的启用年度和启用期间。

在"初始数据录入"界面中，包括单位的现金科目、银行存款科目的期初余额、累计发生额的引入和录入，银行未达账、企业未达账初始数据的录入，余额调节表的平衡检查、综合币的定义等内容。

（1）科目维护。由于出纳管理系统没有自己的一套科目，所以必须从账务处理系统中引入现金、银行科目。

选择"操作—从总账引入科目"或单击工具栏的"引入"，系统将从总账系统中导入设置好的现金、银行科目，如图 1-34 所示。"银行名称"可以自动取银行存款科目的名称，也可以由用户自定义。另外，在结束初始化前，还需要给引入的银行科目添上相应的"银行账号"；如果没有添加，系统将给予相应的提示。

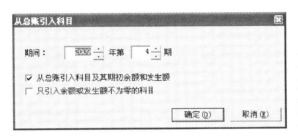

图 1-34 从总账引入科目

引入科目后，选择"操作—从总账引入余额"或单击工具栏"余额"，系统将从总账中导入有关科目余额。分别在银行存款日记账期初余额、银行对账单期初余额相应的位置中显示。

（2）未达账项。所谓未达账项，就是结算凭证在企业与银行之间（包括收付双方的企业及双方的开户银行）流转时，一方已经收到结算凭证作了银行存款的收入或支出账务处理，而另一方尚未收到结算凭证尚未入账的账项。

归纳起来，未达账项有四种类型：第一种是银行已收，企业未收；第二种是银行已付，企业未付；第三种是企业已收，银行未收；第四种是企业已付，银行未付。

存在未达账的情况下，企业单位银行存款日记账的余额和银行对账单的余额往往是不相等的。这时需要分别站在企业和银行的立场，将未达账项分别对银行存款日记账的余额和银行对账单的余额进行调整。

在如图 1-35 所示界面中工具栏上单击"企业未达"，点击"新增"后就会出现如图 1-36 所示的企业未达账录入界面，即可录入企业未达账。在工具栏上单击"银行未达"，点击"新增"后就即可录入企业未达账。在工具栏上单击"余额表"，就可以查看银行存款余额调节表。

"平衡检查"是检查所有的银行存款科目的余额调节表是否都平衡，如果银行存款科目的余额已经平衡，系统会给予提示，否则就也会给予另外的相应提示。

5. 启用出纳系统

（1）结束初始化。科目维护完成，所有的银行存款科目的余额调节表都平衡后，可以选择"初始化—启用出纳系统—结束初始化"，初始化账套的启用时间和引入的总账科目及其余额的时间应一致。

（2）反初始化。结束初始化后，若发现初始化数据错误，在启用当期时，可选择"初始化—启用出纳系统—反初始化"，回到初始化状态，修改初始数据。

图 1-35　出纳初始数据录入

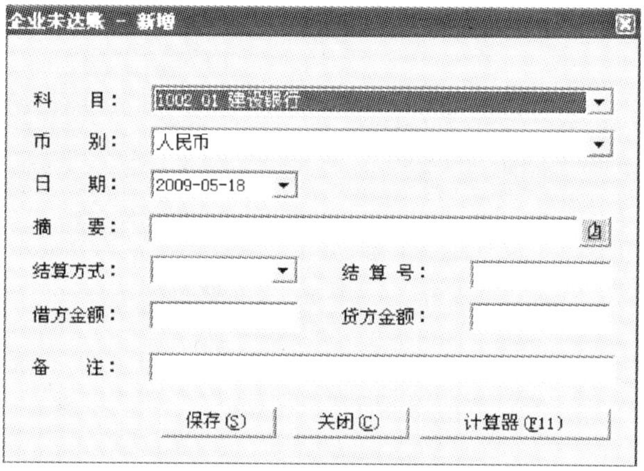

图 1-36　企业未达账录入

（3）结束新科目初始化。结束初始化后，可以后续引入新的科目，但新科目也需要结束初始化。

6. 业务系统初始化数据录入

KIS 业务系统处于初始化阶段时，在系统的初始化界面下，有"存货初始数据"、"暂估入库单"、"未核销出库单"、"启用业务系统"四个模块。

进入"初始化—存货初始数据"，在如图 1-37 所示的操作界面左边是按现有仓库的分级列表显示。界面右边显示的是针对全部仓库、某一确定仓库的所有物料的初始数据信息，为方便用户录入，系统显示的是所有默认仓库为当前仓库的物料。在界面左边选中某个确定仓库，然后在界面右边录入物料或在已默认存在的物料上录入初始数据。

图 1-37　存货初始数据录入

7. 启用业务系统

系统初始化完成后，需要执行启用初始化，将初始化设置状态转为日常操作状态。

到目前为止，一个新账套的初始化设置工作已基本完成，经过了设置准备、系统设置、资料维护、启用期前业务处理、日常业务并行操作等设置过程，用户可以开始进行日常工作处理了。

初始化的最后一项工作就是启用业务系统，启用业务系统就是将初始化工作中所输入的业务和管理信息进行处理和转化，将其转变为业务日常处理所需的格式，为日常处理提供基础信息、初始数据及管理信息来源。这里必须注意的是，一旦启用账套，就意味着关闭初始化界面。启用业务系统后初始化设置的数据很多都不能再修改，因此在完成初始化工作之后，应该再仔细检查一下初始化数据，确保无误后再执行启用。

在启用业务系统之前，最好在"账套管理"中将该账套进行备份，以防由于种种原因造成贸然启用，从而给业务处理带来不便。

业务系统处于初始化阶段时，在系统的主界面下，管理员选择"初始化—启用业务系统—确定"，系统就会出现如图 1 - 38 所示提示界面。

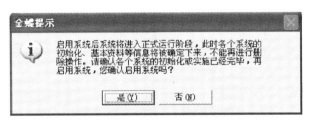

图 1 - 38　系统启用提示

如果有不符合要求的情形出现，系统会给予相关提示。如果可以成功启用，系统将显示系统登录界面，用户重新登录后，就会发现系统已转为日常操作状态了。

第四节　账务处理

一、账务处理系统概述

账务处理是财务会计系统中最核心的系统，以凭证处理为中心，进行账簿报表的管理。可与各个业务系统无缝链接，实现数据共享。企业所有的核算最终在总账中体现。

1. 主要功能

（1）多重辅助核算。在总账系统中，可对科目设置最多四个核算项目进行多重辅助核算。并且提供丰富的核算项目账簿和报表，满足企业对多种辅助核算信息的项目管理。

（2）提供科目预算控制。可进行科目预算，科目预算可在会计科目中设置，从而在凭证录入时可根据需要进行各种控制。

（3）强大的账簿报表查询。查询账簿报表时，可追查至明细账直至凭证，同时可查询到核算项目信息。有跨期查询功能，可以在本期未结账的情况下查询以后期间的数据。提供多种核算项目报表的查询，可进行多核算项目类别的组合查询。具体提供的账簿包括：总分类账、明细分类账、数量金额总账、数量金额明细账、多栏式明细账、核算项目分类总账、核算项目明细账等；具体提供的报表包括：科目余额表、试算平衡表、科目日报表、核算项目余额表、核算项目明细表、核算项目汇总表、核算项目组合表、调汇历史信息表等。

（4）多币别核算的处理。期末自动进行调汇的处理。而通过调汇历史信息表可方便查询到各种币别的变动过程。

（5）实现现金流量表的制作。在凭证录入时即可指定现金流量项目，也可通过 T 形账户，批量指定现金流量项目，生成现金流量表的主表与附表。同时现金流量表可进行多级次多币别的查询。

（6）实现往来业务的核算处理，精确计算账龄。提供基于凭证的往来业务核销，可按数量与金额两种核销方式，准确计算数量金额的往来业务计算。分段准确计算账龄，利于资金控制以及账款催收，加强财务管理。

（7）与购销存系统无缝链接。购销存系统可直接自动生成凭证到总账中，在总账可直接查询到购销存系统生成的凭证。业务单据与凭证间可相互联查。

（8）对购销存系统生成的凭证提供明细管理功能。在系统参数中提供"不允许修改/删除业务系统凭证"的参数选项，当选择了该参数，则不允许修改或删除购销存系统机制凭证；反之，则可以修改和删除。

（9）自动转账设置。系统提供自动转账设置模板，期末时可由系统自动生成转账凭证，无须人工录入。

（10）期末调汇的处理。本功能主要用于对外币核算的账户在期末自动计算汇兑损益，生成汇兑损益转账凭证及期末汇率调整表。

（11）期末损益结转。期末损益自动结转，方便快捷核算经营成果。

2. 与其他子系统的联系

账务处理系统是整个 KIS 系统的核心，它与其他各个子系统都有紧密的数据传递关系。

（1）与固定资产系统的接口。固定资产初始余额可以传递到总账初始余额；固定资产新增、变动、清理，折旧计提与费用分摊均可生成凭证，并传递到总账系统。

（2）与出纳管理系统的接口。出纳管理系统的现金日记账和银行存款日记账可以从总账系统中引入。

（3）与工资系统的接口。如果工资管理系统与 KIS 专业版账务处理系统联用时，其基本设置中的部门、职员与币别信息既可独立建立、也可由基础资料中导入，减少相应的工作量，月末工资数据可以根据费用分配的设定，直接产生费用分配凭证传到总账系统。

（4）与报表系统的接口。报表系统可以通过 ACCT、ACCTCASH、ACCTEXT 等取数函数来实现从总账系统中取数。

（5）与业务系统的接口。业务系统生成的凭证传递到账务处理系统，并可实现业务系统与总账系统的对账功能。

二、账务处理系统的主要流程

（1）系统总体业务流程如图 1-39 所示。

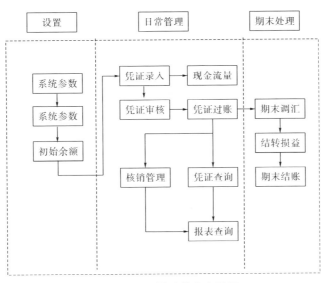

图 1-39　系统总体业务流程

（2）凭证录入与审核。凭证录入与审核的流程如图 1-40 所示：

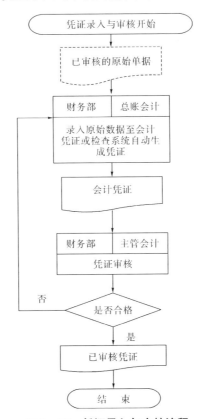

图 1-40　凭证录入与审核流程

（3）凭证过账与对账业务。凭证过账与对账业务流程如图 1-41 所示。

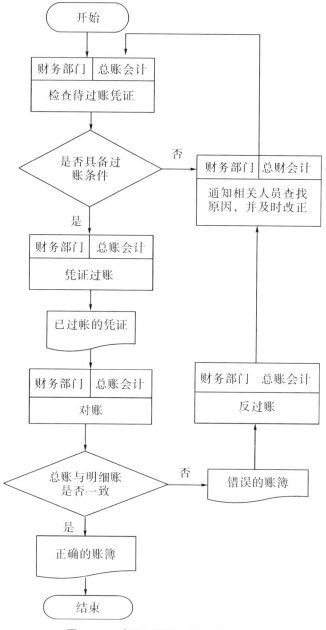

图 1-41　凭证过账与对账业务流程

三、凭证处理

会计核算处理系统是以证—账—表为核心的有关企业财务信息加工系统。会计凭证是整个会计核算系统的主要数据来源，是整个核算系统的基础，会计凭证的正确性将直接影响到整个会计信息系统的真实性、可靠性，因此系统必须能保证会计凭证录入数据的正确性。

1. 凭证录入

在"金蝶 KIS 专业版主界面"，选择"账务处理—凭证录入"，进入如图 1-42 所示的

"记账凭证—新增"界面。

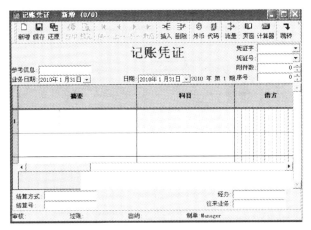

图 1-42 记账凭证—新增

凭证录入过程中各字段的填写方法如下：

（1）凭证日期。凭证录入的日期若在当前的会计期间之前，则系统不允许输入；但允许输入本期以后的任意期间的记账凭证，在过账时系统只处理本期的记账凭证，以后期间的凭证不作处理。

（2）凭证字。此下拉列表显示所有在基础资料中设置的凭证字。用户可从下拉列表中选择用户需要的凭证字。

（3）凭证号。由系统自动生成。

（4）摘要栏。对凭证分录的文字解释，可以直接录入，也可以用 F7 到摘要库中读取。系统提供了摘要库的功能，在凭证录入界面，将光标移动到摘要栏，按 F7，可以选择已录入摘要库中的摘要，单击"确定"后，摘要会自动添入当前的凭证中。摘要库进行增加、修改、删除操作。

（5）会计科目栏。录入会计科目代码。可以直接录入，在录入过程中左下方的状态栏会随时动态提示代码所对应的科目名称，如果输入完代码后，状态栏中没有科目名称显示，则说明输入的代码有错误，如果在"科目设置"中定义了助记码，则可以在此处直接输入助记码，系统会根据助记码查到需要的科目，也可以将光标定位于会计科目栏时，按 F7 键（或双击鼠标左键），即可调出会计科目代码表，在科目代码表选择所要录入的科目，单击"确定"，即可获取科目代码。

（6）金额。金额分为借方金额和贷方金额两栏，每条分录的金额只能在借方或贷方，不能在借贷双方同时存在。

（7）币别、汇率、原币金额。当会计科目有外币核算时，点击"外币"键转换到外币凭证格式。币别可以按 F7 查询，汇率在选择了币别后自动提供。原币金额是指外币的金额，录入后系统会根据外币汇率×原币金额得出本位币的金额。

（8）单位、单价和数量。当会计科目要进行数量金额核算时，系统会自动弹出数量格式让用户录入。单位系统会根据会计科目属性中提供的内容自动出现，用户只要录入单价和金额即可。系统会检验数量单价的乘积是否与原币金额相等，如不相等，系统会提示是否继续。

（9）往来业务。对选择了核算往来业务的会计科目，要录入往来业务的编码。可直接手工输入或按 F7 调出往来信息供选择。

（10）结算方式、结算号。银行存款的结算方式和结算单据的号码，用户可以录入也可以不录入。

系统提供了摘要的快速复制功能：在录入完第一条摘要以后，将光标移到凭证栏中的下一条摘要处，录入"..."，复制上一条摘要，录入"//"复制第一条摘要。

2. 凭证修改和删除

在主界面，选择"账务处理—凭证管理"。

（1）过滤。进入会计分录序时簿后，使用"过滤"功能，弹出"会计分录序时簿过滤"对话框，如图 1 - 43 所示。在此对话框中，可设置查询窗口的条件、过滤条件、排序规则。

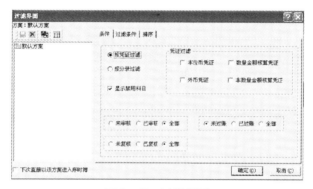

图 1 - 43　过滤界面

设定完"条件"、"过滤条件"和"排序"后，可选择窗口左边的工具条上执行"保存"，将该过滤条件保存下来，以备以后查询相同条件的凭证查询。也可单击"删除"删除方案，或单击"另存为"另存方案。

设置好过滤条件后，单击"确定"，系统即可按设定的过滤条件查询，并打开"凭证查询"界面显示"查询结果—会计分录序时簿"。

（2）修改凭证。用户可以修改已录入的未过账且未审核和未复核的凭证。将光标定位于要修改的凭证中，选择菜单"操作—修改凭证"或单击工具条的"修改"。系统会显示"记账凭证修改"界面，其操作方法与凭证录入相似。

（3）删除凭证。对于一些业务中作废的凭证，可以对其进行删除。删除凭证提供两种方式，一种是单张删除，另一种是批量多张删除。

单张删除凭证：光带定位于需要删除的凭证上，单击"删除"或"操作—删除单张凭证"。如果选择了多张凭证，系统将删除第一张凭证。

成批删除凭证：在页面设置中选择"多行选择"进行批量选择，单击"操作—成批删除选中凭证"，对选中的凭证进行删除。只有未过账且未审核未复核的凭证才能删除。

3. 凭证审核

（1）在"凭证管理"界面，将光标定位于需要审核的凭证上，然后选择菜单"操作—审核凭证"，或者单击工具条的"审核"，系统即进入如图 1 - 44 所示的"记账凭证审核"界面。

（2）此界面中的凭证项目不能修改，只能查看。如果发现凭证有错，在凭证上提供了

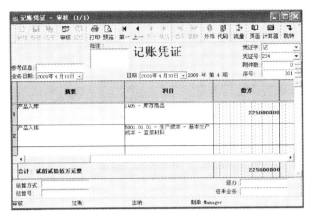

图 1-44　记账凭证审核

一个"批注"录入框，可以在"批注"录入框中注明凭证出错的地方，以便凭证制单人修改。录入批注后，表明凭证有错，此时不允许审核，除非清空批注或凭证完成修改并保存。凭证修改后，批注内容自动清空。如查看完毕并确认无误后，单击"审核"或按 F3，表示审核通过，在"审核"处签章显示该用户名。

要注意以下几点：①要修改已审核过的记账凭证时，必须先销章，然后才能修改。②审核与制单人不能为同一操作员，否则系统拒绝审核签章。③反审核必须与审核人是同一操作员，否则不能进行销章。

4. 出纳复核

如果在系统初始化时选择了"凭证过账前必须出纳复核"，则在凭证审核后，出纳要进行复核。

在"记账凭证"界面，如查看完毕并确认无误后，单击"复核"，表示复核通过，在"出纳"处签章显示该用户名，出现如图 1-45 所示的凭证复核界面。

图 1-45　记账凭证复核

光标定位于银行存款科目，出纳复核允许修改结算方式、结算号，其他凭证字段不允许修改。

5. 凭证过账

凭证过账就是系统将已录入并审核完毕的记账凭证根据其会计科目登记到相关的明细账簿中的过程。经过记账的凭证以后将不再允许修改，只能采取补充凭证或红字冲销凭证的方式进行更正。因此，在过账前应对记账凭证的内容仔细审核，系统只能检验记账凭证中的数据关系错误，而无法检查业务逻辑关系。

凭证过账采用向导式，操作十分简单。

第一步，选择过账参数。在主界面上，选择"账务处理—凭证过账"，打开"凭证过账"向导界面，首先选择凭证过账参数，如图1-46所示。

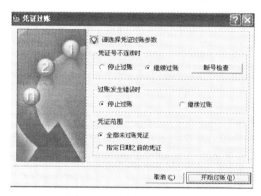

图1-46　凭证过账参数

用户可以通过参数控制当"凭证号不连续时"和"过账发生错误时"是否"停止过账"还是"继续过账"。如果需要查看凭证是否存在断号，可单击"断号检查"，系统将会提供一个凭证断号检查表列示系统断号情况。

用户可以确定凭证过账的范围，如果选择"全部未过账凭证"，则系统将所有未过账的凭证进行全部过账操作。如果选择"指定日期之前的凭证"，则在右边出现一个日期列表框，用户可以选择一个日期，系统将对该日期之前的所有未过账凭证进行过账操作。

第二步，开始过账。凭证过账参数设置完成后，单击"开始过账"，系统开始自动过账操作。在过账过程中，系统会对所有的记账凭证数据关系进行检查，有发生错误时，如在第一步选择过账参数时，"过账发生错误时"选择"停止过账"，则系统会给出错误提示信息，并中止过账，在修正完错误之后重新过账。否则，将在过账全部结束后才显示错误信息。

第三步，显示过账信息。在这个步骤中，系统显示成功过账的凭证数及发生错误数信息。用户在看完过账信息之后，可以单击"关闭"，结束本次过账操作，还可以将过账的信息打印保存下来。

6. 凭证冲销

对于已经过账的凭证，如果发现它不符合企业的财务规则，用户可以使用系统的"冲销"功能，生成一张红字冲销凭证。

（1）在"凭证查询"界面，将光标选中一张已过账且要冲销的凭证，然后选择菜单"操作—冲销"，出现如图1-47所示红字冲销界面。

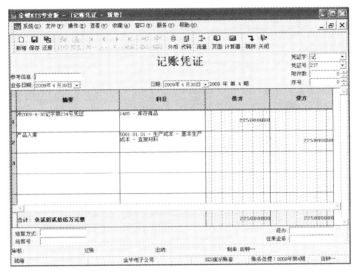

图 1－47　红字冲销

（2）系统会自动在当前的会计期间生成一张与选定凭证一样的红字冲销凭证。

（3）单击"保存"即可保存该红字冲销凭证。

四、往来业务

往来业务管理是财务管理的重要职能之一，系统通过设置、核销、对账单、账龄分析表等的设置和处理，可以实现往来业务的管理。

在往来管理模块中，包括往来核销、往来对账单查询、账龄分析表三大部分。核销的业务处理为一个非必需的业务流程，不进行核销处理也可以进行往来对账单查询和账龄分析表的查询。如果需要对一些往来业务的账龄按每笔业务进行计算，则需要进行核销的处理；如果只需对账龄进行一个粗略的计算，则可以不进行往来核销的处理。

1. 与往来业务相关的设置

（1）系统参数设置。选择"基础设置—系统参数"，必须选中"启用往来业务核销"选项，否则"往来核销"功能不可用，同时在初始数据录入时"业务发生时间"这个项目将不会在核算项目录入中出现，所以必须先启用核销，再录入初始余额的数据。

（2）科目设置。如果需要进行往来业务核销，必须对科目设置以下属性。在科目设置时必须选择"往来业务核算"选项。科目下必须下设至少一个核算项目类别，可以设置多个核算项目类别。

（3）业务初始化。如果不需要进行核销，则录入初始余额时，需要录入核算项目余额和最后一笔业务的发生时间。

在系统参数中加入核销的控制，如果启用核销，则按照新的账龄计算方法进行账龄的计算，但是必须对初始化数据进行处理，录入相应的业务编号才可以，如果用户一时无法实现，则建议用户不要使用这一功能，可以在年末结账时对往来业务做一些清理后再进行重新的初始化数据的录入，这样才可以启用核销功能。如果用户没有在初始数据中录入相应的信息而又启用了核销，则在进行核销时应提示用户此功能不可用，因初始数据不完整，账龄的计算沿用以前的方法以最后一笔业务发生日期来进行计算。只有在初始数据完整的情况下才可以进行业务数据的核销处理，进行账龄的分段计算。

系统的初始化时，对于设有往来核算的会计科目（带有核算项目的）在录入期初余额时，需要录入业务编号，对于同一个核算项目，可以有多个不同业务编号的初始余额，系统会计算出同一个核算项目不同业务编号的合计数据，每个业务编号的数据都一个业务发生时间。对于组合的核算项目的录入数据也是一样，业务编号和业务发生日期都是和余额相关，与本年的累计发生额无关。

在录入核算基目的初始化资料时录入相应的业务编号的业务发生日期，初始业务日期必须录入，否则无法计算出正确的余额数据和账龄。

2. 核销管理

在主界面，单击"账务处理—往来核销"，进入核销业务的处理。

（1）核销管理的方法和要求。账务处理中的核销只以核算项目和业务编号为准。在往来项目（如果是核算项目组合，必须是核算项目组合相同）才可以进行核销。而对于业务编号，系统提供两种方法：业务编号相同核销和业务编号不相同核销。业务编号在录入凭证时录入，如果没有选择"业务编号不相同核销"选项，核销时按业务编号进行核销，列出业务编号相同但业务记录相反的凭证的信息，类似应收款中的核销管理，但账务处理的核销比较简单，不按收款日期而是按业务发生日期，这样在账龄分析表中则不存在到期或是未到期的情况，账龄的计算以业务的发生日期起、所有未核销的业务至截止日的时间。如选择"业务编号不相同核销"选项，则没有业务编号相同的限制，按顺序进行核销。所以用户应慎用该功能，建议先进行业务编号相同的核销，再进行业务编号不相同核销，而且建议用手工核销，这样能保证核销结果精确。

在核销时，系统提供同一个方向的发生额，但一正一负的情况，如应收账款先录入一笔正的发生额100，而后又录入了一笔 -50，这两笔发生额都在借方，可以进行核销；同理如果是同在贷方的一正一负的两笔业务也同样可以进行核销。

在核销中可以选择不同的币别，如果是外币，对于原币已经核销为0但本位币没有为0的情况，应分开计算原币和本位币进行相应的计算。

在进行核销处理时，此时显示的是分录的信息，通过查看凭证的按钮则可以查看相应的会计凭证。

进行往来业务核销时，必须是核算项目相同才可以进行核销处理。业务编号可以为空，业务编号都为空时，视为业务编号相同，可以进行核销。

对于业务编号的要求，通过选项"业务编号不相同核销"控制。如果不选该选项，业务记录和业务编号不同，不可以进行核销的处理，系统提供了严格的控制。如选择该选项则对业务编号是否相同不控制。

（2）核销的业务处理过程。在账务处理系统的主界面中，单击"往来核销"，进入"核销处理"界面，此时会弹出一个"过滤条件"的设置界面，这个界面中是对核销日志查询的过滤条件进行设置，不是进行核销处理的过滤条件设置。

在"往来业务核销"中，单击工具条中的"核销"，弹出如图1-48所示核销"过滤条件的设置"界面。

核销的"过滤条件"设置完成，单击"确定"，进入如图1-49所示"核销"的处理界面。

"核销"界面上半部分是需要进行核销的记录，下半部分是收款或是付款业务，如果是

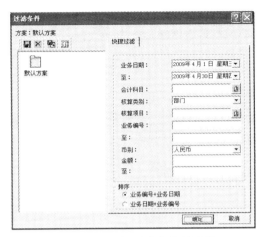

图 1-48 核销过滤条件的设置

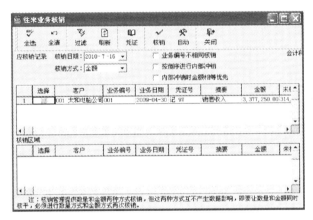

图 1-49 核销处理

资产类科目，则借方发生额在上面，贷方发生额在下面；如果是负债类科目，则是贷方发生额在上面，借方发生额在下面。

在核销界面提供了三个选项，可以多选：

业务编号不相同核销：该选项只是一个辅助功能，是为了弥补用户一时大意未输入业务编号或输入错误业务编号而提供的一种补救功能。因此建议用户不到万不得已最好不要使用该功能。

按倒序进行冲销：内部金额进行冲销时，如果不选择此选项，则负数金额的冲销是从第一条正数金额进行冲销；如果选择了此选项，则负数金额的冲销从该笔金额上面的倒数第一条正数金额开始冲销。如果负数金额在第一条，那么选择此选项后从最后一条正数金额开始冲销。

内部冲销时金额相等优先：如果在一个核销的内部区域内，有金额相等方向相反的冲销记录应优先核销。否则按照系统原来的处理程序，冲销金额（负数）从该区域内的第一笔正数金额开始按照排列的顺序依次核销，直到核销完为止。

3. 往来对账单

账务处理系统提供的往来管理主要提供的往来管理是基于按余额核销，系统自动把设置往来的会计科目的科目余额属性方向（如应收账款为借方）的最后一笔业务发生时间为账龄起算点，所有业务自动从凭证中提取，采用统一的按余额核销模式不需要进行手动核销，系统自动出往来对账单和龄分析表。

在"账务处理"的界面中按往来对账单按钮，系统弹出如图1－50所示往来对账单条件的设置。

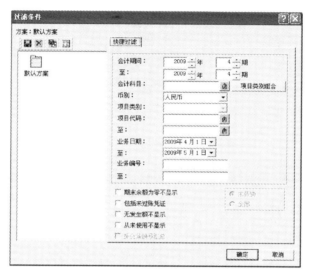

图1－50　往来对账单条件的设置

在所有的条件设置完成后，进入"往来对账单"的操作界面。

在往来对账单中，可以随时调出各个往来核算科目的往来对账单。可以用记录移动器或"查看"菜单中的"最前"、"向前"、"向后"、"最后"选项来移动核算项目，进行查看不同核算项目的往来对账单。

4. 账龄分析表

账龄分析表可以对往来科目的账龄进行计算，每一个核算项目或是核算项目组合只会处于一个唯一的账龄段中。项目余额如果和科目的余额方向相反，如应收账款的科目余额为借方，但其中某一个核算项目的余额贷方，在余额中显示为负数，正负数据应分开显示，分别计算账龄。

如果进行了往来业务核销，则可以通过对每笔业务和核销处理精确的计算账龄。每一个核算项目或是核算项目组合中，账龄是分段显示的，也就是说可以有多个账龄段的显示，而不进行核销时，一个核算项目或是组合中账龄只能在唯一的一个账龄段。

五、期末处理

当期凭证全部录入完毕后，就要进行期末的账务处理和结账了。期末处理主要包括：期末调汇、结转损益、自动转账、期末结账。

除了期末结账外，其他业务操作都不是每期必须做的，根据业务的需要进行相关操作。

1. 期末调汇

在主界面选择"账务处理—期末调汇"，进入如图1－51所示"期末调汇"向导界面。

首先，系统将需要进行期末调汇处理的外币全部列出，在"当前汇率"栏和"调整汇

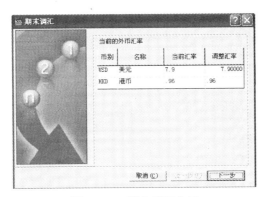

图 1 - 51 期末调汇向导

率"栏中可以录入修改汇率的值,单击"下一步"进入如图 1 - 52 所示的界面,设置好相关选项,单击"完成",系统自动完成结转损益的过程,生成一张转账凭证,同时生成一张调汇表。

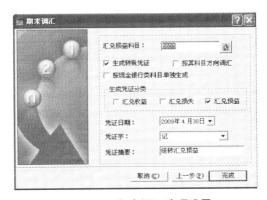

图 1 - 52 期末调汇选项设置

2. 结转损益

期末时,应将各损益类科目的余额转入"本年利润"科目,以反映企业在一个会计期间内实现的利润或亏损总额。本系统提供的结转损益功能就是将所有损益类科目的本期余额全部自动转入本年利润科目,并生成一张结转损益记账凭证。

在主界面选择"账务处理—结转损益",进入"结转损益"向导界面,单击"下一步",系统显示如图 1 - 53 损益类对应本年利润科目列表;单击"下一步",则又进入如图 1 - 54 所示记账凭证选项设置界面。

凭证各参数设置完成后,单击"完成",系统自动完成结转损益的过程,并提示生成转账凭证的信息。损益结转完成之后,系统提示:结转完毕,并列示生成转账凭证的凭证号,用户可以在"凭证查询"模块中查询结转损益生成的凭证。

3. 自动转账

为了总结某一会计期间(如月度和年度)的经营活动情况,必须定期进行结账。结账之前,按企业财务管理和成本核算的要求,必须进行制造费用,产品生产成本的结转,期末调汇及损益结转等工作。若为年底结转,还必须结平本年利润和利润分配账户。

(1)自动转账凭证模板设置。在主界面,选择"账务处理—自动转账",打开"自动

图1-53 结转损益

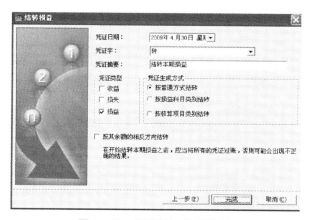

图1-54 记账凭证选项设置

转账凭证"界面，如图1-55所示：

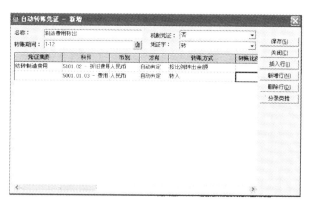

图1-55 自动转账凭证

在此设置界面中，以下几个选项的设置特别重要：

①科目：双击后会自动弹出"科目"对话框，用户可以选择需要的会计科目。选择科目时必须注意要选择科目的最明细一级，如是非明细科目则只能转出。

②方向：会计分录的借贷方向，可以根据转账方式"自动判断"，除非确定，否则建议

用户选择"自动判断"。

③转账方式：科目的"余额"、"借方发生额"、"贷方发生额"等转出的金额和方式，共有六种："转入"指该会计科目属于转入科目；"按比例转出余额"指按该科目余额的百分比例转出；"按比例转出贷方发生额"指按该科目的贷方发生额的比例转出；"按比例转出借方发生额"指按该科目的借方发生额的比例转出。"按公式转出"指根据后面的"公式定义"中的公式取数转出。"按公式转入"指根据后面的"公式定义"中的公式取数转入。

④转账比例：用于选择了比例转入（出）的转账方式，直接录入百分比例。

⑤公式定义：当"转出方式"选择"按公式转入或转出"，则在此定义公式，根据科目是否下设外币及数量，可以录入原币取数公式、本位币取数公式、数量取数公式。公式设置可以按 F7 或点按工具条中"获取"按钮进入公式向导辅助输入，公式的语法与自定义报表完全相同，通过取数公式可取到账上任意的数据。另外，在公式中还可录入常数。

（2）生成转账凭证。自动转账凭证格式或自动转账方案设置完毕之后，在需要生成相应的转账凭证时，单击设置界面中的"生成凭证"就可以了。

4. 期末结账

在本期所有的会计业务全部处理完毕之后，就可以进行期末结账了。系统的数据处理都是针对于本期的，要进行下一期间的处理，必须将本期的账务全部进行结账处理，系统才能进入下一期间。

在主界面，选择"账务处理—期末结账"，打开"期末结账"向导界面，如图 1 - 56 所示。

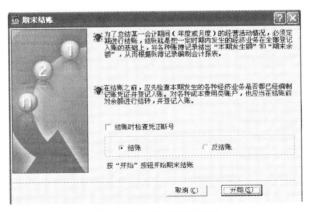

图 1 - 56　期末结账向导

结账时需要注意以下几点：

（1）如果系统发现本期内还有未过账的记账凭证，系统会发出警告，然后中断结账。

（2）提供"结账时检查凭证断号"选项，如果在结账时当期存在凭证断号的情况，系统不予结账。

（3）账务处理的期末结账包括总账、固定资产和工资模块，即这三个模块是同时结账的。

在全部事项处理完毕后，单击"结账"，系统开始结账。结账完成之后，系统进入下一个会计期间，并返回到主界面。

结账后如果需要对上一个会计期间的数据进行重新处理，此时，可以通过反结账的功能将会计期间反结回上一个会计期间。

5. 查询与报表

本部分主要介绍总账系统的各种账簿和财务报表的查询方法。

（1）账簿。会计账簿是以会计凭证为依据，对全部的经济业务进行全面、系统、连续、分类地记录和核算，并按照专门的格式以一定的形式连接在一起的账页所组成的簿籍。

在凭证过账处理中，系统已将记账凭证自动记入账簿。只要所录入的凭证经过过账，就可以在此进行以下账簿的查询：查询总分类账、查询明细分类账、查询数量金额总账、查询数量金额明细账、查询多栏式明细账、查询核算项目分类总账、查询核算项目明细账。

①总分类账。总分类账查询功能用于查询总分类账的账务数据，查询总账科目的本期借方发生额、本期贷方发生额、本年借方累计、本年贷方累计、期初余额、期末余额等项目的总账数据。

在主界面，选择"账务处理—总分类账"，系统首先弹出如图1-57"总账查询条件输入"界面，设定查询条件。

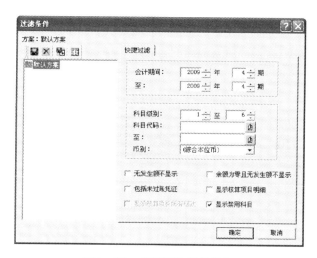

图1-57 总账查询条件输入

查询条件输入完毕后，单击"确定"，系统即按所设定的条件显示总分类账。系统会进入"总分类账查询"界面。在此界面中可以对总分类账进行引出、打印预览，过滤，页面设置等项操作。

②明细分类账。明细分类账查询功能用于查询各科目的明细分类账账务数据，在这里可以输出现金日记账，银行存款日记账和其他各科目的三栏式明细账的账务明细数据；还可以按照各种币别输出某一币别的明细账；同时还提供了按非明细科目输出明细分类账的功能。

在主界面，选择"账务处理—明细分类账"，首先弹出"查询条件"设置窗口。输入完条件范围之后，单击"确认"，系统即按所选条件生成明细分类账。

在此界面中用记录移动器来查看"上一科目"、"第一科目"、"下一科目"、"最末科目"的明细分类账，或是按工具条中相应的按钮实现记录的移动。在明细分类账查询中，系统还提供了方便快捷的账证一体化查询功能。

　　在明细账中，将光标定位于要查询的那一笔业务上，然后选择菜单"查看—查看凭证"，或双击鼠标左键，或单击工具栏中的"凭证"，系统即会调出相应的记账凭证。查看完毕后退出记账凭证即可返回到"明细分类账"界面。选择菜单"查看—查看总账"，或单击工具栏中的"总账"，系统即会调出该科目的总账。查看完毕后退出总分类账即可返回到"明细分类账"界面。

　　③数量金额总账。进入主界面，选择"账务处理—数量金额总账"，进入"数量金额总账"进行查询条件的设置并进行相应的查询。

　　相关查询条件的设置及浏览、打印、预览等功能的操作可参见总分类账的相关操作，此处不再赘述。

　　④数量金额明细账。进入主界面，选择"账务处理—数量金额明细账"，进入"数量金额明细账的查询"界面中，在此可以进行数量金额明细账的查询。

　　相关查询条件的设置及浏览、打印、预览等功能的操作可参见明细分类账的相关操作，此处不再赘述。

　　（2）财务报表。总账系统不仅能提供财务会计规范性的报表，而且还为用户提供了试算平衡表、核算项目明细表等一系列管理性会计报表，包括：查询科目余额表、查询试算平衡表、查询科目日报表、查询凭证汇总表、查询核算项目余额表、查询核算项目明细表、查询核算项目汇总表、查询核算项目组合表、查询科目利息计算表、查询调汇历史信息表。各种报表的查询，同账簿的查询方式类似，此处不再赘述。

第五节　报表与分析

　　金蝶 KIS 专业版报表与分析系统，主要功能是对目前企业对外报送的三大主表：资产负债表、利润表和现金流量表进行管理。还可以管理用户自定义的各种多语言版本的上述报表及企业内部使用的用户自定义的各类管理报表。

　　报表与分析系统与其他各个系统使用方式不同，在主界面上没有模块的划分，也没有明确的使用流程。报表主界面中由六个主菜单和菜单下的各个功能项组成。打开已存在的报表或是新建一张空表，显示为一个类似于 EXCEL 表格风格的界面供用户日常操作。

　　目前，报表系统能与账务处理系统、工资系统、固定资产系统及购销存之间实现数据联用，通过相关函数来完成取数。

　　1. 自定义报表操作

　　在"工具"菜单下的各个功能选项，都是对自定义报表的一些相关的操作，共有九个功能项，公式取数参数、转换旧版本公司、批量填充、表页汇总、报表自动检查、舍位平衡、报表权限控制、报表审批、联查总分类账、明细分类账、数量金额、数量金额明细账。

　　（1）设置公式取数参数。选择"报表与分析—自定义报表—工具—公式取数参数"，是对整张表页的公共参数进行设置。主要包括取数期间、取数的范围、币别、报表计算的方式及其取数小数的舍取位数等。

　　（2）舍位平衡公式设置。在将报表进行外报时，根据统计的需要，报出金额的单位通常是万元，而在日常的业务处理中，金额一般都是元，所以需要有一个换算的处理过程。舍位平衡则为用户解决这样需求。

　　①舍位平衡公式设置。单击"工具—舍位平衡—舍位平衡公式"，进入舍位平衡公式设

置，需要做如下的一些设置：第一步：录入具体的转换系数，如从金额单位从元变为万元，转换系数中应录入 10 000，如果转换为千元，则转换系数为 1 000。第二步：指定运算符，有乘和除的设置，如前面所说的从元转换为万元，则运算符为除；如果万元转换为元，则运算符为乘。第三步：确定舍位计算后的数据保留的小数位数。第四步：确定舍位区域，可以通过鼠标拖动的一个区域，被选定的区域范围可以自动的显示在"舍位区域"中；也可以手工录入一个区域的范围，如 A1：C5。第五步：写入平衡等式（对于只需要舍位平衡，不需要其他计算的单元格，可以不写平衡公式）。

四舍五入，会导致舍位以后计算得出来的数据不等于总计舍位后的数据，例如计算关系是，B1 + B2 + B3 + B4 = B5，则进行简单的舍位处理后，这个等式则可能不成立。在这种情况下，就需要进行平衡等式的设置，一般情况下是一个倒算的过程，如上例可以这样来设置舍位平衡公式，B1 = B5 - B4 - B3 - B2，这样，不平衡的差值将会倒挤到 B1 这个项目中去，这样可以保证数据的正确性。至于选取哪个项目来作为这个倒算的项目（理论上任意一个项目都可以），则需要一个经验的判断，通常情况下应是选取一个产生误差较小项目来作为这个倒算的项目。在写平衡等式时，如果一行无法完成这个公式，则可以通过 Ctrl + Enter 键来实现换行的功能。

②舍位平衡。舍位平衡公式设好后，单击"舍位平衡"，系统提示：请锁定无须进行计算的单元格，这时可锁定无须进行计算的单元格（如科目代码、科目名称等），单击"确定"，将按照所设置的舍位平衡的条件和公式进行舍位平衡的处理，生成一张新的报表，单击"保存"即可。

2. 报表函数介绍

双击需要编辑公式的单元格，例如 A1，单击" = "，再选择函数，则系统将会弹出所有报表函数的列表，如图 1-58 所示。

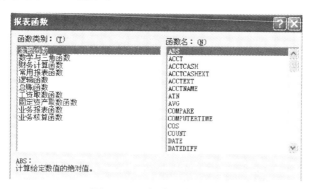

图 1-58 报表函数列表

在"报表函数"中列示出了所有的函数，可以根据需要选择不同的函数进行公式的设置。公式设置完成后，单击"确定"，所设置的公式保存到报表中。

经常使用的报表函数主要有：

（1）ACCT：总账科目取数公式。

（2）COMPUTERTIME：返回计算机当前日期。

（3）DATE：返回计算机当前日期。

（4）DATEDIFF：求指定日期参数 2 与参数 1 之间的天数差。

（5）ITEMINFO：返回指定核算项目的属性值。

（6）KEYWORD：取表页的关键字的函数。

（7）PAGENAME：取表页名称函数。

（8）PAGENO：返回当前表页的值。

（9）REF：返回指定表页、指定单元格的值。

（10）RPRDATA：返回指定格式的当前报表日期。

下面以 ACCT 函数为例进行公式定义。

选择"插入—函数"，系统将所有的报表函数列出，选择"报表函数"中的 ACCT 函数，双击鼠标左键，系统将弹出定义公式的界面，如图 1 - 59 所示。

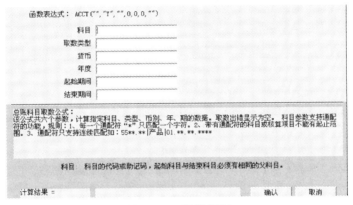

图 1 - 59　函数设置

（1）科目。首次使用可采用向导自动生成科目与核算项目参数，在科目录入框内单击 F7 显示如图 1 - 60 所示：

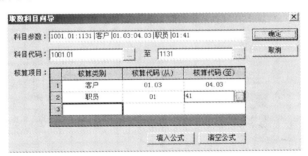

图 1 - 60　取数科目向导

生成的公式描述如下：

科目公式 = "科目代码 1：科目代码 2 | 项目类别 | 项目代码 1：项目代码 2 | 项目类别 | 项目代码 1：项目代码 2"

引号中的内容用于存放用户所选择的科目和核算项目代码。公式中的科目代码，项目类别和项目代码，在字符"|"和"："的分隔下可以进行 20 种组合，得到不同范围的科目和核算项目。组合情况如表 1 - 2：

表 1-2   科目代码的组合情况

a	a：	：a	a1：a2
a | b	a：| b	：a | b	a1：a2 | b
a | b | c	a：| b | c	：a | b | c	a1：a2 | b | c
a | b | c：	a：| b | ：c	：a | b | c：	a1：a2 | b．c：
a | b | c1：c2	a：| b | c1：c2	：a | b | c1：c2	a1：a2 | b | c1：c2

其中：

"a"，"a1"，"a2" 表示科目代码；

"b" 表示核算项目类别名称；

"c"，"c1"，"c2" 表示核算项目代码；

"a：" 表示代码大于或等于科目 a 的所有科目；

"：a" 表示代码小于或等于 a 的所有科目；

"a1：a2" 表示代码大于或等于 a1 并且小于或等于 a2 的所有科目；

"c：" 表示代码大于或等于 c 的所有核算项目；

"：c" 表示代码小于或等于 c 的所有核算项目；

"c1：c2" 表示代码大于或等于 c1 并且小于或等于 c2 的核算项目。

当核算项目类别 b 和代码 c，c1，c2 都缺省时，表示指定科目下设所有的核算项目类别。

当核算项目类别 b 不省略，而核算项目代码缺省时，表示指定核算项目类别 b 中所有核算项目。

（2）会计期间。可直接指定期间数，分别录入起始期间和结束期间，若不选则系统默认为本期。若写入数值，表示的意义如下，0：本期。-1：上一期。-2：上两期。如此类推。

（3）会计年度。可直接指定年度，如 2008，若不选则系统默认为当前年。若写入数值，表示的意义如下，0：本年。-1：前一年。-2：前两年。如此类推。

设置完这些参数之后，ACCT 函数便定义完成。单击"确认"，退出公式定义的操作。还可以在不退出公式的状态下，单击 ACCT 函数下拉框中的"其他函数"，系统将列出所有的函数，可以设置别的函数。

3. 报表分析

报表分析是对本公司财务状况和经营状况进行分析，通过对会计报表的文字和数字部分的分析，帮助经营管理者与财会人员深入进行沟通，通过高效的报表分析，能及时发现问题，从而防范风险。系统提供三种分析方法：结构分析、比较分析、趋势分析。

（1）结构分析。结构分析，提供了对三种报告期的分析，分别是按期、按季、按年。

操作步骤：

第一步：先选择需要进行分析的报表。

第二步：单击位于报表分析界面左上角的"分析"按钮。

第三步：选择需要分析的报告期的期间。

（2）比较分析。比较分析，提供了对三种报告期的分析，分别是按期、按季、按年；

比较类型分为与年初比较、与预算数比较、与指定基期比较。

操作步骤：

第一步：先选择需要进行分析的报表。

第二步：单击位于报表分析界面左上角的"分析"按钮。

第三步：选择需要分析的报告期的期间及比较类型。

第二章　速达 7000 SaaS 工业版 V3.6 的应用

速达软件技术有限公司是中国中小企业管理软件厂商之一，由多家世界著名跨国公司投资组建。凭借企业的规模优势、强大的技术创新能力、丰富的产品线和卓越的服务效率，速达公司不断为中国中小企业提供优秀的企业管理软件和解决方案。

第一节　系统的安装和登录

一、系统特点

2010 年，速达公司推出 SaaS 系列产品，该系列产品将速达系统与远程接入平台——速达 SaaS 完美结合，该平台采用目前最为先进的远程接入技术——基于服务器计算技术（Server - based Computing）作为远程接入架构，使业务流程更加合理、系统化，部门管理更具严密性、有序性，业务管理模式更加灵活、多样化，其高度整合了以客户为核心的企业营运及管理中心，协同商务则有效地促进了信息的多元化、立体化，而最新集成互联网软件和服务模式，可以极大地提高企业的管理效率和企业管理水平。速达 7000 SaaS 的系统流程如图 2-1 所示。

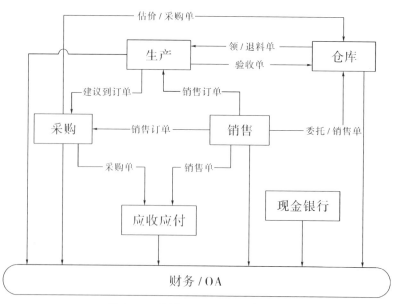

图 2-1　速达 7000 SaaS 系统流程

二、系统安装

速达 7000 SaaS 系统是基于 Windows Server 2003 下开发的多层结构的企业管理系统，全面支持 SQL Server2000/2005/MSDE/Express 等数据库，在安装系统时首先需要安装 SQL Server 数据库，再安装速达 7000 SaaS 工业系列应用程序。同时，在硬件支持的情况下，建议尽量使用 Windows 2003 操作系统。

在安装系统之前需要按照有关运行环境配置的要求，配置好硬件和软件环境；同时，必须能够登录互联网，建议配备 ADSL 等宽带上网。

本系统已完美支持速达 SaaS 模式，因此安装方式也分为两种。下面就分别予以说明：

1. 局域网模式

（1）系统基本配置。系统运行环境的基本要求如表 2-1 所示。

表 2-1　　　　　　　　　速达软件局域网模式运行环境

运行环境	服务器	客户端
CPU	2.0GHz	800MHz
内存	1GB	256MB
网络	带宽 10M/100M	带宽 10M/100M
操作系统	Windows 2000 及以上	Windows 2000 及以上

（2）安装步骤。

第一步：安装数据库。速达 7000 SaaS 工业系列产品已全面通过 Vista/Windows7 操作系统认证，全面支持 SQL Server2000/2005/MSDE/Express 等数据库，在安装系统时首先需要安装数据库。

安装完毕重启计算机（以安装 SQL Server 2000 为例），SQL Server 2000 服务器随系统自动启动，并在操作系统桌面任务栏右下角的系统托盘内显示为绿色三角箭头图标，如图 2-2 所示，它表明 SQL Server 2000 服务器正在后台运行。

已启动　　　　　　　　　　未启动

图 2-2　数据库启动标志

第二步：安装速达 7000 SaaS 工业服务器。服务器程序在安装完成后，会作为操作系统的服务功能在后台自动运行。

第三步：安装速达 7000 SaaS 工业客户端/POS 前台。速达 7000 SaaS 工业版客户端程序既可以应用于局域网模式也可以应用于 SaaS 模式，既可以是单用户使用也可以是多用户使用，系统融合先进的企业管理理念，高度集成化的管理功能，包含了进销存系统、POS 系统、生产系统、资金系统、账务系统、分支机构、客户关系、售后管理、系统维护等主要模块，不但完全符合最新的财务、会计和税收制度，而且在 SaaS 应用方面为广大中小企业提供了理想的解决方案。

单机应用时需要将数据库、服务器、客户端程序安装在一台电脑上；数据库必须与服务器程序安装在一台计算机上。

2. SaaS 模式

（1）系统基本配置。系统运行环境的基本要求如表 2 - 2 所示。

表 2 - 2 　　　　　　　　　　　速达软件 SaaS 模式运行环境

运行环境	服务器	客户端
CPU	2.8GHz	800MHz
内存	2GB	256MB
网络	ADSL 带宽 4M	ADSL 带宽 512K
操作系统	Windows Server 2003/2008；安装终端服务器和终端服务器授权；安装打印机驱动及输入法	Windows 2000 及以上；安装打印机驱动及输入法

（2）安装步骤。第一步：安装数据库。第二步：安装速达 7000 SaaS 工业服务器。第三步：安装速达 7000 SaaS 工业客户端/POS 前台。

采用速达 SaaS 模式的产品，在系统安装方面较以往的速达产品有很大的区别，安装系统时请按照如表 2 - 2 所示的要求对硬件和软件进行配置，安装完毕重新启动计算机，登录操作系统。然后将速达 7000 SaaS 工业版软件的安装光盘放入光驱，系统经过短暂的初始化后会自动弹出安装导航窗口。

远程客户端只需安装速达 SaaS 客户端应用程序即可。单击导航图上的"安装速达 SaaS 客户端"，如图 2 - 3 所示，按照系统提示和默认设置，单击"下一步"直至安装完毕。

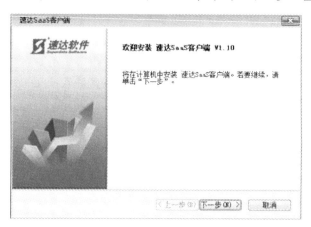

图 2 - 3 　速达 7000 SaaS 客户端安装向导

三、系统登录

1. 服务器

服务器主要用于维护账套及管理客户端对服务器端的访问控制。当用户在客户端登录服务器时，服务器端会按用户登录先后顺序建立相应的登录编号，服务器会显示每一客户的登录时间、使用账套名称、使用账套用户、客户计算机名称、客户计算机 IP 地址、客户网络用户名，以及连接端口。

管理员每天首先要将服务器端打开，这样客户端才能访问服务端的数据。服务器启动时，在屏幕底部右端的任务栏可以看到一个青色的服务器小图标，用鼠标右键单击此图标，打开浮动菜单，从中选择"显示窗口"打开服务器窗口，则出现速达 7000 SaaS 应用服务器窗口，如图 2-4 所示。

图 2-4 速达 7000 SaaS 应用服务器

2. 局域网客户端

单击"开始—程序—速达软件—速达 7000 SaaS 工业客户端"时，系统将打开如图 2-5 所示的窗口。

图 2-5 速达 7000 SaaS 工业客户端登录窗口

服务器名称：输入已安装速达 7000 SaaS 工业服务器程序的计算机名称或 IP 地址，在单机模式下（客户端与服务器安装在同一台机）IP 地址输入"127.0.0.1"即可。

服务端口：默认为 3008，可以根据需要修改，修改时需要与服务器端口号保持一致，输入登录信息之后，单击"确定"按钮，即可登录系统。

3. SaaS 客户端

速达 SaaS 客户端的使用相对较为简单，系统安装完毕后，单击"开始—程序—速达软件—速达 7000 SaaS 工业客户端"，或单击桌面的快捷图标，打开登录窗口，如图 2 – 6 所示。

图 2 – 6　速达 SaaS 客户端登录

（1）自动获取。该功能默认状况下为勾选状态。通常在通过互联网登录系统时，系统会自动获取 SaaS 服务器的 IP 地址进行登录，如果能够直接获取 SaaS 服务器的 IP 地址，可以不必使用"自动获取"功能，直接在"服务器"栏输入 IP 地址即可。同理，如果在局域网模式下，能够获取服务器的 IP 地址，也可以直接输入，而不必使用"自动获取"功能，这样既可以保证连接的准确性，又可以加快连接速度。

（2）登录名和密码。输入在速达 SaaS 服务器注册的登录名（UserB）和登录密码，即可进入速达 SaaS 客户端程序，如图 2 – 7 所示。

图 2 – 7　速达 SaaS 客户端界面

①速达 SaaS 客户端的配置：可以提高客户端的运行速度。远程桌面的像素值越低，远程客户端运行速度越快。

②速达软件产品客户端的运行：则可以打开速达 7000 SaaS 工业的登录信息窗口，输入服务器名称或 IP 地址、服务器端口、令牌锁号和动态口令，系统自动进入 SaaS 模式。

③速达 SaaS 客户端的刷新：在客户端界面中并没有即时显示服务器端新发布的程序时，可以得到新的应用程序列表。

④速达 SaaS 客户端的帮助：用于查询速达 SaaS 操作功能的在线说明。

⑤速达 SaaS 客户端的退出：用于关闭速达 SaaS 客户端。

第二节　账套管理

一、创建账套

当使用本系统时，首先要做的就是建立一个新的账套，并结合企业的实际情况对账套中的主要信息进行设置，即录入与公司业务有关的各种基本数据和资料。如果创建账套时，企业尚未发生任何业务，则可以直接启用账套，然后就可以通过本系统对日常业务进行正常操作了。

单击"开始—程序—速达软件—速达 7000 SaaS 工业客户端"，进入"请选择账套"窗口，如图 2-8 所示，单击"新增"来创建新的账套。

图 2-8　速达 7000 SaaS 创建账套窗口

1. 服务器配置账套与企业相关信息

在此向导中设置与账套有关的信息，比如账套代号、企业名称等均不能为空，如图 2-9 所示。

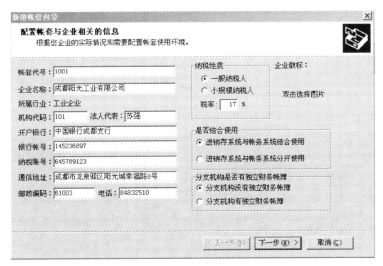

图 2-9　速达 7000 SaaS 配置账套与企业相关信息

如果选择"进销存系统与账务系统结合使用",所有进销存业务在单据保存后即自动产生凭证,存货类及相关会计科目限制产生下级明细科目,有关数量金额账等资料的查询需在进销存报表中进行;如果选择"进销存系统与账务系统分开使用",进销存业务单据不能自动产生凭证,所有会计科目都能产生下级明细科目。

2. 配置进销存参数

进销存参数设置如图2-10所示。

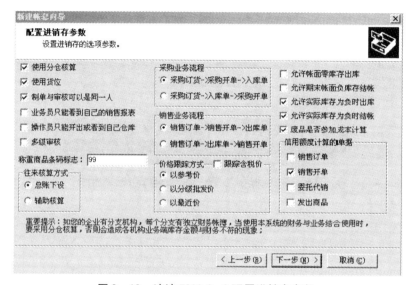

图2-10 速达7000 SaaS 配置进销存参数

（1）使用分仓核算。采用分仓核算时,每个仓库可以单独核算存货成本,而采用总仓核算时所有仓库均按一个仓库来核算存货成本,系统的默认选项为使用分仓核算。

（2）使用货位。采用货位管理可以在仓库下再设置货位,这样就使企业对存货的管理更加细分化,能够大大提高存货出入库的效率。

（3）制单和审核可以是同一人。该选项说明单据的编制和审核可以是同一个操作人员,系统默认状态为已选择,即同一操作员可以对其所编辑的单据进行修改。

（4）业务员只能看到自己的销售报表：如果该选项打钩,系统将在"员工资料"中增加"设置密码"功能,设置密码后在销售类报表中过滤条件设置为该业务员时,需要录入密码才能查看报表。

3. 设置账务参数

账务参数设置如图2-11所示。

（1）科目制度。已经预设了符合企业会计制度规定的最新会计科目表及报表。

（2）凭证制单人与审核人不能相同。会计的凭证的编制人员是否也可以审核自己的凭证,可以在此进行设置,系统默认状态为可以是同一人。

（3）损益结转方式。系统提供了两种结账方式："账结法"和"表结法"。当用户选择"账结法"时,必须在每个会计期末结转损益后（结转后损益类科目的月末余额为零）才能够结账。当用户选择"表结法"时,则可以根据需要确定结转损益的期间,但年末必须结转损益。

（4）科目选项。系统的会计科目可以设置10级,一级科目的长度因为是按照规定设置

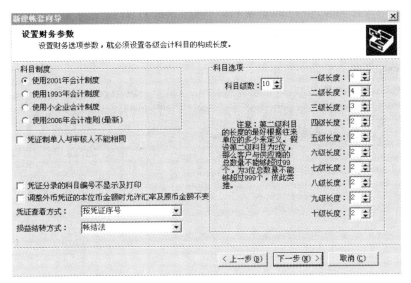

图 2-11　速达 7000 SaaS 配置账务参数

的，故无法修改，其他级别的科目长度可以根据实际情况设置。

4. 配置出纳选项

出纳选项设置如图 2-12 所示。

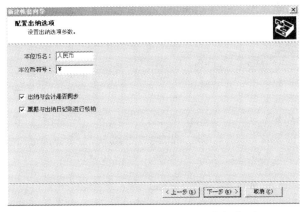

图 2-12　速达 7000 SaaS 配置出纳选项

（1）本位币名及本位币符号。系统默认的本位币为"人民币"，企业可以根据需要设置其他币种及对应的符号。

（2）出纳与会计是否同步。选择此项，则要求两者的核算期间必须保持一致；不选此项，则两者的核算期间可以一致，也可以不一致，即出纳处理业务将不受会计期间的限制，可以灵活处理出纳业务。

（3）支票与出纳日记账进行核销。选此项时，在登记出纳日记账时，如果涉及支票支付业务，系统自动将该笔业务所关联的支票信息记入支票账簿中。

5. 配置工资参数

（1）分配工资费用。选择了此选项，就可以预先进行费用分配方式的设定，然后由系统自动进行工资费用的分配计算，并形成相应的会计凭证；否则，需要手工进行工资的核算管理以及费用分配的计算和凭证的输入。

（2）代扣工资所得税。选择了此选项，就可以进行个人所得税的税率设定、税额计算以及《个人所得税明细表》的自动生成；否则，系统不提供此项功能。此选项适用于采用个人所得税代扣代缴的企业选择使用。

（3）工资扣零。系统提供了从壹分到拾元等四个不同级次的扣零值，并选择"扣到角"为默认值。用户选择了此选项，并在右边的下拉菜单选择相应的扣零值。

（4）计提工资三费。系统提供了三种依据工资费用计提其他费用的功能，并默认选择了全部选项，可以只选择其中某个选项或全部不选，选择了相应的选项，在工资费用分配之后就可以进行相应费用的计提，并由系统自动生成会计凭证；否则，系统不提供此功能。如果实际使用的费用名称或计提比率与系统提供的不同，可以手工进行修改。如图2-13所示。

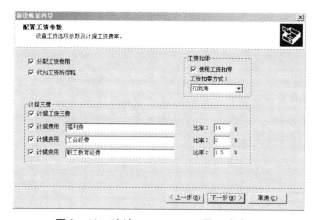

图2-13 速达7000 SaaS配置工资参数

6. 配置财务数据格式

主要是用来设置数量、单价、汇率选项的小数位数，以及当实际小数位数不足时是否用零去补齐。在进行账簿、报表输出时，此类数据将按这些设置进行显示或打印。默认状态下，数量、单价的小数位数是2位，汇率的小数位数是6位，如图2-14所示。

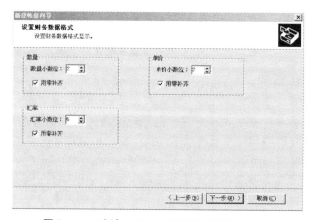

图2-14 速达7000 SaaS配置财务数据格式

7. 设置财务会计期间

账套启用年份、月份。默认状态下，该选项取计算机当前的系统日期。而右侧的"开始日期"、"结束日期"也可以按照企业的实际规定来设置。

启用账套后，还可以重新设置本年度当前会计期间之后的会计期间的起止日期。

财务会计期间设置如图 2 - 15 所示。

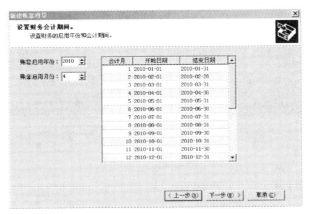

图 2 - 15 速达 7000 SaaS 设置财务会计期间

8. 开始创建账套

会计期间设置完成后，单击"下一步"，系统开始创建账套，如图 2 - 16 所示。

图 2 - 16 速达 7000 SaaS 创建新账套

创建账套成功后，系统显示窗口初始化。

二、账套选项

创建账套后，系统允许用户在指定的范围内对正在使用的账套进行一些业务的调整、某些参数的修改以及对某些功能的重新设置等。单击"文件—账套选项—账套选项"对话框，如图 2 - 17 所示。

账套选项卡中的企业信息、进销存选项、财务选项、出纳选项、工资选项、会计月历与新建账套是相同的，只不过某些选项显示为灰色，这意味着它们是不能被修改的，而未被禁用的选项则可以修改。而自定义单据编号、其他选项、协同商务设置可以根据企业需

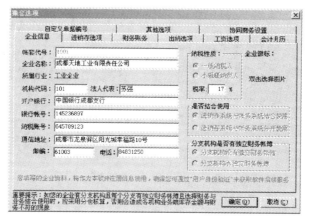

图 2 - 17　速达 7000 SaaS 账套选项

要进行必要设置。

三、操作员定义与授权

单击"文件—操作员定义及授权"或者在"系统维护"导航图中单击"操作员授权"图标，进入如图 2 - 18 所示界面。

图 2 - 18　速达 7000 SaaS 操作员定义与授权

1. 基础资料规则设置

（1）增加新操作员或新组。单击"操作—新操作员—新操作员"编辑窗口，输入操作员姓名、编号、描述资料、密码等资料。设置完成，然后单击"创建"，则新增了一个操作员资料。如图 2 - 19 所示。

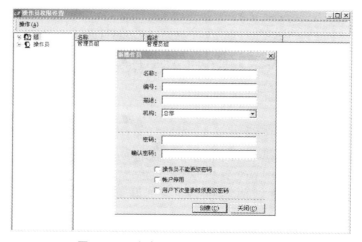

图 2 - 19　速达 7000 SaaS 增加新操作员

单击"操作—新建组—新建组"编辑窗口，输入组名称以及描述信息，然后单击"创建"则增加一个组资料，如果还有其他组资料则可以继续输入，否则单击"关闭"并返回上一操作窗口。

（2）删除组或操作员。先单击将被删除的组名或操作员名，然后单击鼠标右键，在弹出的浮动菜单中选择"删除组"或"删除操作员"即可。

操作员不能删除自己，必须由有权限的操作员才可以执行删除操作。

（3）重命名组或操作员。先单击准备改名的组或操作员，然后单击鼠标右键，在弹出的浮动菜单中选择"重命名组"或"重命名操作员"，接着在编辑栏中输入新的名称，单击"确定"即可。

（4）查看组或操作员属性。选择某个组或操作员，然后单击鼠标右键，从浮动菜单中选择"组属性"，或"操作员属性"，则可以打开某个组或某个操作员的属性窗口。

（5）将操作员添加到指定的组。打开组属性，并在组中添加操作员；打开操作员属性，并将操作员添加到组中。

（6）操作员重新设置密码。选择某个操作员，单击鼠标右键，从浮动菜单中选择"修改操作员密码"，然后在编辑框输入新的密码，确认所做的操作则单击"确定"，否则单击"取消"。

2. 对组或操作员授权

可以先对组进行授权，当对组进行授权后该组的权限可以传递到本组的所有操作员，然后再对有特殊使用权限的操作员进行授权，操作员的权限可以大于组的权限。

权限设置窗口的左侧为模块树，点击模块前的带"＋"号的方框或双击模块名称就可以展开该模块组，而点击带"－"号的方框则可以折叠该模块组；右侧为权限设置列表，提供"查看、编辑、打印、导出、执行"等操作功能，对应于模块名称的单元格如果为空白则可以设置权限（鼠标点击打钩），否则表明该模块不具有这些功能（鼠标点击无效），如图 2－20 所示。

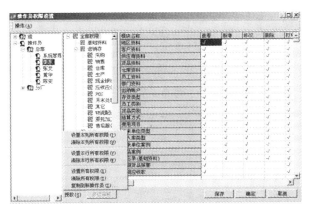

图 2－20　速达 7000 SaaS 对组或操作员授权

对操作组设置了权限之后，如果组内的操作员拥有相同的操作权限，则不需要对组内的操作员进行单独授权；管理员组及其成员不需要授权，因为该组拥有最大权限，如果本组只有一个管理员，建议不要对其进行修改、删除，可以新增一个组成员，并进行修改、删除，但不需进行授权；右边授权功能中隐藏掉的权限表明该模块没有或不需要此类操作权限。

3. 修改口令和更换操作员

出于安全性的考虑可以经常更换操作员操作本系统的密码，另外，如果因为忘记密码而要求系统管理员取消密码后，还可以使用"修改口令"功能来重新录入密码。单击"文件—修改口令"，或者在"系统维护"导航图中单击"修改口令"图标，在"修改口令"窗口对口令进行修改。

因为系统对每个用户的权限进行了不同的设置，因此在正常操作时，经常需要更换其他操作人员（尤其是单机版用户），可以使用"更换操作员"功能直接更换操作用户而不必退出系统重新进入。单击"文件—更换操作员"，或者在"系统维护"导航图中单击"更换操作员"。

第三节 基础资料及其初始化

在启用账套前，需要在创建的账套中录入与公司业务有关的各种基本资料和数据，即进行基础资料的设置及其初始工作。

基础资料是财务软件中使用的各种基础数据的总称。而基础资料初始化的目的是把与基础资料相关的手工账期末数据录入软件系统作为电子财务系统的期初数，为后续的财务工作提供时数据支持。

在进行基础资料及其初始化操作时，系统提供了列表状和树状两种常用的窗口，并且在录入窗口中有许多名称相同、功能相近的按钮，其操作规则和方法大同小异。

一、进销存基础资料及其初始化

1. 往来单位

与企业往来的单位包括客户和供应商。通过设置详尽的客户、供应商资料，可以完全掌握客户、供应商的详细情况，及时有效地管理采购、销售等业务的经营动态。

操作路径："进销存初始化（或"资料"）—往来单位"。

如果创建账套后，企业尚未发生任何业务，则可以直接启用账套，启用账套后可以在"资料"菜单、"固定资产"菜单中进行基础资料设置及其初始化操作。

（1）客户资料。主要用来记录客户的常用信息，账务处理时采用的会计科目为"应收账款"。

①打开"客户资料"列表状窗口，如图 2 - 21 所示。

②单击"编辑—新增"选项，打开"客户资料"编辑窗口，如图 2 - 22 所示。

客户资料需要首先录入客户简称和单位编码。单位简称及单位编码必须录入，不能为空，且编码不能与供应商编码重复。如果用户在创建账套时选择了"进销存系统与账务系统相结合使用"，在初始化阶段录入客户资料时，系统会根据录入的先后顺序、简称以及明细会计科目的长度来自动定义往来科目的明细科目代码及名称。

往来单位中客户资料的编辑内容分为"基本信息"、"其他信息"（如图 2 - 23 所示）、"供销货品"（如图 2 - 24 所示）三个页面。

其中，"基本信息"页面有两个较为特殊的选项："现金往来单位"，若选择该选项，

图 2-21　速达 7000 SaaS"客户资料"列表状窗口

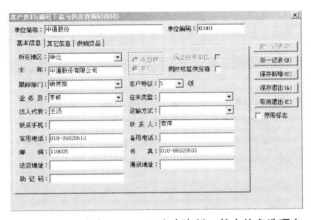

图 2-22　图速达 7000 SaaS 客户资料—基本信息选项卡

则表明该客户与本单位仅进行现货交易；"同时核算供应商"，若选择该选项，则表示该客户同时是本企业的供应商，具有双重身份。

图 2-23　速达 7000 SaaS 客户资料—其他信息选项卡

　　初始化数据的录入：如果新增的客户资料在账套开账前已发生往来业务，并且账目还未结清，则需在"其他信息"页面的"往来余额"栏中录入应收/预收金额。如果是在创建账套时还没有发生业务,则"往来余额"栏为零;期初应收款余额在借方以正数表示,余额在贷方则以负数表示。

图 2-24 速达 7000 SaaS 客户资料—供销货品选项卡

(2)供应商资料。主要用来记录向企业提供商品的供应商的主要信息,账务处理时采用的会计科目为"应付账款"。

供应商资料与客户资料所需输入的内容大致相同。

(3)地区资料。主要是为了将公司所有的往来单位按照所在的地区进行相应的划分,方便对往来单位进行区域性管理,以及今后对业务往来的管理与分析。

①打开"地区"树状窗口,如图 2-25 所示。

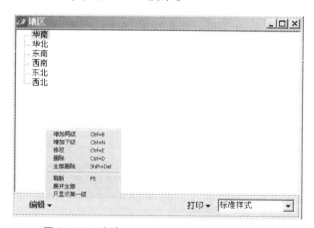

图 2-25 速达 7000 SaaS "地区"树状窗口

②单击"编辑"按钮,打开一个浮动菜单,从中选择"增加同级"菜单项,打开"地区"编辑窗口,如图 2-26 所示。

在"名称"编辑框录入相应的地区名称;"从属于"栏目表示新增的地区与其他地区是否存在隶属关系,最多可设五级。

2. 仓库

操作路径:"进销存初始化(或"资料")—仓库"。

(1)仓库资料。仓库资料用来记录仓库的名称和位置。如果需要录入货品的期初数量

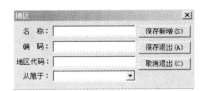

图 2-26　速达 7000 SaaS "地区" 编辑窗口

时，必须先设置仓库资料；同样，以后需要查询分仓库存情况，也必须预先设置仓库资料。

①单击"进销存初始化（或"资料"）—仓库—仓库资料"，打开"仓库资料"列表窗口。

②单击"编辑—新增"项，打开"仓库资料"编辑窗口，如图 2-27 所示，进行仓库资料的编辑。

图 2-27　速达 7000 SaaS 仓库资料编辑窗口

如果账套选项中"操作员只能开出或看到自己的仓库"设置为"是"，则需要选择可以使用该仓库的操作员；仓库资料可以随时增加，不受任何限制；在修改仓库名称时，系统将已引用到单据上的名称同时修改；已被引用的仓库名称不可删除；同一仓库允许对应多个货位；仓库编码和名称不能重复。

（2）仓库货位。货位是为了明显标出商品所在的位置，以便规范管理、统计分析、查询分类，它有很强的灵活性，可设定为分公司、库房、货架等等。货位是建立在仓库基础之上的，通常可以按照商品的类别来归类存放。

单击"进销存初始化（或"资料"）—仓库—仓库货位"，打开"仓库货位"窗口。单击"编辑—增加同级"，打开"仓库货位"编辑窗口，可以进行仓库货位的编辑。

3. 货品

货品资料主要用来记录货品的名称、规格、种类、价格等有关资料，还可以设置库存上下限，使用户能够将库存数量控制在一个合理的范围之内，从而大大降低经营风险。

操作路径："进销存初始化（或"资料"）—货品"。

（1）货品资料。货品资料中主要记录了货品的品名规格、种类、加权平均价、参考进价、参考售价等有关资料，便于在以后发生销售、采购业务时直接引用。

单击"货品资料—编辑—新增"，打开"货品资料"编辑窗口，如图 2-28 所示。

货品资料包括基本信息、单位信息、存货信息、组装拆卸、计划信息、自定义信息、图片等，以下分别予以说明。

①基本信息（如图 2-28 所示）。

存货类型：单击该栏右侧下拉按钮从列表中选择。在启用账套后，可以继续修改未使

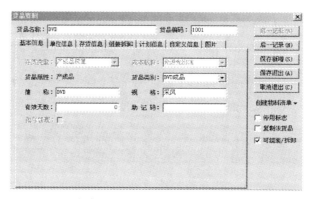

图 2-28 速达 7000 SaaS 货品资料—基本信息选项卡

用货品的存货类型。

成本核算方法：包括"移动加权法"、"个别计价法"、"全月一次加权平均法"和"先进先出法"。

货品属性：货品的属性根据选择的"存货类型"进行定义，并由系统自动显示，用户不能进行修改。

货品类别：定义了货品类别后，就可以单击该栏右侧下拉按钮来选择，否则可以单击"新增"，增加相应的类别后再进行选择。

货品简称：货品资料的缩写，当使用键盘中的"Tab"键来移动光标录入位置时，在光标移动到此栏时，系统会将上述名称栏的数据直接填入。

货品规格：货品规格包括汉字、字母、数字、常用符号等，编码长度为 64 位。

有效天数：根据货品的实际情况录入即可。

批号管理：需要按生产批号进行特别管理的货品，需要选择此选项，采用个别指定法核算的货品，此选项默认已选择。货品被业务单据引用后，此选项不能再修改。采用批号管理的货品在初始化货品库存时需要单独设置。

②单位信息（如图 2-29 所示）。系统支持货品的多单位计量，并采用单位组模式对单位进行管理。

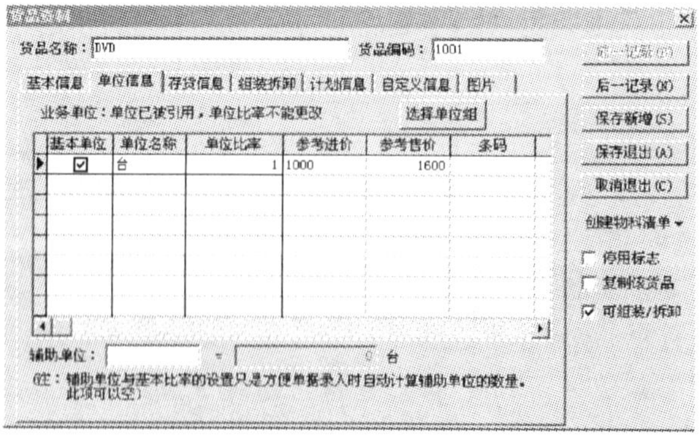

图 2-29 速达 7000 SaaS 货品资料—单位信息选项卡

③存货信息（如图 2-30 所示）。组装拆卸信息是对可组装/拆卸货品设置其组装关系的功能；计划信息则提供了货品相关物料计划信息；自定义信息可以由用户录入除系统默

认选项以外的五个自定义的项目。

图 2-30 速达 7000 SaaS 货品资料—存货信息选项卡

④其他功能。货品资料中还包括其他较为实用的功能：停用标志、复制该货品可组装/拆卸选项。

（2）货品类别。货品类别用来记录公司货品类别的基本资料。可以根据公司货品的具体情况，明确地把所有的货品进行分类，方便以后对货品进行管理。货品类别资料包含该货品类别的名称，及对该类货品与其他货品的从属关系的定义。

①单击"进销存初始化（或"资料"）—货品类别"，打开"货品类别"基础资料窗口。

②单击"编辑—增加同级"菜单，打开"货品类别"编辑窗口，可以编辑货品类别相关资料。

（3）存货类型。当进销存系统与账务系统结合使用发生存货相应收发存业务时，制作凭证就会引用此处的相应科目。

①"进销存初始化（或"资料"）—货品—存货类型"，打开"存货类型"基础资料列表。

②单击"编辑—新增"，打开"存货类型"编辑窗口，可以编辑存货类型相关资料，如图 2-31 所示。

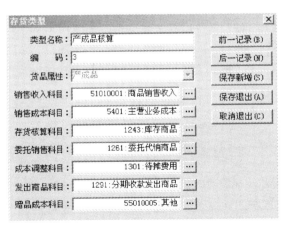

图 2-31 速达 7000 SaaS 存货类型编辑窗口

（4）设置货品价格。在系统中，除了可以在编辑"货品资料"时设置货品的参考价、批发价、会员价等价格以外，系统还单独提供了"设置货品价格"功能，以方便货品资料较多的企业用来快速设置货品的价格。

单击"进销存初始化（或"资料"）—货品—设置货品价格"，打开"设置货品价格"窗口，然后在各价格栏录入货品对应的价格资料。

另外，单位组则可以设置货品计量单位的业务单位和辅助单位。

4. 部门员工

操作路径："进销存初始化（或"资料"）—部门员工"。

（1）员工资料。企业若要对其员工进行管理，则需要录入员工资料，比如查询员工人事档案、计算员工工资、分析员工信息等。

①单击"进销存初始化（或"资料"）—部门员工—员工资料"，打开"员工资料"列表。

②单击"编辑—新增"，打开"员工资料"编辑窗口，如图 2-32 所示，即可进行相关员工资料的编辑。

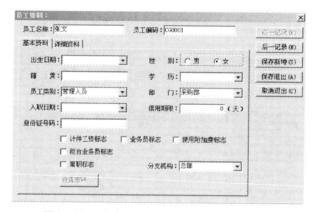

图 2-32 速达 7000 SaaS 员工资料编辑窗口

（2）部门资料。本系统在编辑某些业务单据时需要选择部门，所以需要录入部门资料，以后进行业务操作时（比如固定资产管理及工资核算时）就可以直接引用了。

①单击"进销存初始化（或"资料"）—部门员工—部门资料"，打开"部门资料"列表。

②单击"编辑—新增"按钮，打开"部门资料"编辑窗口，可以进行部门资料编辑。

（3）员工类别。员工类型是本系统中对员工进行分类管理以便于计算和分配工资费用而设置的实用性非常强的功能。

①单击"进销存初始化（或"资料"）—部门员工—员工类型资料"，打开"员工类型资料"列表。

②单击"编辑—新增"按钮，打开"员工资料"编辑窗口，可以进行员工资料编辑。

5. 进销存业务初始化

（1）初始化货品库存。如果货品期初有库存时，用户应该要将其当前账面库存数量、单价、金额、批次号等库存信息录入到账套中，以保证业务的连续性。当账套启用后，如果还没有发生进销存业务结账，用户还可以随时增加或调整货品期初库存数量，一旦结账后就不能再进行修改了。

①单击"进销存初始化—货品库存初始化",打开"货品初始化"列表。

②单击"编辑—新增",打开"货品初始化"编辑窗口,如图 2-33 所示,可以进行货品库存初始化的相关工作。

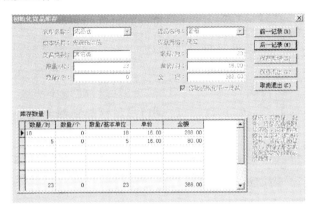

图 2-33 速达 7000 SaaS 仓库资料—货品初始化窗口

③修改期初货品库存的规则。修改期初货品库存的规则与创建账套时的"配置账套与企业相关信息"编辑窗口有关,在该编辑窗口,提供了两个选项:进销存系统与账务系统结合使用和进销存系统与账务系统分开使用。

④进销存与账务分开使用。启用账套之后,在没有发生业务的情况下,期初数量和单价都可以修改;启用账套之后,在已经发生业务的情况下,期初数量可以修改,单价不可以修改;货品在采用个别计价法核算时,某种商品期初如果有几个批次,在一种批次被引用的情况下,并不影响别的批次期初数量及单价的修改。

⑤进销存与账务结合使用。启用账套之后,在没有发生业务的情况下,期初数量和加权价都可以修改,并且系统会提示"此处修改将对账务系统'库存商品'期初数产生影响,请注意同步修改。";启用账套之后,在已经发生业务的情况下,只有期初数量可以修改,并且修改之后系统会提示"此处修改将对账务系统'库存商品'期初数产生影响,请注意同步修改";货品在采用个别计价法核算时,某种商品期初如果有几个批次,在一种批次被引用的情况下,并不影响别的批次期初数量及单价的修改。

(2)估价入库初始化。在创建账套时如果部分货品属于估价入库的,则必须在初始化时录入其相应的初始数据。

单击"进销存初始化—估价入库初始化",可以进行估价入库的初始化操作。

(3)委托代销初始化。对于有委托代销业务的企业,在启用账套前还需要录入货品已经发出,但尚未进行代销结算的各项委托代销初始数据。

单击"进销存初始化—委托代销初始化",打开"委托销售初始化"编辑窗口可以进行初始化的操作。

(4)发出商品初始化。企业将商品发送给购货单位(同时开具销售发票)后,商品的所有权发生了改变,商品库存数量相应减少,但财务上暂不确认销售,待后期收到货款或确认该项收入可以收回货款时才可以确认为销售的实现,并增加往来款项或现金银行存款,对于此类业务形式,系统通过"发出商品"单来进行处理。

在启用本系统前,如果企业已经有此类业务的发生,还需要先进行初始化设置。"进销存初始化—发出商品初始化",或者在启用账套后,单击"业务—销售业务—发出商品初始化", 进行相关初始化操作。

二、账务类基础资料及其初始化

1. 账务基础资料及其初始化

账务进行初始化的工作主要是将与本企业相关的账务、固定资产、工资信息等资料录入账套。

（1）会计科目。

①单击"账务初始化（或"资料—财务"）—会计科目"，打开"会计科目"结构列表窗口。会计科目共分五大类，单击类标签，则可显示该类别的会计科目结构，如图2-34所示。

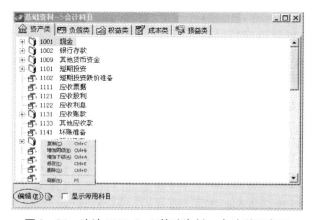

图2-34　速达7000 SaaS 基础资料—会计科目窗口

②单击"编辑"按钮，可以通过在科目编辑窗口，增加同级、增加下级、修改和删除会计科目。下面以新增同级明细会计科目为例，新增同级总账会计科目参照此操作即可。

③选择一个明细会计科目，单击"编辑—增加同级"按钮，打开"新增科目"编辑窗口，如图2-35所示。编辑该科目的所有信息，包括科目代码、名称、助记名、类型、货币核算、辅助核算、余额方向等。

图2-35　速达7000 SaaS 基础资料—会计科目编辑窗口

④系统提供了货品、部门、员工、项目、数量、往来账等五个辅助核算项目。

⑤选择"凭证需要经过出纳签字才能被登账"，则含有此科目的会计凭证必须经出纳签

字后才能登账。系统将现金、银行存款、其他货币资金默认设置为凭证须经出纳签字。

⑥单击"保存退出"按钮，保存该会计科目并关闭对话框，单击"取消退出"按钮则放弃对该科目的编辑操作并关闭对话框。

（2）凭证摘要。单击"账务初始化—凭证摘要"，单击"编辑—增加"，打开"基础资料—凭证摘要"编辑窗口，可以进行凭证摘要的编辑操作。

（3）科目类别和项目。科目类别用于在科目设置中定义会计科目所属的类别。项目用于辅助核算所需要的项目名称。

2. 出纳基础资料和账户初始数据

（1）出纳基础资料。出纳基础资料包括银行、币种、出纳账户、结算方式和费用项目。

操作路径："账务初始化（或"资料"）—出纳"。

①单击"账务初始化—银行"，在"银行"的列表窗口，单击"编辑—新增"项，打开"银行"编辑窗口，如图2-36所示，可以编辑银行账户资料。

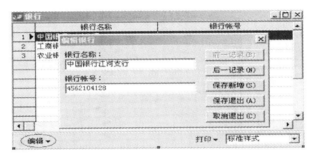

图2-36　速达7000 SaaS 银行账户列表和编辑窗口

②单击"账务初始化—币种"，在"币种"的列表窗口，单击"编辑—新增"项，打开"币种"编辑窗口，如图2-37所示，可以编辑币种资料。

图2-37　速达7000 SaaS 币种列表和编辑窗口

③单击"账务初始化—出纳账户"，在"出纳账户"的列表窗口，单击"编辑—新增"项，打开"出纳账户"编辑窗口，如图2-38所示，可以编辑出纳账户。

④单击"账务初始化—结算方式"，在"结算方式"的列表窗口，单击"编辑—新增"项，打开"结算方式"编辑窗口，如图2-39所示，可以编辑结算方式。

（2）出纳账户初始数据。在登记出纳日记账之前，需要为所设置的每个出纳账簿录入出纳系统启用月份的各项期初数据。如果在创建账套时选择出纳与会计同步时，出纳账簿数据初始录入必须与账务初始数据及固定资产初始数据须同步录入。如果在创建账套时选择出纳与会计不同步时，出纳系统即是一个相对独立的系统，与账务系统不存在关联关系，

图 2 - 38　速达 7000 SaaS 出纳账户列表和编辑窗口

图 2 - 39　速达 7000 SaaS 结算方式列表和编辑窗口

其初始化期间可以不与账务初始化期间一致。

①单击"账务初始化—出纳账户初始数据",打开"出纳账户初始数据"窗口,如图 2 - 40 所示。

图 2 - 40　速达 7000 SaaS 出纳账户初始数据窗口

②选择本位币出纳账簿和外币出纳账簿。系统默认的是本位币出纳账簿,可以单击此窗口左上角,系统会弹出一个下拉列表,然后可以选择外币出纳账簿,这时所有的数据项目都会分为原币和本位币两栏;单击"确定"按钮,保存当前所录入的数据。

(3)启用出纳账户。当出纳初始化数据已经录入完毕时可以单击"启用出纳账户"来启用出纳账户。

启用之后如发现出纳日记账中还有数据未录入，还可以反启用出纳账户，继续出纳数据初始化工作。

3. 固定资产基础资料和初始数据

（1）固定资产基础资料。它包括固定资产类别、固定资产增加方式、固定资产减少方式和固定资产使用状况，系统已经预置了相应设置，企业可根据需要进行增加，修改或删除。

（2）固定资产初始数据。固定资产的基础资料全部录入或设置完毕后，在正式启用固定资产管理模块前，需要将固定资产手工账产生的初始数据资料录入系统中。

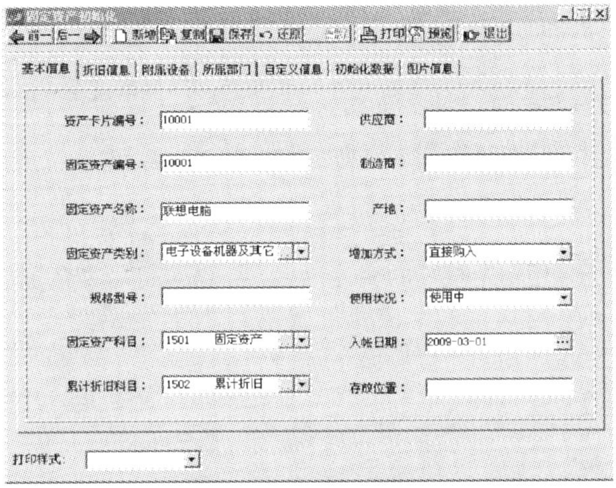

图 2-41　速达 7000 SaaS 固定资产初始化—基本信息选项卡

①单击"账务初始化—固定资产初始数据"，打开"固定资产初始化"编辑窗口，如图 2-41 所示。该窗口中包括了基础信息、折旧信息、附属设备、所属部门初始化数据等选项卡。

②打开相应选项卡，可以进行固定资产初始化相关的操作。

③在"固定资产初始化"编辑窗口，单击"前一"、"后一"可以查找需要修改或删除的固定资产初始化资料，然后根据提示保存即可。

"基本信息"选项卡中，"入账日期"应在创建账套日期以前（本期新增的固定资产，需要在启用账套后录入，并选择本期的入账时间）。

"初始化数据"选项卡，中期初原值、年初原值、期初累计折旧和年初累计折旧栏由系统根据在固定资产卡片中录入的内容自动转入，无需操作。

当启用账套后，不可以对固定资产初始化数据进行修改。

4. 账务初始数据

单击"账务初始化—账务初始数据"，打开"科目期初"窗口，如图 2-42 所示。

（1）录入账务初始数据。系统默认的记账本位币是人民币，故打开该窗口时首先看到的是核算人民币的会计科目的列表，可以在相关栏目中手工录入账务初始数据。

①余额方向：是在会计科目中定义的余额方向，此处不能修改。

②年初余额：选定会计科目本会计年度的年初余额，该栏目的数据由本年累计发生栏的借方数、贷方数以及期初余额栏的数据自动计算产生，无需手工录入。

③本年累计发生：选定会计科目年初至建账期初止账户借方或贷方累计发生额。

图 2-42 速达 7000 SaaS 财务初始数据窗口

④期初余额：是截至建账日期期初所选会计科目的账面余额。

⑤本年损益累计发生：所有损益类科目年初至建账期初发生的实际金额（不包括期末结转本期损益时的会计凭证中损益科目的结转金额）。

⑥辅助核算：对于采用辅助核算的会计科目，系统会已特殊的颜色标识，并且在选择这些科目时，窗口下面会增加"辅助核算"按钮，单击该按钮打开"科目期初—辅助核算"编辑窗口，录入相应的期初数据后保存退出。

⑦若有核算外币的会计科目，单击窗口左上角的"币种"栏，从下拉列表框中选择相应的外币币种，然后录入核算外币会计科目的有关初始数据即可，其中："汇率"栏中显示的汇率是在币种资料中录入的汇率，此处不能修改；"原币"录入该会计科目的按非本位币记录的金额；"位币"由系统根据在原币栏中录入的金额乘以汇率自动产生；其他栏目与录入人民币金额时基本相同。

（2）引入期初数据。在"科目期初"窗口的右上角，单击"引入期初数据"按钮，可以分别引入固定资产、出纳期初、往来单位期初、货品期初、发出商品和委托代销期初始数据。

（3）账务初始数据试算平衡。将全部会计期初数据录入完毕后，单击"科目期初"窗口下方的"试算平衡"，系统会自动将各科目借贷方的期初数进行试算平衡（此时所有外币都将折算成记账本位币进行计算）。

当试算平衡后，系统会在窗口下方显示"通过试算平衡检验！"字样，此时就可以启用账套了。反之，系统会在窗口下方提"年初余额不平衡！"等字样，此时无法启用账套，需要查找初始数据的错误。

三、启用账套

启用账套是使用系统进行正常业务操作所必需的功能，只有启用账套之后，才能进行日常业务管理和财务核算。如果在使用本账套时，企业内部尚没有发生任何经营业务，则可以直接启用账套。

启用账套时单击"文件—启用账套"，系统会出现提示窗口要求确认是否启用账套，对于单机版用户来说，可以直接单击"启用"按钮，则账套即被启用，如图 2-43 所示。

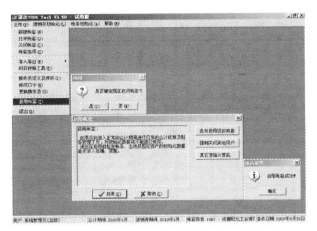

图 2-43 速达 7000 SaaS 启用账套

当账套启用后，系统的主界面如图 2-44 所示，包括系统菜单、导航图和 SaaS 管理。

图 2-44 速达 7000 SaaS 业务导航图

第四节 财务管理

速达 7000 SaaS 系统的财务管理包括了账务管理、出纳管理、固定资产、工资管理、预算管理和合并报表。该模块提供了企业财务核算的主体功能。

一、账务系统

系统通过全仿真的会计凭证、账簿、报表，来帮助财务人员快捷准确地对企业各项经营业务进行会计处理，以手工和自动等方式来生成和编制会计凭证，进行现金流量分配，结转损益等。账务系统界面如图 2-45 所示。

1. 凭证手工录入

操作路径：单击"账务—凭证录入"，或者单击"账务系统"导航图中的"凭证录入"图标，如图 2-46 所示。

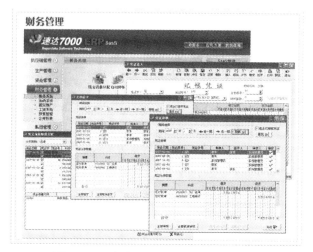

图 2-45　速达 7000 SaaS 财务系统界面

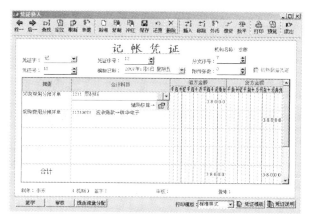

图 2-46　速达 7000 SaaS 凭证录入

（1）编制日期：可直接按照系统的日期格式，录入新的日期，或者用鼠标单击日期编辑框右侧按钮，在打开的日历窗口中选择相应的日期。

（2）凭证字与凭证号："凭证字"选择"记账"时，"凭证号"从 1 开始连续编号，如果选择"收、付、转"则每种"凭证字"单独从 1 开始编号。

（3）凭证序号：系统根据每月凭证的录入顺序，由 1 开始自动生成凭证顺序号。

（4）附件张数：可以在附件编辑框内录入实际的张数。

（5）录入凭证摘要：摘要可以按照两种方式录入，第一，直接手工录入；第二，双击摘要栏编辑区域，或单击摘要栏右侧按钮，打开"凭证摘要"编辑窗口，从中选择一个摘要。

（6）选择会计科目：系统提供了多种录入会计科目的方法，直接录入科目代码；录入科目名称；录入科目助记符；单击下拉按钮从列表中选取会计科目。

所选择的科目必须是最低层的明细科目，否则不能保存凭证。如果对凭证字设置了限制科目，所录入的科目应符合相应限制条件，否则不能保存凭证。

（7）辅助核算：如果会计科目中设定了"辅助核算"选项，在录入该科目后，单击

"辅助核算"图标，系统打开一个浮动窗口，可以将该科目该笔发生额分配至对应的辅助核算项目中。

（8）金额的录入：人民币金额的录入，如果当前分录是借方金额，则在借方金额栏录入该金额数据，否则在贷方金额栏录入该金额数据（注：可以通过按回车键或按 Tab 键在各栏目间切换）。在金额栏录入的各方金额，系统会在合计栏中自动求出合计数，借贷方金额合计数必须相等，如果不相等，系统将会提出警告不允许保存；外币金额的录入，系统提供了两种记账凭证的录入样式：普通样式和外币样式，系统默认的录入样式为普通样式。如果录入的会计科目是核算外币的，系统会自动转换为外币样式，在此样式下，既可先录入原币金额和汇率，系统会自动折算出本位币金额，也可先录入本位币金额和汇率，系统会自动折算出原币金额。

（9）签字：如果凭证须由出纳人员签字后才能登账，则使用此功能来完成。

（10）审核：对凭证进行单张审核时使用。

（11）现金流量分配：如果会计凭证中的某个会计科目需要核算现金流量，则单击此按钮，打开"现金流量金额分配"窗口进行分配。

（12）打印模板：请在打印或预览凭证前选择相应的凭证样式，本系统已经预置了立信凭证样式，以方便进行套打。

（13）凭证模板：如果某项业务频繁发生，可以事先在"凭证模板"中定义该处理此类业务的会计分录。在编制此类业务的记账凭证时，单击"凭证模板"，从模板库选择对应的凭证分录，系统会自动将该项模块记录引入凭证中，稍加修改，就能迅速编制一张凭证。

（14）凭证说明：单击此按钮，打开"凭证说明"窗口，能了解本期的凭证信息，如凭证断号查询，已制单、已审核、已登账的凭证张数等。

另外，在凭证录入界面上顶部提供了相关快捷按钮，单击可以完成与凭证相关的操作。

2. 凭证自动制作

每月月末用户应该将本期发生的采购、销售、应收、应付、报损、期末成本等业务按照货品的核算方式，把各种单据上的货品成本金额进行汇总，生成相应的成本结转会计凭证。

操作路径：单击"账务—凭证制作"，或者单击"账务系统"导航图中的"凭证制作"图标，系统会打开一个浮动菜单，从中选择相应的选项来编制会计凭证，如图 2-47 所示。

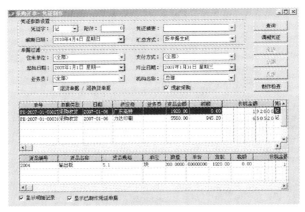

图 2-47　速达 7000 SaaS 凭证制作

系统内的主要业务都通过单据来执行,执行完毕就可以在账务系统里,通过"凭证制作"来对其进行会计处理,并生成相应的会计凭证。

下面以"采购开单"为例简要介绍"凭证制作"功能的使用。

(1)进行凭证参数设置。选择"凭证字"类型,录入"附件"张数,选择"凭证摘要","编制日期"系统默认为月末最后一天,选择"汇总方式"。

(2)设置单据过滤条件。设置单据过滤条件后,单击"查询",系统会自动查找符合条件的单据,并显示在下面。

(3)选择单据、制作凭证。筛选出同类型的业务单据后,还可以选定其中的几个或全部单据来统一处理,单击相应单据的"选定"栏,使其打钩,即表明对此单据进行会计处理,最后单击"制作凭证"这样就可以将多笔业务合并生成一笔会计凭证了。

3. 凭证删除和修改

只有未审核登账的会计凭证,才可以修改或删除。修改或删除凭证时,首先可以通过单击"后一"、"前一",或者通过凭证查找功能,定位到要修改或删除的凭证;然后修改或删除凭证。

4. 出纳签字

在货币资金类科目中,如果了选择"凭证必须经过出纳签字才能登账"选项,以后制作的会计凭证中如果使用了该科目,则此张凭证必须经出纳签字才能进行登账,经过出纳签字的凭证不允许修改、删除。单击"账务—凭证出纳签字",或者单击"账务系统"导航图中的"出纳签字"图标,如图2-48示。

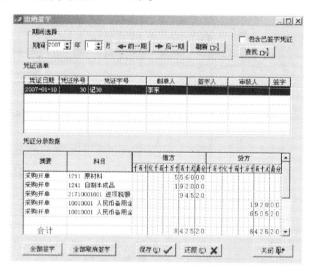

图 2 - 48　速达 7000 SaaS 出纳签字

系统提供了两种操作方式:

(1)单张签字。在凭证录入窗口查询到须签字的凭证,单击窗口中的"签字",或在"出纳签字"窗口中逐张签字。

(2)批量签字。通过上述窗口中的"全部签字"来执行。在"出纳签字"窗口中,既可以对本期的凭证进行签字,也可以查询当期及以前各期凭证签字、审核、登账信息。在打开该窗口时,系统会自动将本期已制作的凭证中尚未签字的凭证逐项列示在凭证清单窗口,供出纳进行签字。

5. 凭证审核

本系统默认的审核方式为"制单与审核不可以是同一人",考虑到中小企业人员结构有限、业务简化,系统还可以按照"制单与审核可以是同一人"的方式来审核会计凭证。

操作路径:单击"账务—凭证审核",或者单击"账务系统"导航图中的"凭证审核"图标(该窗口与"出纳签字"窗口和操作方法基本相似)。

(1)确定会计期间:系统默认的会计期间为当前年度当前月份,如果要选择其他会计期间,可以单击会计期间右侧上下键来选择。

(2)筛选凭证:单击"查找",然后设置要审核凭证的过滤条件可以对制定范围内的凭证进行审核。

(3)审核凭证也可以分为单张凭证审核和凭证成批审核两种:单张凭证审核和成批审核。

6. 凭证登账

凭证登账是凭证处理的最后一个步骤,系统将会计凭证中各分录登记到各相关账簿中。经过登账处理后的凭证将成为历史凭证,不允许进行修改。

单击"账务—凭证登账",或者单击"账务系统"导航图中的"凭证登账"图标。

(1)首先要查看一下凭证登账的提示信息,确认所选的会计期间是否需要登账,在凭证号连续性选择框中,还可以选择不同的登账方式。

(2)登记账簿:对登账信息确认无误后,单击"登账"按钮即可,系统开始自动登账,登账完毕,系统将会提示本次共有多少凭证已登账等信息。

(3)放弃登账:如果对所录入的凭证还需要修改或补充的话,可以单击"关闭"按钮,放弃登账操作。

通过登账操作,所有会计凭证都已登账完毕。可在相应的会计账簿中查看,随后就可以进行期末会计处理了;未结账之前如果发现凭证有问题,可以使用"凭证反登账"功能来重新对凭证进行处理。

7. 结转本期损益

当本月的会计凭证都已登账,并进行了期末调汇之后,就需要将本期的损益类科目的余额结转到"本年利润"科目,并生成相应的会计凭证。

单击"账务—结转损益",或者单击"账务系统"导航图中的"结转损益"图标。

(1)首先应该仔细阅读窗口中提示的内容,并按照要求将当期的会计凭证全部登账。

(2)生成凭证允许出现红字:在实际编制凭证时,有时会将损益科目金额记入相反的方向,比如"财务费用",通常设定的科目方向为借方,但是对于收到的利息有时会记入贷方,因而在结转时就需要选择该类科目的结转方向,此处提供了损益科目结转金额始终以正数表示(借方"财务费用",贷方"本年利润"科目)和损益科目结转与会计科目中定义的余额方向相反(生成单向会计凭证,贷方为兰字的"本年利润"科目,借方为红字的"财务费用"科目)两种选择。

(3)系统提供了"将结转本期损益会计凭证立即登账"选项,如果想将凭证立即登账,可以选择该选项。

(4)单击"执行"系统将自动进行结转本期损益凭证的制作,并根据的要求将凭证登账或不登账。

(5)结转完毕,系统会提示"结转本期损益成功",单击"确定"按钮,即可退出。

本期如果尚有未登账的凭证,系统将提示"本期尚有凭证未登账,不能结转本期损益"，应该先将所有的凭证登记入账，然后才能进行结转本期损益的操作。

8. 期末结账

当本期的进销存业务已结账，并且所有的会计业务全部处理完毕之后，就可以进行期末结账处理了。

单击"账务—期末结账"，或者单击"账务系统"导航图中的"期末结账"图标，如图 2-49 所示。

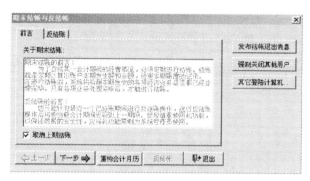

图 2-49　速达 7000 SaaS 期末结账

网络版的用户在结账时，需要"独占"系统才可以执行结账操作，即系统要求在结账时不能有其他用户使用账套。

（1）结账操作。在"期末结账"窗口中，系统需要逐步对固定资产、工资、账务等各项业务进行检测，以保证结账数据的准确性。通过逐项检测，可以单击"结账"，执行结账处理；否则需要处理那些未通过的检测项。在出纳与会计同步的前提下，如果检测到出纳未进行结账处理时，将一并进行出纳结账。结账完成之后，系统进入到下一个会计期间。

（2）反结账。在期末结账窗口中，选中"取消上期结账"选项；单击"下一步"按钮，系统显示反结账窗口；单击"反结账"按钮，系统将返回到上一会计期间。

9. 凭证查找

当会计凭证保存之后，随时都可以使用"凭证查找"功能来查阅所有的会计凭证，这样可以根据各种条件来方便、快捷地查找会计凭证。

二、出纳系统

出纳管理提供企业资金逐日逐批具体信息记录，集成较为齐全的出纳管理模块，能够自动登记现金、银行存款日记账，进行银行存款余额对账；能够处理银行支票收发业务，对确认支票自动进行财务处理，且设有自动调平功能。

1. 出纳日记账

出纳日记账分为现金日记账和银行存款日记账。单击"出纳—出纳日记账"，或者单击"出纳系统"导航图中的"日记账录入"图标，如图 2-50 所示。

（1）新增日记账。日记账中的记录其来源包括：逐笔手工新增日记账和直接从总账引入凭证记录，这两种方式用户可以根据需要选择，一般情况下不能混合使用，否则会使对账产生问题。

①手工新增日记账：单击"出纳账户"下拉框，从列表中选择一个出纳账户；单击"增加"打开"出纳日记账登记"窗口（如图 2-51 所示），在该窗口中，逐项录入各项数

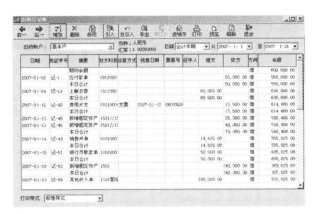

图 2-50　速达 7000 SaaS 出纳日记账

据，其中必需录入的项目为日期、借方金额、贷方金额、摘要。数据录入完毕，单击"保存新增"，保存该项设置，继续录入下一笔记录；单击"保存退出"，保存数据并返回"出纳日记账"主窗口；单击"取消退出"，放弃所录入的数据，并返回"出纳日记账"主窗口。

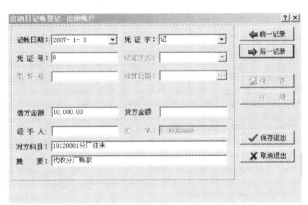

图 2-51　速达 7000 SaaS 出纳账户登记

②引入日记账是指从凭证库中引入与当前出纳账户相关联科目的分录数据。在"出纳日记账"主窗口单击"引入"，打开"范围选择"窗口（如图 2-52）；设置引入凭证的条件，系统提供了选择引入凭证日期范围、选择凭证状态和选择流水号三种类型的条件进行设置；引入凭证时，系统把同时满足上述三项条件的凭证中与当前出纳账户关联科目的分录数据引入。

（2）修改、删除、查询日记账。如果需要修改和删除出纳日记账中的某笔记录，可以在"出纳日记账"窗口选择需要修改或删除的记录，单击"修改"或"删除"，即可进行相关操作。在出纳日记账窗口中，通过设置查询期间，可以查看各出纳账户任一时间段的出纳日记账数据。已经经过银行对账或与会计对账的记录不允许进行修改或删除，必须取消勾对后才允许修改和删除。

2. 出纳与会计对账

单击"出纳—出纳会计对账"，或者单击"出纳系统"导航图中的"出纳会计对账"图标，如图 2-53 所示。

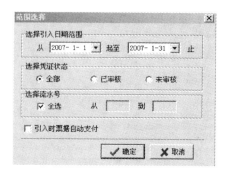

图 2 – 52　速达 7000 SaaS 出纳账户引入选择范围

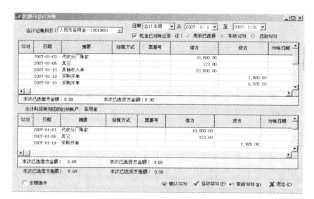

图 2 – 53　速达 7000 SaaS 出纳与会计对账

该窗口分为上下两栏，上栏是账簿"现金、银行存款"类会计科目的明细记录，下栏是与所选科目对应的出纳日记账明细记录，系统提供了手工对账和自动对账两种方式：

（1）手工对账。确定参与对账双方记录的日期范围：单击日期框选择某个期间选项，或者设置起始和结束日期，系统将从出纳日记账和凭证库中取出此日期范围内的记录显示在该窗口上。

从双方记录中选择待勾对的记录：将光标定位到某条记录所在的"勾对"栏处，该光标会变为"↓"的形状，单击鼠标左键，该栏将被打钩，表明该记录处于被选择状态。

当相关记录被选择后，单击"确认勾对"，系统将根据所选择的双方记录中出纳方的借（贷）方发生额合计数是否等于会计方借（贷）方发生额合计来进行判断，如果相等则所选择的记录视为已勾对，其标志变为"▽"符号；如果不相等则所选择的记录没有被勾对，但它们仍然处于被选择的状态。还可以通过单击"取消勾对"取消某段日期内已经勾对的记录。

重复执行第二步、第三步，将双方记录中借（贷）方发生额相同的记录全部勾对，此时没有被勾对的记录通常就是产生对账数据不平的原因。

手工对账时，也可以通过单击全部选中前的方框选取所有的记录，单击"确定勾对"按钮，如果出纳方的借（贷）方发生额合计数等于会计方借（贷）方发生额合计时，则全部记录视为已勾对。

（2）自动对账。确定参与对账的双方记录的日期范围：单击日期框选择某个期间选项，或者设置起始和结束日期，系统将从出纳日记账和凭证库中取出此日期范围内的记录显示在该窗口。

单击"自动勾对"，系统按照发生额是否相等作为判断依据，将双方记录发生额相等的记录自动予以勾对，没有被勾对的记录通常就是产生对账不平的原因。

3. 银行对账

（1）银行对账期初录入。银行对账期初模块用来录入银行对账的初始数据，这是今后使用银行对账工作的首要工作。单击"出纳—启用银行对账"，如图 2 - 54 所示。

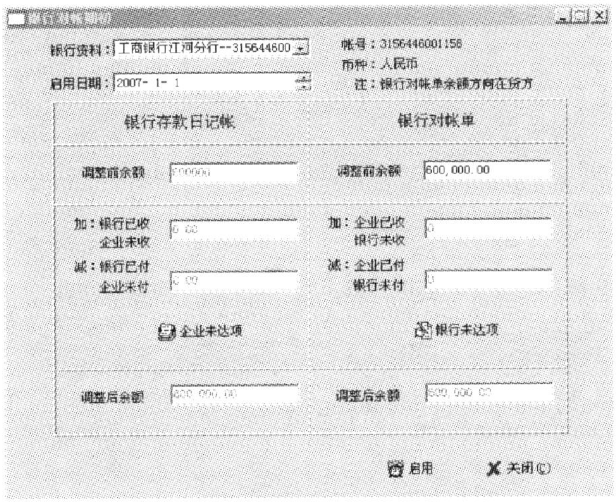

图 2 - 54　速达 7000 SaaS 银行对账期初

确定银行资料：一个企业可能有多个银行账号，在对账时须按银行账号进行对账，系统可以自由设置每个账号的启用时间。

确定启用日期：可将最近一次手工对账的对账日期作为启用日期。

录入银行对账单的调整前余额：此余额应为该账号银行方启用期初上一天记录的余额。银行存款日记账的余额从与该账号相关联的出纳账户中引入启用日期上一天的余额。如果该账号关联多个出纳账户时，则引入的数据应是这多个出纳账户的余额之和。

录入企业方在启用日期之前与银行方存在的未达项账项，系统将根据调整前余额及期初未达项自动计算出银行对账单与单位日记账的调整后余额。

"调整后余额"分别为启用日期该银行科目的应有的余额及银行存款余额。若录入正确，则单位日记账与银行对账单调整后的余额应相等。

单击"启用"则以后可以对该账号进行银行对账。在启用时，系统将检测调整后的双方余额是否一致，如果不一致时，将提示是否继续启用，可自行选择。

该账号启用后，启用日期、调整前余额以及期初未达项不能进行修改，如果需要进行修改，须执行反启用功能；在执行对账功能之前，应将"银行期初"中的"调整后余额"调平（即出纳日记账的调整后余额 = 银行对账单的调整后余额）；否则，在对账后编制"银行存款余额调节表"时，会造成银行存款与单位银行账的账面余额不平。

（2）银行对账单。启用银行对账系统后，每期对账前，都必须将银行出具的对账单录入计算机，然后才可以使用系统提供的对账功能进行对账。

单击"出纳—银行对账单"，或者单击"出纳系统"导航图中的"银行对账单录入"图标，如图 2 - 55 所示。银行对账单的录入可以通过增加、引入或导入的方式进行录入。

图 2-55　速达 7000 SaaS 银行对账单

　　增加银行对账单：单击"银行"下拉框，从列表中选定银行账号，单击"增加"打开"银行对账"窗口，在该窗口录入相关信息，保存即可。

　　从日记账中引入记录：单击"引入"，打开"引入银行对账单"窗口，然后设置引入日记账记录的条件，最后单击"确定"即可引入符合条件的记录。

　　修改银行对账单：可导入来自开户银行的电子对账单，系统支持＊．txt、＊．xls格式的电子对账单。

　　另外，可以对录入的对账单进行修改和删除操作。

　　银行对账期初录入的对账单不可以在此处修改或删除。启用银行对账系统后录入的记录如果已经进行过"勾对"处理，表明已经对过账，不允许修改或删除。

　　（3）银行对账。银行对账采用自动对账与手工对账相结合的方式。自动对账是以银行存款日记账和银行对账单双方对账依据完全相同为条件，所以为了保证自动对账的正确和彻底，必须保证对账数据的规范合理。比如：银行存款日记账和银行对账单的票号要统一，如果对账双方不能统一，系统则无法识别。手工对账是对自动对账的补充，用户使用完自动对账后，可能还有一些特殊的已达账没有勾对，而被视为未达账项，为了保证对账更彻底正确，用户可用手工对账方式进行调整。

　　单击"出纳—银行对账"，或者单击"出纳系统"导航图中的"出纳银行对账"图标，如图 2-56 所示。

　　银行对账的方式与出纳会计对账的方式完全相同，该窗口也分为上下两栏，上栏是"银行对账单"中录入的银行出具的对账单记录。下栏是企业银行存款日记账，从出纳日记账处理模块中自动转入。

　　自动对账：单击"银行资料"下拉框，选择某个银行账号；确定本次对账日期；单击"自动勾对"打开"自动勾对"窗口；确定自动对账截止日期；选择勾对条件后，单击"确定"系统开始按照用户设定的对账条件对账，勾对后的记录会在勾对栏填上勾对符号"○"。

　　手工对账：在"出纳日记账"栏选择打算勾对的记录，在"勾对"栏处打钩；在"银行对账单"栏中选择票号、金额等条件相同的记录双击进行勾对；重复以上过程，直至全部勾对完毕。

　　查询余额调节表：每次对账结束后，可查看本次对账生成的余额调节表数据，通过单击"对账结束"，系统将会生成一张基于对账日的余额调节表，如图 2-57 所示。

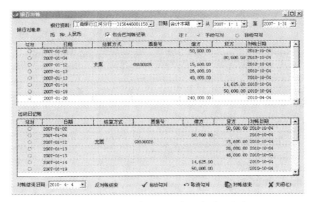

图 2-56　速达 7000 出纳银行对账

图 2-57　速达 7000 银行对账—余额调节表

反对账：首先需在对账结束日方框中选择对账日期，然后单击"反对账结束"，系统将把在该对账日期生成的余额调节表删除。

查询历史对账日的余额调节表：单击"出纳—查看余额调节表"，在弹出的窗口中选择某个银行账号及对账日期，即可以查看该账号某个对账日生成的余额调节表数据。

凡是已经进行过勾对的记录，系统不允许在其他相关的模块中再进行修改、删除等操作，除非经过"取消勾对"操作，恢复到未勾对前状态。

4. 出纳结账

本期所有的出纳业务处理完毕之后，就可以进行出纳结账的处理，结账后本期的出纳日记账、银行对账单数据将不能进行修改，也不能新增本期的各项数据。

单击"出纳—出纳结账"，或者"出纳系统"导航图中的"出纳结账"图标。

单击"出纳结账"，系统将自动进行月结处理。

如果想修改上一期数据，还可以使用系统提供的反结账功能。如果在账套选项中选择"出纳与会计同步"时，出纳月结处理应在期末结账处理之前；如果没有选择此项，则不受此限制。

三、固定资产

速达 7000 SaaS 固定资产管理子系统通过固定资产清单（卡片）对固定资产进行全面管理，提供多种折旧方式和灵活的资产变动调整。系统还与账务子系统集成，能够自动生成有关的记账凭证，如图 2-58 所示。

本模块的大部分操作都通过"固定资产清单"（如图 2-59 所示）来进行，在该窗口中可以查看固定资产的基本资料，对固定资产进行增加、修改、删除、减少、变动等日常操作，此外该清单还支持打印、预览、导出、过滤、排序等常见操作功能。

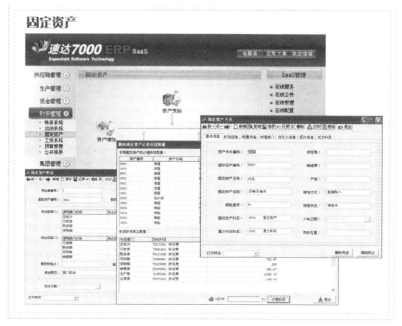

图 2-58　速达 7000 SaaS 固定资产界面

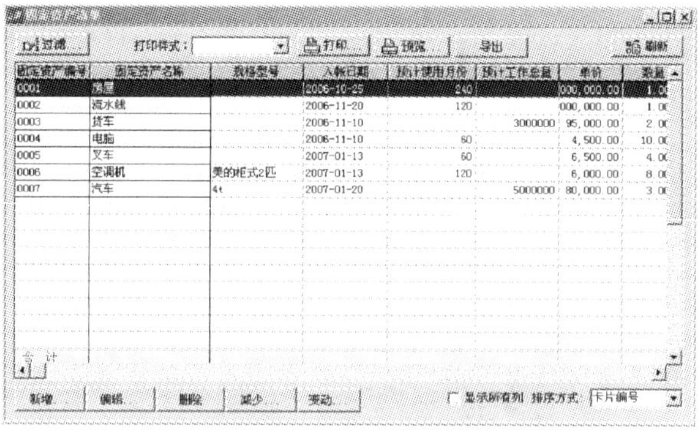

图 2-59　速达 7000 SaaS 固定资产清单

此外，系统还对固定资产变动进行了跟踪，可以通过"固定资产变化清单"（如图2-60 所示）来查看，并可以对这些变动记录进行修改、删除等操作。

1. 固定资产增加

企业新增加的固定资产，都必须通过"固定资产增加"功能录入到账套中。以前年度的固定资产需要在初始化账套时录入。

单击"固定资产—固定资产增加"；或者在"固定资产"导航图中单击"资产增加"图标；或在"固定资产清单"中，单击"增加"；或在"固定资产变化清单"中，单击"编辑—新增固定资产"。

新增固定资产：该窗口与初始化阶段"固定资产初始数据"中增加固定资产的操作窗口完全相同。

全部的内容录入完毕后，单击"生成凭证"，系统会生成一张不完整的会计凭证，可以

图 2－60　速达 7000 SaaS 固定资产变动清单

马上调阅该记账凭证，然后将其编辑完整。

　　另外，在"固定资产清单"窗口中，选择需要修改或删除增加的固定资产项目，然后单击"编辑"或"删除"按钮，打开"固定资产卡片"窗口后直接修改或删除。

　　经修改后的固定资产资料，保存前必须先修改所对应的"记账凭证"，否则，系统不允许保存；此处只对本会计期间增加的固定资产进行修改，对于本会计期间以前增加的固定资产不允许修改，如果需要修改上一会计期间增加的固定资产，需要先进行"反计提折旧"处理，使本期固定资产返回到未计提折旧的状态，进行然后"反结账"处理，返回到上一个会计期间，将上一个会计期间的会计凭证返回到未登账状态，直接修改需要修改的当期增加的固定资产资料。

　　已删除的固定资产项目所对应的会计凭证同时被删除，此处的"删除"只对本会计期间增加的固定资产有效，对于本会计期间以前增加的固定资产不允许删除，如果一定要删除以前增加的固定资产，也可参考修改固定资产增加资料的方法进行操作。

　　2. 固定资产减少

　　"固定资产减少"主要处理固定资产项目报废、变卖、转赠、投资等业务。

　　单击"固定资产—固定资产减少"；或者在"固定资产"导航图中单击"资产减少"图标；或在"固定资产清单"中，单击"减少"；或在"固定资产变化清单"中，单击"编辑—新增固定资产减少单"，如图 2－61 所示。

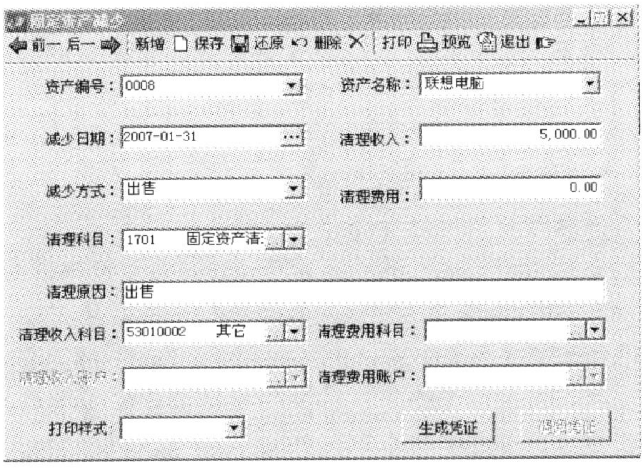

图 2－61　速达 7000 SaaS 固定资产减少

增加固定资产减少资料：在上述窗口录入固定资产减少相关信息，在本期固定资产计提折旧后，需根据本期减少的固定资产业务编制会计凭证。既可以将多笔减少业务汇总编制会计凭证，也可以根据每笔固定资产的减少业务编制会计凭证。在该窗口单击"前一"或"后一"，找到该笔减少业务所对应的卡片，然后单击"生成凭证"，系统即可根据该张卡片上的相关数据生成一张不完整的凭证，还需进一步将它编制完整。

有关固定资产清理的内容及会计处理的过程，是一个较为复杂的问题，处理过程中的清理收入、清理费用以及涉及的相关税金等，需根据实际发生的业务情况进行手工处理。

修改固定资产减少资料和删除固定资产减少资料与上述增加固定资产的相关操作相同。

3. 固定资产变动

固定资产变动是指除增加和减少之外的其他变动业务。具体包括：原值调整、部门转移、折旧方法调整、累计折旧调整、使用年限调整、净残值（率）调整、工作量调整、使用状况变动、固定资产科目的调整。

单击"固定资产—固定资产变动"；或者在"固定资产"导航图中单击"资产变动"图标；或在"固定资产清单"中，单击"变动"；或在"固定资产变化清单"中，单击"编辑—新增固定资产变动单"，如图 2 - 62 所示。

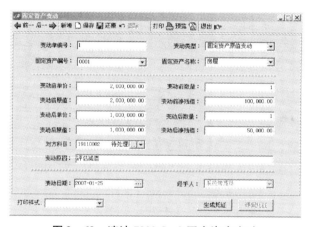

图 2 - 62　速达 7000 SaaS 固定资产变动

录入或选择固定资产变动的类型、变动后原值、变动原因等必要数据，然后单击"保存"此项变动业务的处理。

对于固定资产原值调整、累计折旧调整的变动业务，系统会根据提供变动数据产生一张不完整的凭证，还需进一步填制该凭证；系统支持一个会计期间内对同一固定资产多次变动业务的处理；对于本期的固定资产变动卡片，在计提折旧前还可以进行修改或删除。

4. 工作量输入

如果选择按照工作量来计算折旧方法来计提折旧，则需要在每期计提折旧前将当期的工作量数据输入，然后系统将根据输入的工作量进行计算自动产生折旧金额。

在"固定资产"导航图中选择"工作量输入"图标；或者从"固定资产"菜单中选择"工作量输入"项打开"固定资产工作量录入"列表，如图 2 - 63 所示。

打开该界面时，已经定义为以工作量法计提折旧的固定资产项目都列示在表中，以黄色区域表示，且不可以修改。界面中"本期工作量"栏以白色区域显示，可以编辑。直接用鼠标点击对应的栏，输入相应的数据后即可。

图 2-63　速达 7000 SaaS 固定资产工作量录入

　　如果本期固定资产折旧已经计提，选择该功能时，系统会提示"本期固定资产已经计提折旧，不能再输入工作量"。

　　5. 计提折旧和反计提折旧

　　（1）计提折旧。单击"固定资产—固定资产计提折旧"，或者单击"固定资产"导航图中的"计提折旧"图标，如图 2-64 所示。

图 2-64　速达 7000 SaaS 固定资产计提折旧

　　该窗口分为上下两栏，上栏将各固定资产按计提折旧科目和部门归类后显示的本期计提折旧数据，下栏显示各项固定资产本期应计提折旧的金额。在生成计提凭证时可以单击按"科目与部门归类合并凭证分录数据"选项，系统将按上栏所显示的数据生成凭证，否则将按下栏所显示的数据生成凭证。

　　单击"计提折旧"，系统会首先提示本期工作量是否已录入完毕。如果确信相关固定资产已经录入本期工作量后，单击"是"，继续下一步，系统需要确定该张凭证的凭证字及编制日期，然后单击"确定"，将根据上述数据生成一张折旧凭证。

　　生成完毕后，如果发现折旧处理有问题，可以选择"反计提折旧"功能进行相关处理。

单击"调阅凭证"按钮，可以查看本月计提折旧的会计凭证。

如果本期的固定资产已经计提了折旧费用，再次选择此功能时，系统会提示不允许再计提折旧。

本系统严格按照会计制度中对固定资产计提折旧的有关规定处理，即本期增加的固定资产本期不计提折旧，下期计提折旧；本期减少的固定资产本期照提折旧，下期停止计提折旧。

（2）反计提折旧。使用本系统的固定资产核算功能，在会计期末计提折旧时，系统会根据事先定义的条件自动完成，并且自动生成的折旧凭证不能修改、删除。如果在计提折旧之后，确实需要修改有关内容，则必须先通过"反计提折旧"操作将已经产生的折旧凭证删除，方可进行相关的操作。

可在"固定资产"菜单中，单击"反计提折旧"项，进行反计提操作。

如果固定资产折旧从未计提或还未计提，则当选择"反计提折旧"项时，系统会提示"尚未进行过计提折旧，不能反计提"；如果已经计提的折旧凭证处于未登账状态时，可直接进行"反计提折旧"的操作。此时，系统会提示"本期计提的折旧已经被成功地反计提"；如果已经计提的折旧凭证处于已登账状态时，必须首先运用"账务"菜单中"辅助工具"项下的"反登账"操作，将凭证恢复到未登账状态，然后，再进行"反计提折旧"的操作。如果不按照这样的方法进行，直接进"反计提折旧"处理的话，系统会提示"最后一次计提折旧的凭证已经登账，不能反计提"；如果已经计提折旧的固定资产又被清理后，必须将清理操作取消，恢复到未清理状态，方可进行"反计提折旧"的操作，否则，系统会提示"最后一次参与计提折旧的固定资产已有部分被清理，不能反计提"。

6. 固定资产表单

固定资产表单是系统提供的有关固定资产的常见报表、清单，比如固定资产折旧表、固定资产及累计折旧余额表、累计工作量查询等，这些表单的界面和操作大同下异。以下简要予以说明：

在"固定资产"菜单中选择某个表单项，或者在"固定资产"导航图中点击报表中心，打开"报表控制台"从中选择；在打开表单之前需要设置查询的会计年度和会计期间；与财务账表相同，点击该按钮可以将表单直接导入到 Excel 中；打印固定资产表单的方法与打印会计账表相同；单击固定资产清单右上角的"×"标志，即可退出当前固定资产表单。

四、工资系统

速达 7000 SaaS 工资系统作为财务部门处理工资费用的主要工具，能够自动分配工资费用、计算个人所得税、生成工资条及各种工资报表，并可根据指定的日期和凭证字生成凭证，如图 2 - 65 所示。

1. 工资基础资料及其相关设置

包括设置或定义计件工种、计件工序、工资项目、工资项目类别、个人所得税参数设置、工资费用分配科目的设置、计提三费科目的设置和工资支付科目设置。

（1）计件工种。如果企业采用计件制核算员工工资时，需要先录入企业各工种的名称，为计算员工的计件工资提供依据。单击"资料—工资—计件工资"，如图 2 - 66 所示。

（2）计件工序。企业生产加工过程有时需要一个工序就可以完成，有时需要多道工序才能完成，所以还需要定义计件工序的具体数据，在此可以录入每个工种所包括的各工序名称、每个工序单位产品的计件价格（指单位人工成本），以计算工人的计件工资资料，而

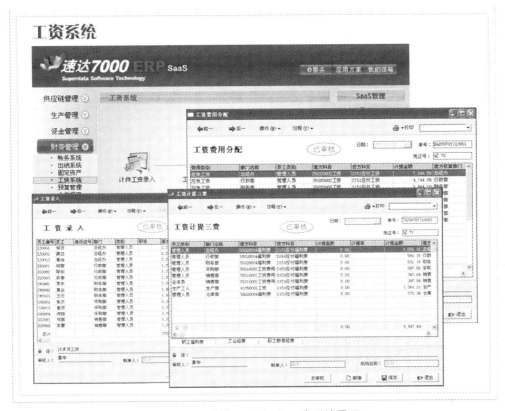

图 2-65　速达 7000 SaaS 工资系统界面

图 2-66　速达 7000 SaaS 工资系统—计件工种编辑

且，一个计件工序可以分属于不同的计件工种。单击"资料—工资—计件工序"，如图 2-67 所示。

（3）工资项目。企业支付职工的工资，其项目多种多样，通常包括如基本工资、各种奖金、各种福利和津贴等等。为了以后在工资数据录入时更加方便快捷，可以事先在此定义工资项目（或者对新增的工资项目进行修改和删除），然后通过设置实际发放工资等工资项目的计算公式，以便于系统可以自动计算具体的金额。单击"资料—工资—工资项目"，如图 2-68 所示。

（4）工资项目类别。工资项目分类可以将工资项目通过简单的等式关系，把其中可以

图 2 - 67　速达 7000 SaaS 工资系统—计件工序编辑

图 2 - 68　速达 7000 SaaS 工资系统—工资项目定义

由同一个会计科目核算的项目预先分类合并，以便在分配工资费用时，能够将同类项目的费用金额一次分配到有关的会计科目中。单击"资料—工资—工资类别"，如图 2 - 69 所示。

（5）个人所得税参数设置。若在"账套选项"中选择"代扣工资所得税"选项时，系统会根据每位员工工资薪金的应纳税所得额自动计算出员工的应交个人所得税。由于各地区的扣税基数有所差异，并考虑到今后个人所得税的变化，系统根据当前税法规定的八级超额累进税率提供了"个人所得税税率表"，在该表中提供了计算个人所得税时所需要的各项参数。可根据实际情况新增、修改、删除其中的相关参数。单击"工资—所得税率税率表"，如图 2 - 70 所示。

计算个人所得税：单击"个人所得税"窗口中的"计税"，打开"个人所得税计算"窗口；在该窗口中，录入某位员工的应纳税所得额数据，系统会根据上图中给出的扣税基数及税率表中的相关资料，立即计算出该位员工所应缴纳的个人所得税。

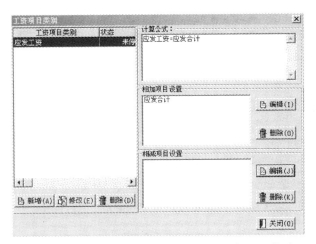

图 2-69　速达 7000 SaaS 工资系统—工资项目类别

图 2-70　速达 7000 SaaS 个人所得税参数设置

增加、修改、删除税率类别：单击"增加"、"修改"或"删除"可以增加、修改或删除税率类别，在基数栏和附加费栏中，可以直接修改扣税基数。

（6）工资费用分配科目的设置。在进行工资费用分配前，需要设置分配工资费用的会计科目以及有关辅助核算项目。单击"工资—费用分配科目设置"，或者在"工资费用分配"窗口中单击"费用分配科目设置"，如图 2-71 所示。

分配依据：系统将按照"部门"＋"员工类别"＋"工资项目类别"计算出各个分类项目下的工资数据。假设一车间包括有两种人员：生产人员和管理人员，所有的工资项目归属为两大类固定工资类和浮动工资类。系统将把一车间＋生产人员＋固定工资类归为第一类，计算该类的工资数据，依此类推，计算出所有类下的工资数据。

操作过程：依次选择部门、员工类别、工资项目类别及借方科目、贷方科目，如果所选的会计科目涉及辅助核算时，还可以将该类工资数据分配到设置的会计科目和辅助核算项目中。如果所定义的部门、员工类别、工资项目类别的个数分别为 M、N、K 个时，则需要进行科目设置的组合将达到 M×N×K 个，当 M、N、K 比较多时，需要设置的次数随之增加，为了减少设置的复杂程度，系统通过使用"CTRL 键＋单击鼠标左键"，提供了按若

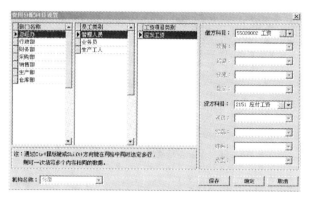

图 2-71 速达 7000 SaaS 工资费用分配科目设置

干种组合进行合并设置的方案。确认需要修改的借贷科目之后，还可以重新修改或者置空以前设置的会计科目。单击"保存"将所设置的数据保存，继续设置其他科目，单击"确定"，即保存所做的设置并退出。

（7）计提三费科目的设置。单击"工资—计提三费科目设置"，或者在"计提三费分配"窗口中单击"三费分配科目设置"，如图 2-72 所示。

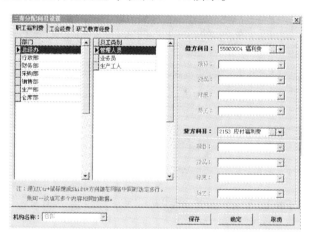

图 2-72 速达 7000 SaaS 三费分配科目设置

分配依据：系统将按照部门 + 员工类别，结合计提基数 × 对应比率逐项计算出每个小项的计提金额。

操作过程：其操作与工资费用分配完全相同。

（8）工资支付科目设置。每期工资发放完毕后，需要编制工资支付业务的相关凭证。一般情况下此类业务的会计分录和取数来源基本是固定不变的，根据这一特点可以事先定义好该张凭证的借贷方科目及对应取数公式，在工资支付完毕后，系统就能按照事先的设置生成处理工资支付的会计凭证。单击"工资—工资支付科目设置"，如图 2-73 所示。

系统只有遵从工资支付的相关设置规则才能保证工资支付凭证的生成，首先需要确定支付凭证中所涉及的借、贷方科目，然后逐项设定每个科目的取数公式。工资支付科目设置主要包括设置工资支付科目和定义各科目的计算公式两项操作。其具体操作如下：

工资支付科目的设置：单击"新增"，在科目列表框中选择某个科目，然后确定该科目

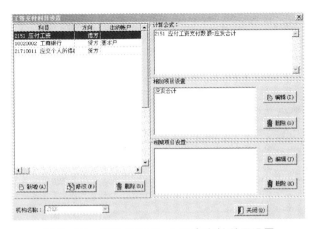

图 2-73 速达 7000 SaaS 工资支付科目设置

在支付凭证中的借贷方向，选择完毕后，单击"保存退出"，即保存了此项设置。按照上述步骤进行设置直至支付凭证中的所有科目均添加完毕。

计算公式的定义：选择某个工资支付科目，然后分别确定相加的工资项目和相减的工资项目。单击"相加项目设置"右侧的"编辑"按钮，在弹出的对话框中，从"待选工资项目"中选择相加的工资项目中，单击"确定"按钮，把所选择的工资项目添加到相加的工资项目栏中，按照同样的方法确定相减的工资项目，此时，系统会将所选择的相加和相减的工资项目合并作为该科目的计算公式。

系统将按已定义的公式先汇总本期已支付员工有关工资项目数据，然后按照公式中的运算关系将各项工资项目的汇总数据进行运算，最终得出该科目的数据。各科目的计算公式设置正确与否将直接关系到能否正确生成该张支付凭证，设置完毕后，应对它们之间的业务逻辑关系进行核查，以免取数不正确。

2. 计件数据录入

企业部分员工是按照计件方式来计算工资的，在进行工资计算之前，需要将取得的计件数据录入，然后才能计算员工工资。

单击"工资—计件数据录入"，或者在"工资系统"导航图中单击"计件数据录入"图标，如图 2-74 所示。

图 2-74 速达 7000 SaaS 计件工资

选择员工、部门、车间以及工资计算方式（包括计件和计时），其中员工选项为必选项，不能为空；选择工种、工序，并录入计件（时）数量，计件数量不能为零，但可为负数，这些选项都是必选项，不能为空；同一张"计件工资"单中，同一员工可以出现多条记录。在录入计件工资数据时，需要将完成的工作量细化到具体的某一天。

3. 固定工资录入

工资项目中有些项目其数据各期不会发生变化，因此可以将此类项目视为固定项目，在固定工资资料中预先录入该类工资项目的工资数据，以后在录入月度工资资料时，可以直接从此表中引入固定工资数据。单击"工资—固定工资"，如图 2-75 所示。

图 2-75　速达 7000 SaaS 工资系统界面

在该窗口中逐项录入每个员工的固定工资项目数据，录入完毕，单击"保存"按钮，即保存了各项固定工资数据。

4. 工资数据

工资数据录入的主要功能是为了录入按照月度工资核算的员工工资的资料，它包含了员工个人工资各项具体项目、应扣工资和实发工资的情况，在编制完数据之后需要对本月工资重新进行计算，然后就可以打印各种工资条或工资表了。单击"工资—工资数据"，或者在"工资系统"导航图中单击"工资数据录入"图标，如图 2-76 所示。

图 2-76　速达 7000 SaaS 工资录入

录入工资数据的方式主要有以下几种操作方式：

（1）直接复制上一期的工资数据：打开上一期工资数据，单击"操作—复制新增"，即可复制上一期的工资数据。

（2）手工直接录入：此窗口中黄色方框表示该工资项目数据是由计算公式计算得来的，数据内容不允许修改，白色方框的数据由用户手工录入。非固定工资项目和非计件工资 项目，均需在此窗口逐一录入。单击"操作—引入员工"，则可引入员工相关资料。单击"操作—引入固定工资"，则引入固定工资项目数据；单击"操作—引入计件工资"，打开"引入计件工资"窗口，从中确定引入计件工资数据的起止日期。起始日期默认为上一次引入时的终止日期+1，此项日期不能修改。每期工资数据可以进行多次引入，每期计件工资数据将是多次引入的计件工资的汇总数据。引入计件工资后，也可以将本期引入的工资进行反引入。在录入本月工资数据后，单击"计算"系统开始自动计算工资。

5. 工资费用分配

工资费用分配是将当期的工资费用，分配到当期的成本、费用科目中进行会计核算，同时还可以计提福利费、工会经费、工会教育经费。如果在"账套选项"中选择了"分配工资费用"自动计提选项，可以在此进行工资费用分配。

工资费用分配，以职员类别和工资项目分类为依据，因此，在使用该功能前，首先必须录入职员类别、工资项目分类以及工资费用分配时默认的会计科目等数据，然后才能进行分配。

单击"工资—工资支付"，或者单击"工资系统"导航图中的"工资支付"图标，如图2-77所示。

图2-77 速达7000 SaaS 工资分配

单击"操作—选择工资录入单据"，在"选择工资录入单据"界面，在复选框中选择要进行工资费用分配的单据，单击"确定"；在"工资费用分配"界面，单击"保存"，选择"审核"，在"工资费用分配凭证信息"窗口，选择"凭证字"和"凭证日期"后，系统将按照设置生成一张与该项目相关的工资费用分配凭证；单击"调阅凭证"，可以查看该张凭证。

6. 工资计提三费

单击"工资—工资计提三费"，或者单击"工资系统"导航图中的"三费计提"图标，如图2-78所示。计提三费的操作与工资费用分配过程基本相同。

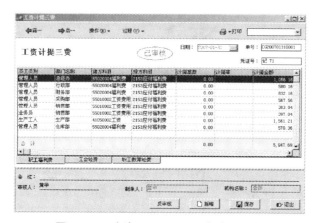

图 2-78　速达 7000 SaaS 工资计提三费

7. 工资支付

单击"工资—工资支付"，或者单击"工资系统"导航图中的"工资支付"图标，如图 2-79 所示。工资支付的操作与工资费用分配过程基本相同。

图 2-79　速达 7000 SaaS 工资支付

8. 银行代发数据和工资分钱清单

银行代发数据提供了将员工工资数据导出功能，以便能够向银行提供代发工资的清单。

工资分钱清单则为采用现金方式发放工资的企业，对实际发放的金额按人民币面值进行分类计数，方便现金的提取及工资的发放。

第五节　报表中心

一、报表中心

1. 业务报表综述

业务报表中心主要是由各种业务报表构成的，系统内的业务报表按照业务类别进行归类。单击"报表—业务报表中心"，打开"报表控制台"界面，如图 2-80 所示。

图 2-80　速达 7000 SaaS 业务报表控制台

（1）销售报表。在商品销售后，可以通过销售类报表了解企业的销售情况，比如某一期间内商品的销售总额，某个客户某种商品的销售情况、业务员的销售业绩情况、销售毛利情况等。

（2）采购报表。采购货品之后，可以通过此类报表了解企业的采购情况，比如供应商的供货情况、商品的采购情况、业务员的采购情况、订单情况以及估价入库情况等。

（3）库存报表。此类报表主要反映企业账面库存与实际库存的情况，以及分仓库的存货数量金额情况、库存报警情况以及其他库存变动情况等。

（4）生产系统报表。此类报表用来查看生产计划情况、生产成本计算结果等，并对生产业务过程中发生的原料领用、材料消耗、成品入库、费用分摊等业务情况进行统计分析，可以为管理者提供快速查询生产进度，控制生产过程的功能。

（5）待处理单据报表。此类报表用于查看业务过程中尚未执行完毕的业务单据，比如未打印的单据、未执行的出入库单、采购订单、销售订单等，以表格的形式让您快速查看这些单据的执行状态。

（6）经营图形报表。图形报表以柱形图、饼形图、曲线图等形象地反映采购、销售、应收应付等经营情况。

（7）现金银行报表。系统将现金银行模块的所有单据、采购模块中的"现款采购单"、销售模块的"现款销售单"、"应收款单"、"应付款单"按单据上的结算账户进行汇总统计。当进销存系统与账务系统分开使用时，用来反映企业现金和银行存款的收支情况。

（8）应收应付报表。此类报表主要反映企业与客户、供应商之间的往来款情况，详细查看客户所拖欠的款项，以便于企业催收货款或对客户进行信用评级，或者查看企业与供应商之间的往来款情况，便于企业及时安排资金，按时支付欠款。

（9）销售分析报表。此类报表用来对销售数据进行分析，比如销售的最高价、最低价、平均价，此外还可以进行销售结构、销售增长情况、销售毛利等情况进行分析。

（10）采购分析报表。此类报表用来对采购数据进行分析，比如采购的最高价、最低价、平均价，此外还可以进行采购比率、采购结构、采购增长情况、年采购量等情况进行分析。

（11）库存分析报表。此类报表主要对库存情况进行分析，比如库存边际情况的分析，包括最低库存、最高库存、实际库存、比较量差等数据的统计分析，还有库存商品结构、库存增长情况的分析等。

（12）应收分析报表。此类报表主要是对客户应收款的账龄进行分析，并可以进行应收款周转情况、回款比例和回款预测情况等的分析。

（13）应付分析报表。此类报表主要是对供应商应付款的账龄进行分析，并可以进行应付款周转情况、付款比例和付款预测情况等的分析。

（14）委托加工系统报表。此类报表用于查看委外加工的领料情况，支付加工费用情况，以及委外加工产品的验收入库数量及其入库成本等情况。

（15）售后服务报表。此类报表用于统计从客户返回的问题产品在企业相关部门发生的转移情况，并且可以统计问题产品发生的材料费、加工费、税费等数据。

上述各类业务报表也可以直接通过"报表"菜单中的具体报表项目直接打开。例如单击"报表—销售系统报表—销售订单汇总表"，通过设置过滤条件即可打开相应的销售订单汇总表。

2. 账务报表综述

财务账表按照业务性质将各类报表进行分类，大致可以分为会计账簿、出纳账簿、人事工资、固定资产、基础资料、比较分析和图表分析等报表。单击"报表—财务报表中心"，打开"报表中心"界面，如图 2-81 所示。

图 2-81　速达 7000 SaaS 财务报表中心

上述报表类型中包括各种具体账表，例如会计账簿有总分类账、明细分类账、现金银行存款日记账、数量金额总账、科目余额汇总表和试算平衡表等。通过选择具体账表，设置过滤条件后，可以查看账表的具体内容。

上述各类财务报表也可以直接通过"报表"菜单中的具体报表项目直接打开。例如单击"报表—会计账簿—总分类账"，通过设置过滤条件即可打开总分类账。

二、自定义报表

1. 业务自定义报表

单击"报表—用户自定义报表"，打开"自定义报表"窗口，如图 2-82 所示。

单击"报表定义"功能按钮，可以根据需要进行相关操作，包括打开、新建、修改、删除、重命名、导入报表方案、导出报表方案。其中导入报表方案是将导出的自定义报表导入系统中，这样可以快速地生成一个新的自定义报表；导出报表方案是将自定义报表以文件（ *.sdr）的形式保存起来的，以便其他操作人员可以导入使用的功能。

2. 会计自定义报表

系统提供的常用会计报表有资产负债表、利润表、利润分配表、现金流量表、综合财务指标分析、应交增值税明细表、资产减值准备明细表、所有者权益（或股东权益）增减变动表、资产负债预算实际比较表、利润预算实际比较表等，这些已预先定义了报表的项目及计算公式，基本可以满足企业正常使用的需要。操作人员也可根据企业管理的需要对

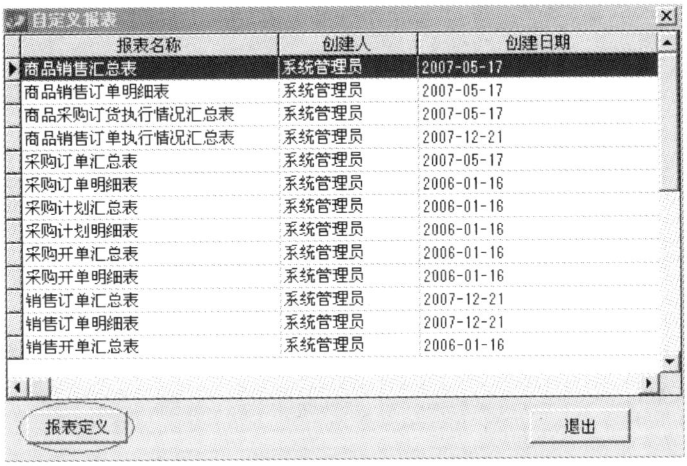

图 2-82　速达 7000 SaaS 自定义报表

这些常用报表项目和公式进行修改，或依照企业要求自行设计所需的报表项目和公式，然后由系统自动去计算即可。

（1）会计自定义报表窗口。单击"报表—自定义报表"打开"自定义报表选择"窗口，如图 2-83 所示。

图 2-83　速达 7000 SaaS 自定义报表选择界面

该窗口分为三个部分：上面为功能行，其中"增加同级"用于增加新的报表类型；"增加下级"同样用于增加新的报表类型；"增加报表"用于增加新的报表；"删除"用于删除报表类型或报表；"报表模板"则用于在选择某个已存在的报表时可以对该报表进行修改，在未选择任何报表时，则打开空白的报表进行编辑；"查询与生成"用于查看报表结果；"重命名"用于修改报表类型或报表的名称；"取消"可以退出"自定义报表选择"操作窗口。左侧为系统提供的两类报表选项。右侧为每类报表的所有下级报表。选择左侧报表类别，右侧会列示出该类报表的所有具体报表。

（2）资产负债表的定义。选择"基本会计报表—主表及财务分析指标"，单击"报表模板"打开该报表的模板，选"资产负债表"工作表，如图 2-84 所示。

系统提供的每种报表都预设了项目及相应的取数公式，由于各企业间的报表可能会有一些差异，因此需要根据企业的实际情况进行相应的调整。

在编辑或调整项目时，文字部分的定义，可以直接在相应的单元格内录入；使用常规公式进行单元格间的运算，则在单元格内录入相应的常规公式；从账务系统取数，则需要设置取数公式。下面以定义资产负债表中"货币资金"期末数的公式设置为例，介绍如何从账务系统取数及其公式的设置。在资产负债表中确定录入公式的单元格，然后单击"报表—公式向导"打开"公式向导"窗口，如图 2-85 所示。

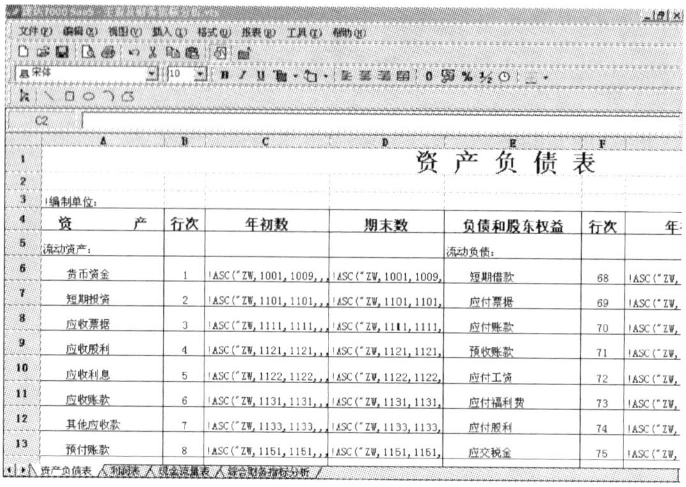

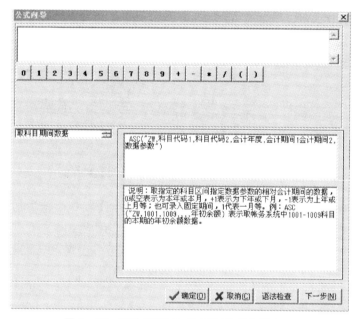

图 2-84　速达 7000 SaaS 资产负债表模板

图 2-85　速达 7000 SaaS 报表公式向导之一

在左边的列表中选中"取科目期间数据",此时右侧列表框中显示公式的表示方法和说明,单击"下一步";单击"科目代码"栏右侧,打开会计科目结构表,选中"1001,现金"科目,"至"一栏则选择"1009,其他货币资金","会计年度"录入"2007(省略则为本年)","会计期间"录入"1"至"1"(省略则为本期),"数据参数"选择"期末余额"。如图 2-86 所示。

设置完成单击"填入公式",此时最上方的公式栏显示"= ASC("ZWA,1001,1009,2007,1,1,期末余额")";最后,单击"语法检查"检查此公式是否正确,提示"公式正确"就可以单击"确定"退出了。如图 2-87 所示。

将所有的取数公式和报表固定项目设置好之后,退出报表模板,然后选中刚才的报表,

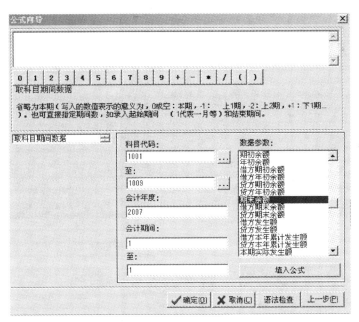

图2-86 速达7000 SaaS报表公式向导之二

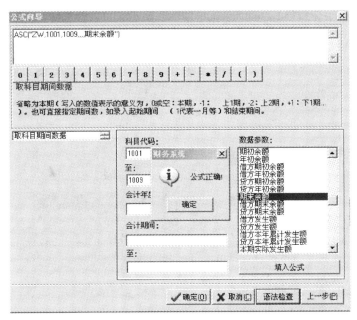

图2-87 速达7000 SaaS报表公式向导之三

再单击"自定义报表选择"窗口中的"查询与生成",即可以看到该报表的结果;在生成报表结果后,可以单击工具栏上的"预览"或"打印",查看报表打印的效果或直接输出。

第三章 浪潮 myGS pSeries 管理软件 V9.0 的应用

浪潮 myGS pSeries 管理软件财务会计包括账务处理、辅助管理、固定资产、工资管理、成本核算等财务业务管理部分，报表管理、财务分析、现金流量等分析报告部分。各系统及子系统之间可以组合使用，也可以单独使用，满足不同企业的需求，提升企业财务核算水平。

第一节　软件的安装与启动

一、运行环境

浪潮 myGS pSeries 管理软件是运行在 Windows 环境下，适应于各行业不同类型企事业单位的通用账务系统。安装浪潮 myGS pSeries 管理软件系统至少需要以下环境：主机：512MB 以上内存、650MB 可用硬盘空间以上。显示器：800 * 600 分辨率、16 色以上。中文 Windows 98/ME/XP/2000/2003/NT 操作系统。需安装 SQL – SERVER2000 等数据库管理软件。

二、软件安装步骤

（1）首先将浪潮通软 PS – 集团管理软件的软件产品安装盘放入光驱，运行光盘中 install 目录下的 Setup.exe 安装程序。出现程序安装向导，如图 3 – 1 所示。

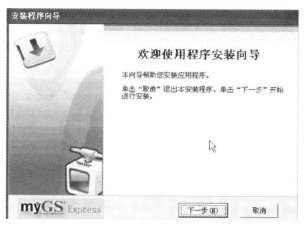

图 3 – 1　浪潮软件安装程序向导

（2）单击"下一步"按钮后，出现"许可协议"窗口。

（3）如果要继续安装，就选中"接受"按钮，然后单击"下一步"，出现"自述文件"窗口。自述文件窗口中描述了浪潮 myGS pSeries 管理软件使用须知。

（4）选择"自述文件"窗口中"下一步"按钮，出现"个人信息"窗口。可以在"个人信息"中输入个人的姓名、公司名称和序列号。序列号如果没有，可以先不输入，等以后在"维护工具"子系统中再输入。

（5）输入完"个人信息"，单击"下一步"。出现"安装模式"窗口，如图 3－2 所示。

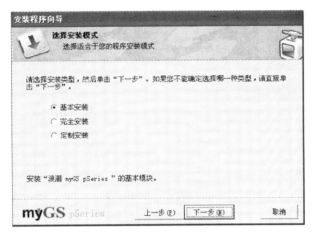

图 3－2　浪潮软件安装模式选择

①基本安装：只安装系统公用程序、账套管理、环境配置、维护工具、账务处理、辅助管理、报表管理、工资管理、固定资产管理、现金流量表、财务分析、报表汇总子系统。基本安装大约需要 480M 磁盘空间。

②完全安装：安装 myGS pSeries 管理软件的所有子系统。完全安装大约需要 650M 磁盘空间。根据需要决定安装哪些子系统。

（6）进行完产品配置后，选择"下一步"，出现"安装路径"。软件默认是安装在 C 盘上 C：\ GENERSOFT 下。

（7）软件安装结束后，重新启动计算机，重启计算机后，系统自动运行浪潮通软 PS 控制台。要运行某一个子系统，可以直接在控制台上选择相应的子系统即可。也可以在"开始—程序—浪潮 myGS pSeries 管理软件"中选择相应的子系统名称来运行一个子系统。

第二节　账套管理

账套管理子系统主要完成在多种数据平台上完成财务账套的创建、维护与删除。

对用使用单机版财务软件的用户，就在本机上运行账套管理子系统，执行创建财务账套。创建后的财务账套会形成一个数据库文件，放在本机上。

对于使用网络版财务软件的用户，可以从任意一台客户机上运行账套管理子系统完成财务账套的创建，该客户机必须已经安装了财务软件、安装了数据库客户端、并且数据库客户端与服务器上的数据库服务器端之间的连接配置已经成功。由于使用网络版财务软件，其财务数据是集中存放在服务器上的，所以创建网络版财务账套的工作只需要从某一台客户机上执行一次就可以了。

一、单机版财务账套的创建与删除

1. 创建账套

（1）运行账套管理子系统。如图3-3所示，选择"开始—程序—浪潮myGS pSeries管理软件—管理工具—账套管理"，出现选择服务者类型窗口，请选择Win NT服务器。

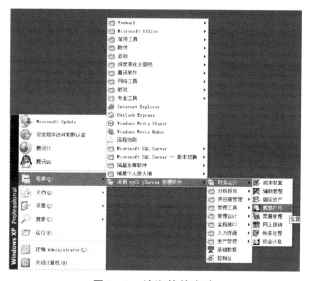

图3-3　浪潮软件启动

（2）选择数据库类型，单击"下一步"，出现"选择数据库"的窗口，如图3-4所示。

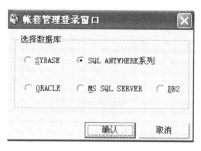

图3-4　数据库类型选择

选择单机版所安装的数据库系统，单击"确认"按钮后，就进入了账套管理子系统界面。

（3）创建单机版财务账套。选择主菜单"账套管理—新建"菜单项，出现图3-5所示"增加账套"窗口，根据系统提示，一步步的为新建的财务账套指定一些必要相关信息，最终完成一个单机财务账套的创建。

第一步：设置数据库信息。在图3-5窗口需要设置如下数据库信息：

①账套名称：给这个财务账套起一个标识名称，该名称是任意汉字、字母、数字及其他符号的组合。一般用单位名称来表示账套名称。

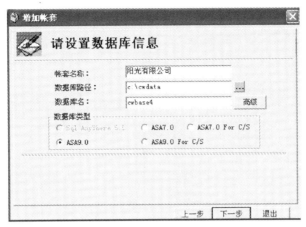

图 3 - 5　设置数据库信息

②数据库路径：一般建议财务软件和财务数据分开放在不用的硬盘分区上。

③数据库名：指定财务账套所对应的数据库名，系统会自动形成，不要随便修改。一般数据库名默认为 cwbase 加一个流水号，如 cwbase1. db，cwbase2. db 等。

第二步：设置账套管理员信息。如图 3 - 6 所示，设置账套管理员的信息。

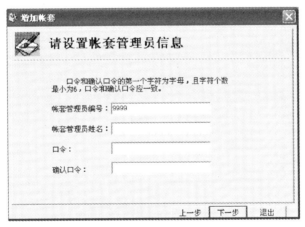

图 3 - 6　设置账套管理员信息

①账套管理员编号：系统默认为 9999，可以修改，可以是任意字母或者数字的组合，但编号位数必须是 4 位。要记住这个账套管理员编号，因为后面要使用这个编号来进入维护工具子系统。

②账套管理员姓名：输入账套管理员的姓名。

③口令：输入账套管理员的口令。

④确认口令：再在这里输入一遍账套管理员的口令，以表示确认，口令与确认口令必须相同。口令的第一个字符必须是字母，且口令的字符个数最少为 6 位。

第三步：选择安装的子系统。如图 3 - 7 所示，可以在窗口中选择当前所创建的财务账套中包含哪些子系统。可以在要安装的子系统名称前面打"√"表示选中，即在创建的该财务账套中包含选中子系统的相关数据库对象，如创建选中子系统的所有表、索引等。

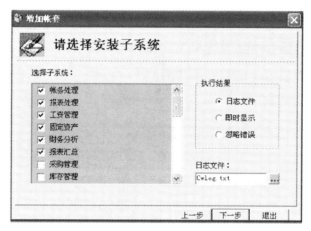

图3-7　选择安装子系统

窗口中右边的"执行结果"和"日志文件"选项，按默认的设置即可，不需要修改。

第四步：设置会计期间和单位。如图3-8所示，可以在这一步输入使用单位的单位名称与会计期间。

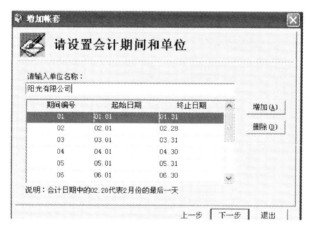

图3-8　设置会计期间和单位

①"单位名称"处不能为空，今后在打印凭证、账页、报表上的单位名称都取自这里输入的单位名称。在财务账套创建成功，系统开始使用后，还可以在维护工具子系统中修改它。

②系统默认有12个会计期间，每个会计期间的起始日期与终止日期默认分别为本月的1号与本月的最后一天。系统允许增加或删除会计期间。会计期间只能设置一次，一旦建立数据库后就不能修改。

第五步：设置行业和本位币。如图3-9所示，设置行业和本位币。

①行业：设置单位所属的行业类型。

②本位币编号：设置核算所采用的本位币的编号。如果使用人民币作为本位币，则其编号为：RMB。

③本位币币名：选择所使用的本位币的代表符。如使用人民币作为本位币，则选择"￥"。

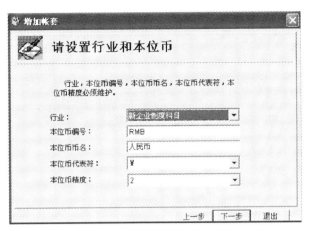

图 3 - 9   设置行业和本位币

④本位币精度：根据需要设置本位币数据精度，默认精度为 2。

第六步：设置子系统安装选项。如图 3 - 10 所示。设置账务处理子系统、报表管理子系统、固定资产子系统的系统启用期间，设置表报汇总子系统的启用年度。

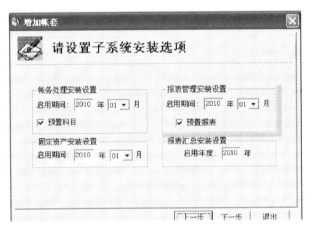

图 3 - 10   子系统安装设置

如果选中预置科目或者预置报表选项，则系统会自动根据上一步中设置的行业，将该行业的标准科目与标准报表预置到本财务账套中去，这样可以减少一些初始化的工作量。

①启用期间只能设置一次，一旦建立数据库后，除非重建系统，否则不能再修

②预置的科目、报表在安装完成数据库后可在账务处理、报表管理系统再次修改。

第七步：确认信息

在这里窗口中显示了前面各步骤中所做的设置，可以确认一下，看前面所设置的信息是否正确，如果有需要修改的，可以通过单击"上一步"，回到相应的窗口中去修改相关设置。

2. 删除账套

删除单机版财务账套的方法比较简单，可以用以下两种方法来实现：

方法一：使用操作系统中删除文件的方式，直接删除单机版财务账套所对应的物理文件。

方法二：使用账套管理子系统中的"删除账套"功能来删除。

在账套管理子系统窗口中，选择主菜单"账套管理—删除"菜单项，选择要删除的财务账套，如图3-11所示，单击"删除"按钮即可。

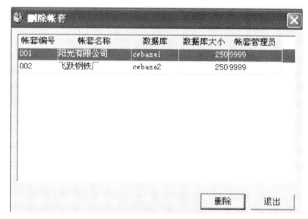

图3-11 选择删除账套

注意：上述不论是哪一种删除财务账套的方法，都是物理的删除了数据，而且这种删除是不可恢复，所以使用这些删除账套功能前一定要慎重考虑清楚！

二、网络版财务账套的创建与删除

创建网络版财务账套的大部分步骤与创建单机版财务账套相同。网络版财务数据是集中存放在服务器上的，所以创建网络版财务账套的工作只需要从某一台客户机上执行一次就可以了。同样，删除网络版财务账套的工作也只需要从某一台客户机上执行一次就可以了。

第三节 账务系统

账务系统是运行在 Windows 环境下，适应于各行业不同类型企事业单位的通用账务系统。账务系统完成记账凭证编制到各种账表的生成，包括两个系统：账务处理和辅助核算系统。

一、建账

1. 系统环境设定

系统环境定义是对建立的新账套进行启用前的处理工作。主要包括：凭证选项设置、科目结构设置、会计期间设置、辅助核算设置和其他设置。

进入账务处理的方式可以有两种方式进行选择，一是通过控制台进入控制台操作窗口，如图3-12所示；另外是通过选择"财务会计"的子菜单"账务处理"之间进入账务处理界面。选择账务处理窗口"初始"菜单下的"系统设置"菜单项，出现如图3-13所示操作界面，可以分别选择凭证选项设置、科目结构设置、会计期间设置、辅助核算设置和其他设置等来进行系统环境设置，各个项目均设置完成后，单击"确定"按钮保存当前的设置，单击"取消"按钮则放弃当前的设置。

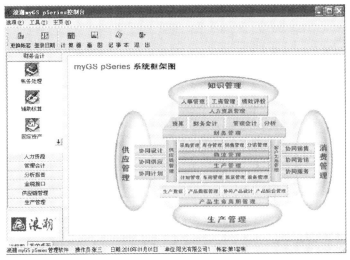

图 3-12　控制台窗口

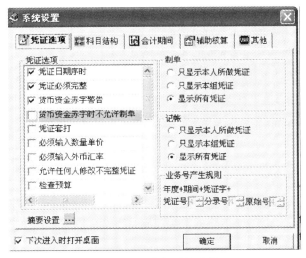

图 3-13　账务系统设置

（1）凭证选项设置。要设置某个项目时，只需用鼠标单击一下该项目前面的复选框中打上"√"即可。

①凭证日期序时：选择该项后，同一类凭证将实行序时编号，即凭证编号较大者的凭证日期必定大于或等于凭证编号较小的日期。

②凭证必须完整：选择此项，在制作（输入）凭证时，只有当该凭证的各项内容都填写完整后，才允许保存该凭证。如果不选择该项，用户做不完凭证时也可以保存，这一点特别适用于制作数据量大的分页凭证时，临时中断制作的情况。建议用户慎用该项选择。

③货币资金赤字警告：选择此项，在制作（输入）凭证时，当货币资金出现赤字时给予警告。

④货币资金赤字不允许制单：选择此项，在制作（输入）凭证时，当货币资金出现赤

字时不允许保存凭证。

⑤凭证套打：选择此项，系统可以在已经印刷好的凭证上的指定位置上打印凭证上的各项数据。

⑥必须输入数量单价：选择此项，在制作（输入）凭证时，核算数量的科目必须输入数量和单价。

⑦允许任何人修改不完整凭证：选择此项，任何有权限的人都可以修改不完整凭证；否则，只能修改自己制作的不完整凭证。

⑧检查预算：选择此项，在保存凭证时检查预算。

⑨修改凭证编号：选择此项，在制作（输入）凭证时，允许修改凭证编号。

⑩录入辅助信息摘要：选择此项，在制作（输入）凭证时，可以录入辅助信息摘要。

⑪删除凭证时不自动重新排号：当未选中【修改凭证编号】选项时，此选项可用。选择此项，在制作（输入）凭证时，删除凭证后不自动重新排号。

⑫凭证显示资金结存：当选中该选项时，在制作（输入）凭证时，当选中科目为资金科目时，资金结存金额会显示出来。

⑬银行账科目自动生成原始凭证：当选中该选项时，银行账科目自动被认为需要对应原始凭证，不用再到原始凭证中去设置。

⑭制单时显示科目余额：当选中此项后，在新增或修改凭证时，将鼠标置于某一分录的总账科目位置，即可显示该科目余额（包含未记账）。

⑮制单时显示辅助余额：当选中此项后，在新增或修改凭证时，将鼠标置于辅助信息的单位、个人、部门或专项的编号位置，即可显示该辅助项的余额（包含未记账）。

⑯凭证附件张数为0打印附件张数：当选中此项后，如果在制单时，附件张数未添，则打印该凭证时会自动在附件张数上添"0"。

⑰凭证本位币汇率和名称不打印：当选中此项后，在打印凭证时，当外币为本位币时不打印外币名称和汇率。

⑱业务号必输入：当选中此项后，在制单时如果某科目是单位或个人往来核算科目，则其辅助信息的业务号栏必须输入，否则无法保存。

⑲业务号按规则自动产生：当选中此项后，在制单时如果某科目是单位或个人往来核算科目，则其辅助信息的业务号会根据产生规则自动产生。

（2）科目结构设置。

①科目的最大长度为30位，最大级次为9级，每级的最大长度为9。

②如果还未录入科目，则可以在有效范围内任意修改科目结构。

③如果已经录入科目，则对未使用的科目级次的编码长度在有效范围内可以进行任意修改。例如：设定的科目编码级数为四级，编码结构为"4223"，而实际录入的科目的最大级数为三级，即只用到了科目结构的前三级"422"，这三级的编码长度是不允许修改的，但可以修改第四级的编码长度，甚至还可以继续指定第五级乃至第九级的编码长度。

（3）会计期间设置。此处只是显示会计期间，不能在此处设置会计期间，要设置会计期间，只能在建立账套时进行。

（4）辅助核算设置。根据屏幕上显示的内容可进行"凭证制单录入辅助原始凭证"的设置和"往来单位快速查找方式"的选择。

2. 外币管理

外币管理主要完成两类工作：一是外币币种的定义，包括外币币种的增加、修改、删除等；二是外币汇率的定义。对于固定汇率，外币汇率定义是设置每个会计期间的记账汇率和调整汇率，对于浮动汇率，外币汇率顶事是设置所选会计期间内每天的记账汇率。

3. 建立会计科目

它包括设置会计科目体系（即设立会计核算的总账、明细账的账户体系）和建立会计科目字典。建立会计科目字典包括定义科目编号、科目名称、科目属性、助记码、科目性质、账页格式、余额方向及与现金流量表、辅助核算等有关的定义。

进入会计科目设置功能，系统根据用户在账套管理模块中所选择的行业进行总账科目的设置，如图 3 - 14 所示。

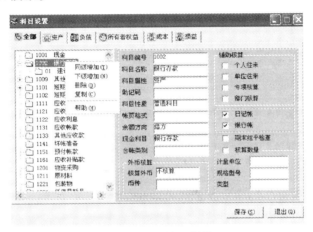

图 3 - 14　科目设置

（1）科目编号：定义的会计科目的编号，编号的各级长度必须和前面系统环境定义中的科目结构的定义相适应，一级科目的编号必须采用财政部规定的编号。科目编号必须唯一，科目编号应按其上下级的先后关系由上至下建立。输入下级科目编号时，必须已有相应的上级科目存在。科目编号只能用数字 0 - 9 表示。

（2）科目名称：会计科目编号对应的会计科目的名称，其中一级科目的名称必须采用财政部规定的名称。系统允许科目名称可以为汉字或英文字母，最多可为 30 个汉字或 60 个字符。

（3）科目属性：指科目的性质，即账户类别。确定科目是属于资产类、负债类、所有者权益类、成本费用类还是损益类。当用户输入一个总账科目编号时，系统会自动根据科目编号的首位判断该科目的属性，然后显示在这里，可以进行修改，但存盘后不能再做修改。下级科目自动继承上级科目的属性且不允许修改。

（4）科目性质：对于总账科目，该项目显示为"普通科目"且不允许修改。而对于一个非总账科目可以将其定为科目，也可定为栏目。

注意：①如果某科目被设置为"现金科目"或"银行存款科目"，那么系统同时也将它设置为"日记账"科目。②对于已使用的科目（已有余额或以用于制单），不允许再设置其外币核算属性。③对于设置为辅助核算的科目，一旦使用（已有辅助余额或以用于制单），就不允许取消其辅助核算设置。④对于核算数量的科目，一旦使用（已有余额或以用于制单），则不能取消核算数量设置。⑤设置核算数量时，只能在总账科目上设置，下级科目自动继承这一属性。⑥如科目已经用于制单，则不能再增加下级科目。

4. 余额初始

（1）进入科目余额录入窗口，首先用鼠标左键选中相应的要输入期初余额的明细科目所在行。如图 3 - 15 所示。

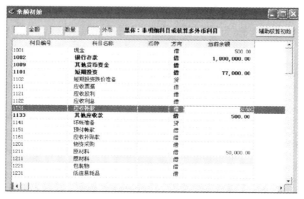

图 3 - 15　初始余额设置

（2）单击"辅助核算初始"按钮，出现如图 3 - 16 所示界面（以应收账款科目为例，且设置了单位往来辅助核算的情况）。

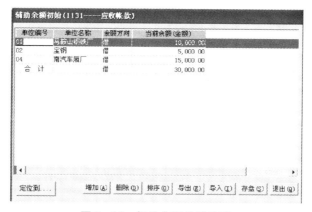

图 3 - 16　初始余额的辅助账

（3）单击"增加"按钮，输入单位编号或单击鼠标右键，从列表中选择所需要的单位，选择余额方向，输入各项累计额或余额。输入完成后，可以继续输入其他往来单位的余额数据，当所有的数据都输入完成后，单击"增加"按钮保存已完成操作的结果，然后单击"退出"按钮退出辅助核算初始操作窗口，返回到期初余额录入窗口就可以看到应收账款各项累计额、余额正是其辅助核算对应累计额、余额的合计。

（4）单击"开始检查"按钮可以进行期初余额的平衡检查：平衡的内容前面出现一个绿色的对号，不平衡的内容前面出现一个红色的错号，"开始检查"按钮变为"检查报告"，单击"检查报告"按钮，从弹出的窗口中选择"打印"按钮，打印检查报告，或选择"退出"按钮退出平衡检查。如图 3 - 17 所示。

5. 出纳初始

选择"初始—出纳—结算方式"菜单项，出现如图 3 - 18 所示界面，定义核算单位使

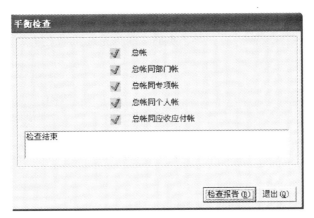

图 3-17　平衡检查

用的结算方式。

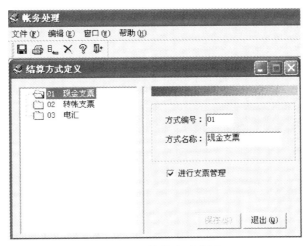

图 3-18　结算方式设置

6. 凭证类型定义

凭证包括：记账凭证类、收付转类、现金银行转账类、现金收付银行收付转账类、现金收付银行收付内行收付转账类。

（1）记账凭证类：只包括记账凭证一种类型。

（2）收付转类：包括收款凭证、付款凭证和转账凭证三种类型。

（3）现金银行转账类：包括现金凭证、银行凭证和转账凭证三种类型。

（4）现金收付银行收付转账类：包括现金收款凭证、现金付款凭证、银行收款凭证、银行付款凭证、转账凭证五种类型。

（5）现金收付银行收付内行收付转账类：包括现金收款凭证、现金付款凭证、银行收款凭证、银行付款凭证、内部银行收款凭证、内部银行付款凭证、转账凭证五种类型。

可以选择五种缺省方案中的一种，也可以对现有的凭证类型进行修改、删除或增加新的凭证类型。可以在自己所设置的凭证类型中进行限制科目的定义，以保证所填制凭证科目的正确性。如图 3-19 所示。

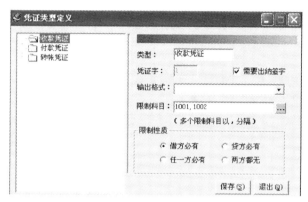

图 3 - 19　凭证类型定义

7. 科目封存

封存后的科目不能再参与制单。

8. 出纳设置签字

进行过"出纳签字设置"的科目，如果参与了制作凭证，那么该凭证在记账前要先进行"签字"操作，否则无法记账。如图 3 - 20 所示。

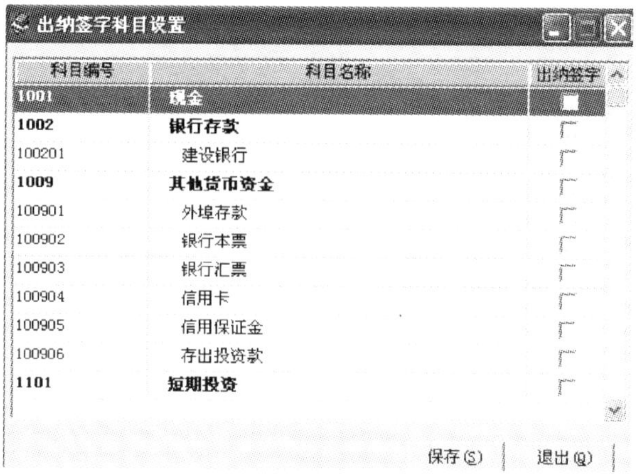

图 3 - 20　账务系统设置

二、凭证管理

在账务处理中，凭证管理也是使用最频繁的功能模块。

1. 凭证制作

凭证项制内容包括：

①定义会计科目；

②定义凭证类型；

③有外币业务的单位需定义外币币种及汇率；

④使用个人、部门、单位往来和专项核算功能的单位需定义个人、部门、单位往来、项目信息；

⑤如在凭证制作时使用摘要字典，须先在常用摘要中定义常用摘要；

⑥如使用银行对账功能须先定义结算方式。

进入账务处理子系统,选择"凭证"菜单下的"制单",即进入如图 3-21 所示的界面,进行凭证填制。

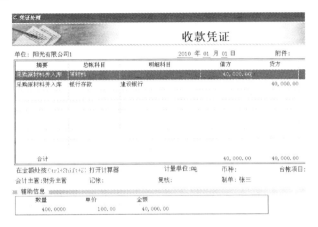

图 3-21 填制凭证窗口

2. 复核凭证

复核凭证是复核员按照财会制度,对制单员填制的记账凭证进行检查核对,主要工作是审核记账凭证与原始凭证是否相符,使用会计科目是否准确等。凭证一旦通过复核,就不能再做修改,若要修改复核后的凭证,必须先取消复核。已经记账的凭证不能取消复核。

3. 凭证记账

记账是会计工作的一个重要环节,也是会计核算中一项重要的基础工作。凭证复核通过后,并没有登记各种账簿信息,复核通过仅是凭证登记到账簿的一个必要条件。

4. 查询凭证

实现对各种状态的记账凭证的查询。如图 3-22 所示的凭证查询条件设置。

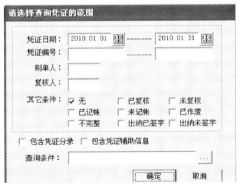

图 3-22 凭证查询设置

三、出纳管理

1. 现金日记账

选择"账务处理—现金日记账"可进入如图 3-23 所示界面。

用于查询、打印输出现金日记账。使用前提是必须预先在科目设置功能中定义属性为"现金"，并设置为日记账。

图 3 - 23 账务系统设置

（1）按月份查：是指查询指定会计期间范围内的现金日记账，要求用户输入一个会计期间范围。

（2）按日历查：查询某一日期范围内的现金日记账，要求用户输入一个日期区间。

无论是按月份查还是按日历查，都需要指定要查询的会计科目，该科目必须是现金日记账科目，如果该科目核算外币，还应选择是查询人民币的现金日记账还是查询其他外币的现金日记账。

（3）包含未记账凭证：选择该项，所查询的现金日记账将包含未记账凭证。

（4）合并同类分录：选择该选项后，如果一张凭证中有科目相同的会计分录，系统将把这些分录的金额汇总后输出。

（5）按对方科目列出：选择该项，所查询的现金日记账将按对方科目列出。

（6）按凭证录入顺序排序：选择该项，所查询的现金日记账将按凭证录入时得顺序排序。

（7）分级显示对方科目：选择该项，所查询的现金日记账中对方科目将显示它对应的每一级科目的名称。

2. 银行日记账

实现银行存款日记账的查询。使用前提是必须预先在科目设置功能中定义银行存款日记账科目。

3. 资金日报表

用于查询现金日记账科目和银行存款日记账科目某日的发生额及余额，提供资金每日进出及余额情况。

4. 输入结算号

实现银行存款日记账结算号的输入。由于在凭证制作时涉及银行存款科目的记账凭证，结算号并不要求必须输入，这样对于没有输入结算号的银行存款日记账，系统无法进行银行对账，该项功能提供了对该信息的输入。

5. 支票管理

在手工记账时，银行出纳员通常建立支票领用登记簿，用来登记支票领用情况。为便于出纳员对支票的管理，系统设置该功能用于详细登记支票领用日期、部门、领用人、用途等信息。

进入账务处理子系统，选择"出纳"菜单下的"支票管理"功能，无色显示表明该支票尚未报销发票，黄色显示说明该支票已经报销发票。可以增加和删除未报销发票的支票，对于新增加的支票，"对应科目"、"报销日期"和"报销凭证"这三项都不能填入信息，当该支票对应的凭证复核后，系统会自动填入这三项信息，作为已报销发票的支票。对于已报销发票的支票只能显示而不能做任何修改和删除。

6. 银行对账

由于结算凭证在企业与银行之间的传递需要一定的时间，因而会产生未达账项。在同一月份内，企业银行存款的余额与银行对账单的余额往往是不相符的，因此，企业需要与银行进行对账。

（1）对账初始化。为了保证银行对账的正确性，在使用银行对账功能进行对账之前，必须先将日记账、银行对账单未达项录入到系统中。通常许多用户在使用账务处理系统时，并不使用银行对账模块，也就是说在使用银行对账功能之前已经有账务数据产生，因此用户应在此录入最近一次对账时企业方与银行方的调整前余额，以及启用日期之前的单位日记账和银行对账单的未达项，等所有未达账录入正确后启用对账功能。在账务处理系统，选择出纳—银行对账—对账初始化，进入如图 3 - 24 所示界面。

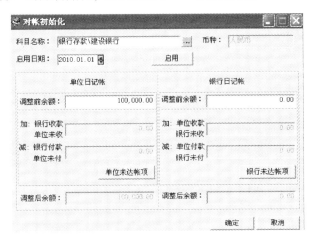

图 3 - 24　银行对账初始设置

①启用日期：设置该银行账户对账的启用时间。

②单位未达账项：单击后，系统将弹出一输入窗口，用于输入单位未达账项。

③银行未达账项：单击后，系统将弹出一输入窗口，用于输入银行未达账项。

④调整前余额：分别录入单位日记账和银行日记账的调整前余额。当单位未达账项、银行未达账项和调整前余额录入完后，系统自动计算单位日记账和银行日记账的调整后余额。只有调整后余额相等时，系统才允许进行银行对账操作。

⑤启用：启用该银行账户。

（2）录入对账单。用于平时录入银行对账单。系统提供两种采集对账单数据方式，一种是直接通过录入界面由用户根据银行送来的纸面对账单录入；另一种是利用外部的对账单数据文件直接读入到系统。

（3）银行对账。采用自动对账与手工对账相结合的方式核对银行存款日记账与银行对账单。

（4）清除相对相符分录。用于清除已经核对相符的单位银行日记账和银行对账单分录，执行本功能后，核对相符的单位明细账和银行对账单分录将不会在对账窗口中显示。

（5）查询余额调节表。用户在完成银行对账后可调用此功能查询并打印银行存款余额调节表，以了解银行存款日记账的核对情况。

在"基础数据"模块，选择"初始—机构信息—业务部门"辅入部门信息。如图3-25所示。

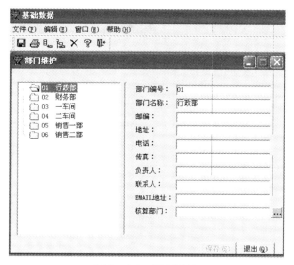

图 3-25　部门目录

四、部门核算

1. 设置部门核算科目

以"管理费用"科目为例说明定义步骤。

（1）单击"科目设置"窗口左边目录树中"管理费用—工资"，该科目被加亮。

（2）单击"辅助核算"下"部门核算"复选框，"部门核算"前被打上"√"。依次按此操作定义其他部门核算科目。最后单击"保存"按钮。如图3-26所示。

2. 录入部门初始数据

如果使用了部门核算，用户还需要同时录入各个部门核算的数据，如录入"管理费用—工资"的财务数据时，不能直接录入该数据，而需要按部门录入各个部门的"甲产品"的相关数据。

①在录入初始数据时，不明细科目不允许录入。如"管理费用"科目有明细科目，不允许录入初始数据。

②如该科目进行了专项核算、部门核算、单位往来、个人往来等核算时，不允许直接录入初始数据，需要通过辅助核算初始录入。

③如建账的时间是年初，则仅仅需要录入当前余额，没有本年借方累计、本年贷方累计。

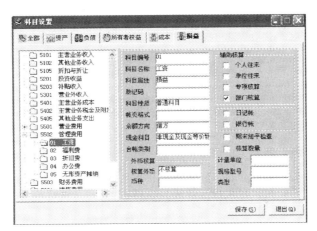

图 3 - 26　科目部门辅助设置

五、专项核算

专项核算是浪潮软件的一个辅助功能，用户可以根据企业的实际情况选择使用。例如：某企业每年都有一些在建工程，需要按工程核算其材料费、人工费、占用资金所付利息等。在手工账中，通常是按表 3 - 1 建科目。

表 3 - 1　　　　　　　　　　　手工账科目

一级科目	二级科目	三级科目
1603 在建工程	001 办公楼	001 原材料
		002 工资
		003 利息
	002 宿舍楼	001 原材料
		002 工资
		003 利息

若使用专项核算，则可按表 3 - 2 设置科目。

表 3 - 2　　　　　　　　　　　专项核算科目

一级科目	二级科目
1603 在建工程	001 原材料
	002 工资
	003 利息

在专项核算中设置的项目目录如表 3 - 3 所示。

表 3 - 3 专项核算项目目录

核算类别	核算项目
01 工程	001 办公楼
	002 宿舍楼
	……

通过将"在建工程"科目设为专项核算，把科目与专项核算项目建立了联系，当"在建工程"科目每发生一笔业务，在专项核算中同时也记入一笔。

从科目设置的角度来看，专项核算所表现为特征如表 3 - 4 所示。

表 3 - 4 专项核算的特征

项目	使用专项核算	不使用专项核算
科目结构	科目结构简化	科目结构复杂，冗余度大
凭证录入	减少凭证分录，录入方便	
灵活性	增加核算项目方便	增加一个工程，同时增加了多个费用科目，科目设置复杂

1. 设置核算科目

在"科目设置"窗口中选中需进行专项核算的会计科目，并在"辅助核算"的"专项核算"复选框中打上"√"，单击"保存"按钮即可。

2. 核算项目设计

（1）定义项目类别。给需要核算的项目命名，如工程、课题、科研项目等类别。

（2）定义项目结构。这个步骤，一般不必定义，如果需要核算其他内容，如对工程类别的核算项目，需要对"工程总造价"、"承包人"等内容记录或管理，可以通过该步骤进行定义，否则直接跳过。

（3）定义核算项目。定义该核算类别包括那些核算项目，如例子所举的办公楼、宿舍楼等为核算项目，需要逐一录入。

3. 专项核算数据初始

（1）单击要录入数据的科目，如"在建工程"，双击该科目显示出明细科目。

（2）单击要录入数据的明细科目，如"在建工程—材料费"。

（3）单击右上角的"辅助核算初始"按钮，弹出录入数据窗口中。

（4）单击"增加"按钮，在项目编号的空栏内直接录入项目编号或按右键通过帮助字典选择项目。在余额栏、本年借方累计、本年贷方累计中分别录入相应的财务数据。依次按该步骤录入其他项目数据即可。

（5）单击"文件"菜单中的"平衡检查"，系统自动进行专项核算账和科目账的平衡检查。

4. 专项核算日常数据录入

（1）凭证录入方法。

①在录入凭证时，若该科目是专项核算科目，则录入完科目编码后，在屏幕的下半部分录入专项核算数据。

②在部门编码处，按右键选择部门；在金额处直接输入该部门的金额，业务日期为该业务发生时间。

③若有多个核算项目发生该业务，则单击辅助菜单中的增加，增加项目分录。若需要删除不需要的项目分录，单击删除即可。若修改直接单击需要修改栏目即可。

（2）事后录入方法。

①在账务子系统的"初始—系统设置"菜单中，将标签名为"辅助核算"窗口中的"凭证制单录入辅助原始凭证"选项不选择。

②在制单时，将专项核算科目的金额在辅助信息分录金额栏录入。

③在辅助管理子系统的"辅助原始凭证录入"中，在窗口的上半部分单击需要录入原始凭证的凭证分录，在窗口的下半部分显示该凭证对应的专项核算分录。

④单击"编辑"菜单中的"增加"，录入该原始凭证分录核算项目编号和金额、业务日期等。单击"编辑"菜单中的"删除"，删除光标所在的原始凭证分录。

⑤单击"文件"菜单中"保存"，保存本次录入的数据。

六、个人往来

在账务处理子系统的科目设置中，将需要进行"个人往来"核算的科目设为"个人往来"。在账务处理子系统的科目余额初始中，将个人往来科目及个人账户的初始余额录入。具体操作步骤与专项核算相似。

七、单位往来

1. 单位类别设置

单位类别结构：在辅助管理子系统的"系统—系统设置"菜单下，"单位类别"页中进行单位类别编码结构设置。

单位类别设置在辅助管理子系统的"单位往来—往来初始—单位类别设置"菜单下进行类别输入。

2. 往来单位科目设置

将需要进行单位往来核算的科目设置为单位往来科目，如应收账款、应付账款、预收账款、预付账款等科目。具体设置操作步骤与专项核算相似。

3. 单位对应科目

以"应收账款"科目为例说明定义步骤。

（1）用鼠标点击该窗口右上角的"科目编号"选择其中的"应收账款"。

（2）单击"＞"或"编辑"下的"增加"，即可将左边选中的单位添加至该科目的对应单位中；单击"＜"或"编辑"下的"删除"，即可将右边选定的单位从该科目的对应单位中删除；单击"《"，即可将所有的单位添加至该科目的对应单位中；单击"》"，即可将该科目的所有对应单位删除。

4. 往来单位科目余额初始

（1）进入后，先用鼠标点击要录入数据的科目，如"应收账款"。若该科目有明细科目，连击鼠标左键两下，显示出明细科目，单击要录入余额的明细科目。

（2）单击右上角的"辅助核算初始"按钮，在弹出窗口中录入。

（3）单击弹出窗口中的"增加"按钮，在单位编号栏内直接录入单位编号或按右键帮助选择单位。在余额栏、本年借方累计、本年贷方累计中分别录入相应的财务数据。

（4）依次按该步骤录入其他单位数据。

（5）单击"文件"菜单中的"平衡检查"，系统自动进行部门账和科目账的平衡检查。

5. 往来单位业务录入

（1）若往来科目仅仅进行了"单位往来"核算，其业务数据必须通过"制单"功能录入。

（2）若往来科目不仅仅使用了"单位往来"，还使用了其他辅助核算，如部门核算、专项核算时，可以不在凭证辅助信息区录入有关内容，事后在"辅助原始凭证"中录入。

八、台账管理

1. 台账要素的设置

台账的设置可以随时进行，设置前应充分考虑好有关台账的内容，包括台账的类别，台账项目，核算科目三部分内容。

（1）设置台账类别。台账的类别指台账的账册名，为了管理的需要，可以设置多册台账，如"管理费用台账"、"生产费用台账"等。单击编辑菜单中的增加，在空行内输入台账的类别编号和类别名称。若删除台账类别，点击编辑菜单中的删除。

（2）设置台账项目。台账项目指每册台账中的账户名，相当于账册中的科目。例如"管理费用台账"中包括：差旅费、办公费、水电费等；"生产费用台账"中包括：修理费、工资、福利费、运输费、制造费等。

（3）设置台账类别对应的核算科目。核算科目指每册台账所对应的科目，即把此台账指定为某科目的辅助账。利用此功能把某一台账类别指定给相应的科目。如果把"生产费用"台账的核算科目规定为基本生产，则表示为"基本生产"科目设置了名为"生产费用"的台账。

2. 台账科目的设置

将需要进行台账管理的科目设置为台账，如现金、银行存款等科目。系统提供了两种方式：①设置台账类别时指定核算科目。②在"科目设置"界面中，选中需设置台账的科目，单击"台账类别"文本框，在弹出的下拉菜单中选择该科目对应的台账类别，如货币资金类别。

3. 台账要素确定

设置完台账要素后，业务数据如何记入台账，有两种方法：①在凭证录入时，同时选择科目对应的台账要素；②事后确定：在凭证中没有确定，可以在台账要素确定功能中再确定。

九、月末处理

月末处理包括自动完成转账、期末调汇凭证的生成、并进行平衡检查、月末结转等工作。

1. 对应科目结转

（1）单击账务处理子系统中"初始—月末—对应科目结转"菜单项，进入如图 3 - 27 所示对应科目结转定义窗口。

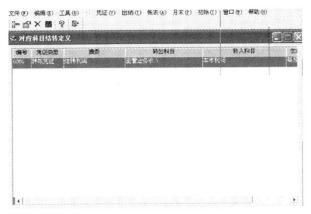

图 3 - 27 对应科目结转定义

（2）单击"编辑—增加"菜单项，按对应科目结转要求定义好编号凭证类型、摘要、转出转入科目后，相应项目后，单击"确定"即可。

2. 自定义凭证

根据企业的实际转账需求，定义可以自动转账的凭证，包括凭证类型、摘要、分录及金额公式，其中关键部分是分录及金额公式。在账务处理子系统，选择"初始—月末—自定义凭证"，可进入如图 3 - 28 所示界面。

图 3 - 28 自动转账凭证定义

以"结转销售收入"业务为例讲解如何定义一张自动转账凭证。

（1）增加凭证，注册业务内容。单击"初始—月末—转账凭证"菜单。

①编号系统给予每一张自定义凭证的顺序号，不能进行修改。

②业务内容指该凭证的业务说明，即默认的凭证摘要，如"结转销售收入"，直接输入即可。

③凭证类型指该凭证所属的凭证类型，如"记账凭证"，可通过下拉框进行选择。

④生成级别控制该凭证自动生成时的顺序，按序号由大到小逐个生成。生成级别在于自动生成凭证之间存在着相互依赖关系。例如工资的分配凭证要优于费用结转利润凭证先生成，因为前者在生成之后，费用才完整。若各张凭证的生成无先后顺序，可按默认设置，不用修改。

⑤生成周期指该凭证自动生成的周期期限，分两种情况：每月一次；每年一次。可通过下拉式框进行选择。生成周期的设置，可以防止部分年终决算的凭证未到会计年终而

生成。

（2）增加分录，即录入该凭证的每条分录的科目。

（3）定义数据公式。

3. 调汇凭证定义

选择"初始—月末—调汇凭证"，进入 3-29 所示界面，可进行调汇凭证的定义。

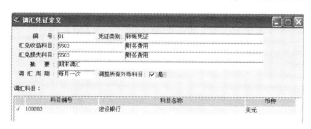

图 3-29　调汇凭证定义

4. 自动转账

①单击选择已定义的转账凭证模板，生成凭证，然后单击"生成凭证"按钮即可。

②如果生成的凭证不正确，则可进入"初始—月末—转账凭证"中检查定义的转账凭证。

③生成时需注意生成级别，应按生成级别的序号由大到小进行生成。

④生成后的凭证转入账前凭证，需到凭证处理功能中进行其他处理。

5. 期末调汇

选择"月末—期末调汇"，进入 3-30 所示界面。

对于使用外币业务核算的企业，在每个会计期末都需要进行汇兑损益的处理。如果用户已经通过调汇凭证定义功能定义好需要处理的调汇凭证，则在此自动生成相应的调汇凭证即可。

图 3-30　调汇凭证生成

6. 平衡检查

在账务子系统中选择"月末—平衡检查"菜单项后，显示平衡检查窗口，单击"开始检查"按钮，自动检查完毕后，选择检查报告。

7. 账务处理月末结转

当一个会计核算周期结束时，需要对本月的账务资料进行月末结转处理，即所说的封账。财务软件提供的月末结转功能就是完成封账需求，所以它是每月账务处理的最后一步操作，也是必须进行的一步操作。在账务子系统中选择"月末—月末结转"菜单项，可进行月末结转。

注意：①自定义凭证一般应在月结前完成。②在结转前，本期间内的所有凭证必须都已记账。③结转日期应为本期的最后一天。④结转完毕后，屏幕最下方显示的日期，即当前财务日期应为下月的会计期间的第一天，如果是本年度最后一个期间，结转时首先进行年度资料备份。

第四节　报表管理

报表管理系统是财务软件的重要组成部分，是运行在 WINDOWS 环境下的通用报表系统。与 EXCEL 相似的操作风格和界面，更适合广大财务人员的要求，达到了易学易用的效果，强大的数据功能，与账务系统联合使用，完全能够满足所需要编制的财务报表要求。

报表系统主要包括建表、设计表格式、定义报表公式、报表数据处理、报表打印以及图文并茂的报表分析功能。另外，系统还提供了与外部和内部数据接口以及强大的数据保护功能，通过这些功能的使用，可以满足编制各种会计报表的要求。

1. 创建新的报表

在报表管理子系统，选择"报表"菜单下的"新建"功能，进入后，显示界面如图3-31所示。

图 3-31　新建报表窗口

2. 设计表格式

报表表格格式设置主要包括：如何画表格线、如何画斜线、设置单元格属性、设置行列性质、插入及删除行列、缩进设置、设置分页符、表选项及图形对象设置。

进入报表管理子系统，打开一张报表，选择要设置格式的单元格，然后选择"格式—单元格"菜单项，在出现的快捷菜单中选择"单元格属性"菜单项。如图3-32所示。

3. 报表公式定义

（1）打开报表，选择"视图"菜单下面的某种公式定义状态。

（2）数据状态和计算公式状态下都可以定义报表的计算公式；效验公式必须在效验公式状态下定义，在效验公式状态下也只能定义效验公式。

（3）选择单元格，在单元格中输入"＝"，在"＝"后面输入取数公式。或者单击公式编辑框左边的函数图标即可进入公式定义向导界面。如图3-33所示：

（4）选择"公式"菜单下的"报表计算"中的"计算本表"功能，则完成公式的计算，计算结果显示在单元格中。

（5）关闭报表，在关闭之前进行此报表的保存。

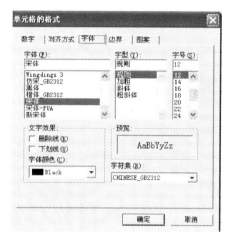

图 3-32　单元格格式设置

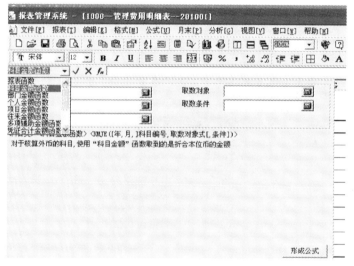

图 3-33　报表公式定义

4. 报表数据处理

在报表管理子系统，打开报表，选择"公式"菜单下的"报表计算"中"计算本表"功能，系统自动进行公式计算。如果选择"视图"菜单下的"数据状态"，则显示全部数据。

5. 报表数据分析

（1）报表数据透视。把一个报表某些列的多个时间区间的数据进行组合则形成透视表，正常的情况下，每一次只能看见一张报表。如果想对各个区间报表数据进行比较，可以利用数据透视的功能，把多个时间区间的数据显示在一个平面上。

在报表管理子系统，打开进行分析的报表，选择"分析"菜单下的"数据透视"功能。设置透视表的时间区间，缺省的区间为本年年初至本月，单击确定即可。可对增加的透视表执行增加、删除、修改等操作，如图 3-34 所示。可对报表项目在不同会计区间进行分析。

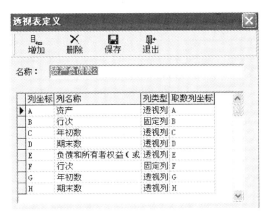

图 3 - 34　报表透视定义

（2）单元格数据构成分析。系统可对组成单元格的数据进行分析，确定每个函数的返回值。选择需要分析数据的单元格，单击鼠标右键，弹出编辑窗口，在编辑窗口中选择"单元格数据构成"功能，系统显示如图 3 - 35 所示。

图 3 - 35　单元格数据构成分析

其中，左面部分显示单元格中数据，右面部分显示组成公式的每一个数据项。如果是科目函数，在右面部分显示科目名称和数值。如果是单位往来函数，在右面部分显示单位名称和数值。个人往来函数和部门函数与单位往来函数相同，在右面部分显示个人名称、部门名称。

在右面部分公式项中，单击鼠标右键，弹出编辑窗口，单击"账页查询"功能，可对公式项中所有科目编辑范围的科目查询总账和明细账，对于固定资产科目，还可以查询固定资产系统中的有关信息。

6. 报表打印

完成报表格式及数据的设置之后，一张完整的报表在系统中就定义完毕，需要把它打印出来，以便装订成册，进行月末存档。

7. 报表月末处理

（1）数据上报。在报表管理子系统，选择"月末"菜单下的"数据上报"功能，显示界面如图 3 - 36 所示。

确定上报报表日期，选择需要上报的报表，单击"下一步"，选择上报方式，包括文件方式、网络方式和 MODEM 方式，如图 3 - 37 所示。

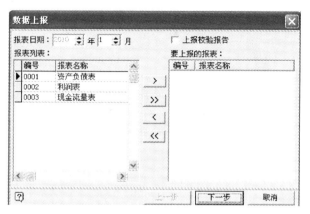

图 3 - 36 数据上报

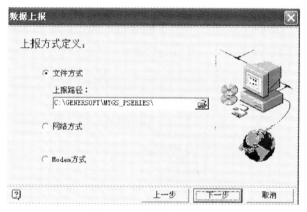

图 3 - 37 数据上报方式

（2）月末存档。在报表管理子系统，选择"月末"菜单下的"月末存档"功能。显示界面如图 3 - 38 所示。

图 3 - 38 月末存档

单击"选择报表"按钮，在弹出的窗口中选择本次要存档的报表，然后单击确定，就能自动完成报表存档工作。报表月末存档，可以执行多次，每一次是以覆盖的方式进行存档。

第五节　工资管理

工资管理系统是软件的重要组成部分，灵活的设置、全面的功能，更能充分满足不同类型单位工资核算的需要。工资管理系统主要是完成工资的发放（包含工资或奖金的多次发放的自动累计）和工资转账以及个人所得税的计提等日常核算。在本软件中，工资管理属基本财务部分，与基本账务和成本有着紧密的联系。工资与基本账务的联系是工资数据根据账务中的科目形成工资核算凭证；工资与成本核算的联系是将工资数据按照工资的用途分配到相应的成本项目中去。

一、工资系统初期设置

1. 系统设置

在工资管理子系统，"初始""系统设置"功能后，系统显示窗口如图 3-39 所示。

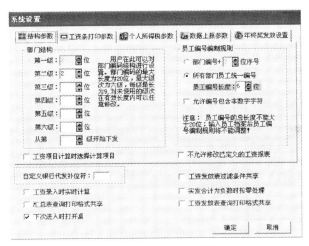

图 3-39　工资系统设置

结构参数：定义工资发放部门的编码结构和员工编号长度。

工资条打印参数：定义打印工资条时每行打印的项目数、工资条和工资条之间的间隔距离、间隔线类型。

个人所得税参数：定义抵扣费用额和附加费用额。

数据上报参数：设置本单位在数据上报时使用的、由上级单位统一分配的部门编号。

2. 工资类别定义

在工资管理子系统，选择"初始—工资类别"功能后，显示窗口如图 3-40 所示。

（1）编号为"01"的工资类别是系统提供的缺省工资类别，可以修改，但不允许删除。

（2）正在使用的当前工资类别不允许删除。

（3）已经使用的工资类别不能删除。

（4）工资类别删除后，该工资类别的所有数据都将被删除。

（5）不同工资类别之间的数据不能进行汇总查询，各工资类别下的数据分别独立处理，

图 3-40　工资类别设置

如各工资类别分别录入工资数据、单独进行月末结转等。

如果要在不同的工资类别之间进行转换，则需要选择"文件"菜单下的"更换工资类别"或者选择"更换工资类别"快捷按钮，如图 3-41 所示。

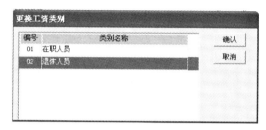

图 3-41　更换工资类别

3. 部门目录设置

在工资管理系统，选择"初始—部门目录"功能，显示窗口如图 3-42 所示。

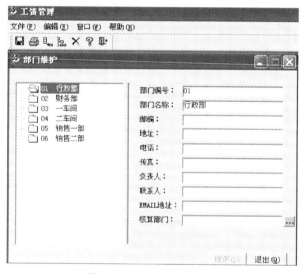

图 3-42　工资部门设置

4. 工资项目定义

在工资系统子系统，选择"初始"菜单下的"工资项目"功能后，窗口显示如图 3-43 所示。

（1）计算公式定义

①计算项目：要为定义计算公式的工资项目，编号不允许输入，系统自动维护，计算

顺序可以不输入，计算时先计算定义计算顺序的公式，再按递归方式计算未定义顺序的公式。

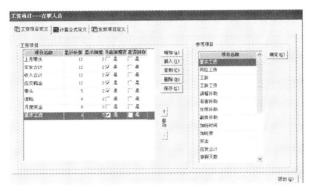

图 3-43 工资项目设置

②计算公式：与当前计算项目对应的计算公式。一个计算公式由工资项目、运算符和函数组成。

工资项目可从"选择项目"中双击鼠标键进行选取；同样，函数可从"可用函数"中选取；运算符直接从所列六种运算符号中选取即可。如图 3-44 所示。

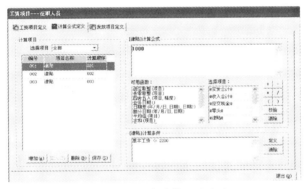

图 3-44 工资计算公式定义

（2）发放项目定义

如图 3-45 所示。发放项目是指为发放工资而自动增加的项目，主要有实发合计项目、收入合计项目和应交税金项目。发放项目由于具有特殊用途，所以作为系统定义项目来处理。在这里可以定义各个发放项目的公式，同时如果要求进行多次发放，也可以在此定义。增加一次发放，系统自动生成该次发放使用的发放项目，可以更改项目名称，可以定义每次发放时使用的工资项目。系统在初始时自动加入第一次发放的系统项目。

二、工资业务处理

1. 工资录入

工资录入主要完成当月员工各次发放工资数据的录入、修改、计算等工作。在工资子系统选择"业务—工资录入"，进入如图 3-46 所示窗口。根据选择的工资类别显示相关的项目，然后对这些项目的数据进行处理。如：分别选择在职中方员工、在职外方员工、离

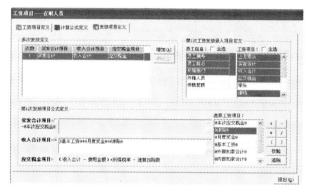

图 3 - 45　工资发放项目定义

退休员工等工资类别，对这些类别的有关工资项目的数据分别处理。

图 3 - 46　工资录入窗口

2. 银行代发

银行代发主要是把当前工资类别的所有人员的工资数据生成上报银行的文件。在代发文件生成之前必须定义相应代发银行的银行目录和代发银行文件格式。在工资子系统选择"初始'银行目录'"，进入图 3 - 47 所示界面。

图 3 - 47　银行目录

在工资管理系统，选择"业务"菜单下的"银行代发"功能，如图 3 - 48 所示。

各按钮功能如下：

"生成文件"如果选中的银行已经定义好了代发文件格式，则单击该按钮来按照定义好的格式生成文件。文件生成之前要先选择放置生成文件的路径并且指定文件名。

"文件预览"如果想在代发文件生成之前预览一下文件的内容，可以单击该按钮来预览生成文件。

"格式定义"定义银行代发文件的格式。单击该按钮，显示窗口如图 3 - 49 所示。

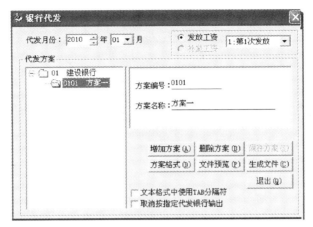

图 3-48　银行代发方案

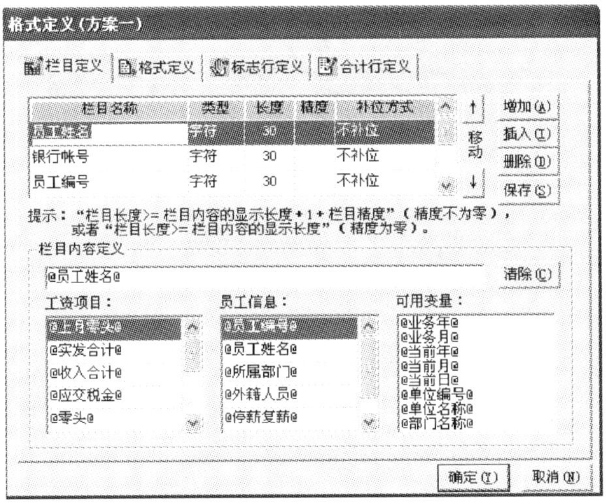

图 3-49　栏目定义

对于栏目定义框中的每一行定义的栏目，其对应的员工信息或工资款项都显示在窗口中间的"栏目内容定义"框中，该框中的内容可以通过选择（选中后双击鼠标左键）窗口下方的"工资项目"、"员工信息"和"可用变量"填入。当栏目类型为数值型时，栏目内容只允许选择工资项目；当栏目类型为字符型时，栏目内容可以是员工信息和可用变量或直接输入。单击"清除"按钮，将清空"栏目内容定义框"中的内容。

对代发文件的格式结构进行总体定义。如图 3-50 所示。定义包括格式中是否有标志行、合计行，代发文件的文件类型，如果是 TXT 类型文件，须指定是否使用小数点和千分位。如果格式中包含标志行和合计行，还要指定它们的位置；否则，不显示"标志行定义"标签和"合计行定义"标签。

定义好银行代发的格式和相关的文件类型后，选择"生成文件"按钮，就可以生成相应的指定文件类型的银行代发工资数据。如图 3-51 所示。

3. 个人所得税

生成当前工资类别的个人所得说纳税申报表，它与是否代扣所得税没有直接联系。在

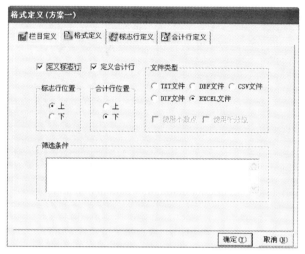

图 3-50 格式定义

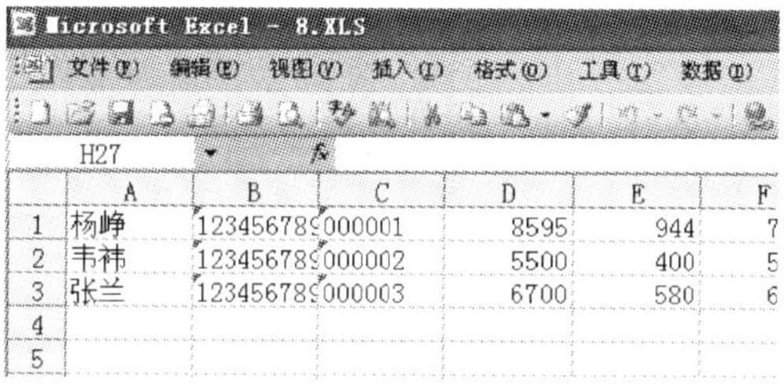

图 3-51 EXCEL 格式银行代发数据

工资管理系统，选择"业务"菜单下的"个人所得税"功能，进入图 3-52 所示界面。单击"确定"后，显示出纳税申报的表，如图 3-53 所示。

4. 工资数据上报

如果上级单位要审定或汇总各下级单位的工资数据，各下级单位就要把工资的数据上报给上级单位。如果选择上报明细部门，则系统根据本账套的部门字典数据进行上报，否则以"系统设置"中的上报部门编号进行上报。在工资管理系统选择"业务—数据上报"可进行数据上报的操作，如图 3-54 所示。

注意：在工资数据上报之前，必须在"系统设置"功能中指定上报部门编号，否则无法实现上报功能。

5. 工资数据接收

对于一个集团企业，总部要想对其下级单位的工资信息进行审定、统计或查询，就必须通过一定方式把下级单位的工资数据接收到自己的系统中来。可利用本功能把下级单位通过工资数据上报功能上报的数据接收到总部工资系统中来。

6. 月末处理

完成本月工资数据的备份工作，并为下月的工资处理作准备。月末处理的范围是 01 月份到 11 月份，如果是 12 月份，应直接进行年度结转。当本月的工资数据处理完成之后，需要对本月的工资数据进行硬盘备份。一方面可以作为历史备份数据以便进行年度的汇总；另一方面自动对下月的数据进行清理，如该清零的工资项进行清零，以及结余工资的处理

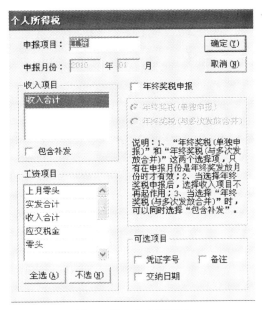

图 3 – 52 个人所得税

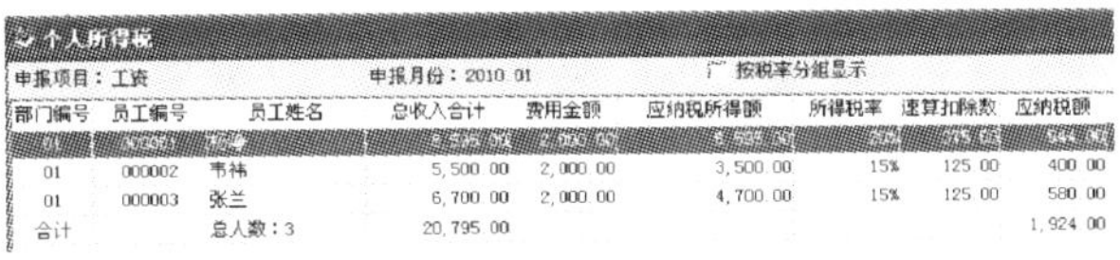

部门编号	员工编号	员工姓名	总收入合计	费用金额	应纳税所得额	所得税率	速算扣除数	应纳税额
01	000001	李丽	8,595.00	2,000.00	6,595.00	20%	375.00	944.00
01	000002	韦林	5,500.00	2,000.00	3,500.00	15%	125.00	400.00
01	000003	张兰	6,700.00	2,000.00	4,700.00	15%	125.00	580.00
合计		总人数：3	20,795.00					1,924.00

图 3 – 53 纳税申报表

图 3 – 54

等，如图 3 – 55 所示。

注意：对月末处理进行恢复后，当前数据将被覆盖，并且无法恢复，所以一定要谨慎。

7. 年度结转

如果当前所处理的工资数据月份为 12 月，则要进行年度结转。主要是保存当年所有工资类别的全部工资数据，以便于以后查询、统计，并且便于以后年度的月末数据处理。

注意：年度结转只需在年末处理一次，并且是不可恢复的。

三、工资发放

（1）工资条：本功能主要完成当前工资类别指定日期的工资条的查询和打印工作。

（2）发放表：以列表的格式显示和打印当前工资类别的工资数据。

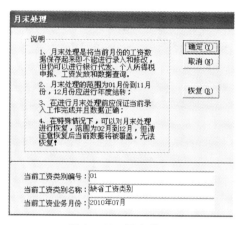

图3-55　月末处理

（3）发款单：完成当前工资类别的工资发款单的形成及打印，该功能避免了工资发放时找零的麻烦，同时也便于银行提现。形成发款单时，是在按个人实发金额确定的发款单的基础上汇总出来的，而不是先将实发金额按部门汇总后形成的发款单。

（4）汇总表：根据指定的统计依据对当前工资类别的工资数据进行统计。本功能采用了通用的自定义报表功能，使用户可以按照自己的需求设定报表的格式。其中统计依据有：部门和定义成对照表的员工信息，如学历、职称等，可以任意定义多种汇总表以方便查询。

（5）年度汇总表：对当前工资类别在指定日期区间内的工资数据进行汇总。

（6）员工档案查询：对指定月份某个类别的员工档案数据进行查询。

（7）工资台账查询：对指定日期区间内的某个类别员工工资数据进行汇总查询。查询的结果有两种形式：查询部门所有员工和查询某位员工台账信息。

第六节　固定资产管理

固定资产系统具有灵活简单的设置，丰富的功能，适用于各类企事业单位进行固定资产的核算与管理。固定资产系统包括固定资产初始建账、日常业务处理、资产月末处理以及资产的查询、分析等功能，能够完成您单位的各种固定资产业务处理功能。固定资产管理系统属基本财务部分，与基本账务和成本有着紧密的联系。固定资产与基本账务的联系是固定资产账务数据根据账务中的科目形成固定资产核算凭证；固定资产与成本核算的联系是将固定资产折旧数据按照部门分配到相应的成本项目中去。

一、固定资产初始设置

首先需要设置使用系统的总体环境，如设置部门、资产类别、项目明细编码结构、系统参数及数值型数据的数据精度等；再具体设置固定资产卡片项目、折旧方法、使用部门、资产增加来源和减少原因、资产状态、资产类别、资产用途及录入原始卡片。

1. 系统设置

系统设置是根据本单位实际业务情况建立合适的核算环境。这主要包括系统参数、编码结构、数据精度定义，为固定资产由手工账到机器账做好准备。在固定资产子系统，选择"初始—系统设置"进入如图 3-56 所示界面，选择编码结构页答，则进图 3-57 所示界面。

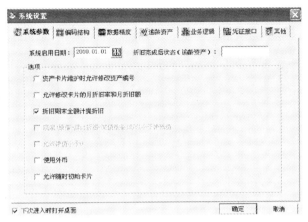

图 3-56 固定资产系统设置

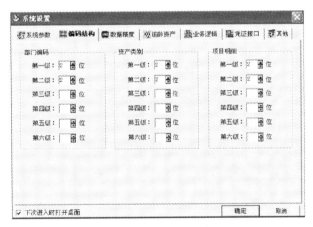

图 3-57 固定资产系统设置

2. 资产卡片处理

（1）进入固定资产子系统，选择"初始"菜单下的"资产项目"功能。选择此功能之后，系统显示如图 3-58 所示，按向导图可完成资产项目定义。通过增加、删除资产项目。其中，系统项目不能删除，只能删除新增的资产项目。

（2）单击"下一步"，系统显示如图 3-59 所示。

左侧为上一步中新增加的资产项目，图的右侧为系统项目。在此可选择新增的资产项目是否在卡片项目中显示。

（3）选择完最终在卡片中显示的项目之后，单击"下一步"，窗口中显示新增加项目设置为数量、金额类型的资产项目，可定义其计算公式，以便输入一些基础数据之后，系统自动计算这些项目。

3. 资产类别定义

固定资产是企业中比较重要的资产，种类繁多、规格不一，要对固定资产进行合理有效的管理，需要对其进行合理分类，为计算和汇总提供依据。企业需要根据自己本单位的

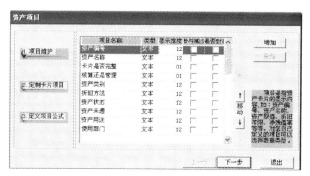

图 3-58　资产项目设置

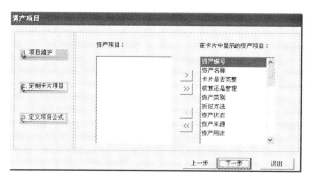

图 3-59　资产项目设置

实际情况，参考国家对资产的分类方法，确定合理的资产分类方法。在固定资产子系统，选择"初始—资产类别"，进入如图 3-60 所示界面。

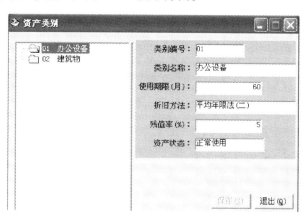

图 3-60　资产类别设置

4. 转账科目定义

发生每一笔固定资产业务，都需要在账务进行记账凭证处理，为了记录固定资产每一类业务，系统提供了对应科目定义的功能。比如，固定资产每月都需计提折旧，把折旧费用归入成本或费用，根据单位实际使用情况，选择按部门归集或者按类别归集。无论按照那种使用情况进行归集，一般情况下，都会归集到一个比较固定的科目，这样，业务与科目就联系起来，建立了固定资产系统与账务系统之间的联系，以便制作记账凭证。选择

"初始—核算科目"进入如图 3-61 所示界面。

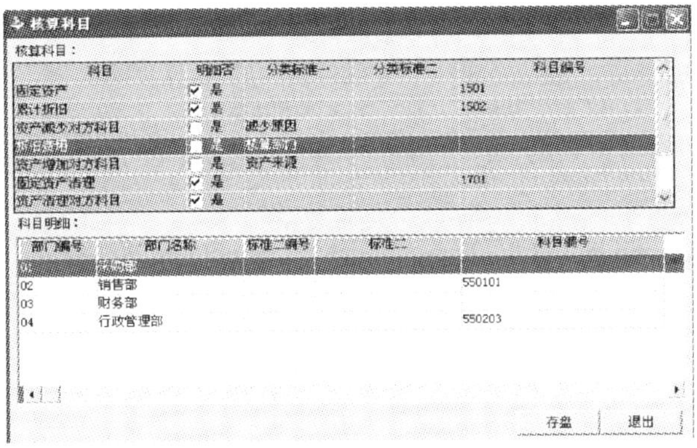

图 3-61 核算科目设置

此界面分为上下两个部分,上部分完成明细科目编码定义,及为非明细科目设置分类标准。项目录入及说明:

(1)科目:系统提供七种与固定资产业务相联系的科目类,这七个科目类基本上概括了固定资产业务的发生情况。

(2)是否为明细科目:如果是最明细科目,直接定义科目编号,不能进行分类标准的定义;如果不是最明细科目,必须定义分类标准。

(3)分类标准:如果当前类核算科目非明细,则要指定设置其明细科目的分类标准,最多可同时设置两种。作为分类项目的系统有四种缺省设置:使用部门、减少原因、资产类别、资产来源。如想知道每部门下面的折旧费用在每类资产下是多少,则可以设置类别标准一为使用部门,类别标准二为资产类别,这样即可核算出每部门下面的每一类资产折旧的数值。

(4)科目编号:对于明细的核算科目,可以直接在这里输入或选择对应的科目编号;对于非明细核算科目,需要在下面的"科目明细"框中指定对应的各个明细科目编号。

注意:系统提供的四种分类项目的定义基本上已经与分类标准有所对应。如,使用部门分类只能在资产折旧费用科目中使用;减少原因分类只能在资产减少对方科目中使用;资产来源分类只能在资产增加对方科目中使用。在定义核算科目的时候,系统对是否选择非明细科目不进行限制,但是在生成转账凭证的时候,如果不对应到最明细科目,则凭证不能生成。

二、固定资产日常业务处理

1. 资产增加

(1)在"资产—资产增加",进入如图 3-62 所示界面。填写相关的资产信息。新增资产只要保存,则不能修改。

资产增加就是在本系统中增加一张资产卡片,完成本月新增资产的录入。区别本月新增资产与初始卡片录入的标准是系统启用时间。在启用之前增加的资产必须在初始时录入;在系统启用时或启用后增加的资产,在资产增加功能中完成。

(2)生成资产增加转账凭证。初始在核算科目功能中已完成资产增加对方科目的定义,对新增的固定资产业务,系统提供了自动生成转账凭证的功能。新增一项固定资产,在列

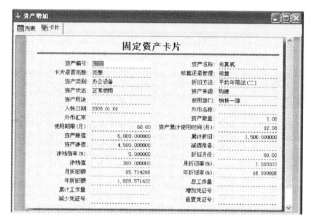

图 3-62　资产增加

表方式下，选择"文件"菜单下的"凭证生成"功能。系统显示如图 3-63 所示。

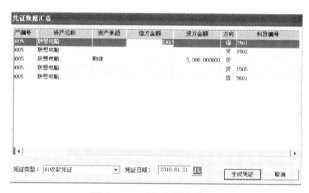

图 3-63　资产增加凭证

单击"生成凭证"按钮，系统显示"凭证生成成功，以及本次生成的凭证在账务中的编号"，单击"确定"即可完成此凭证的生成。在账务中用户可以查询到本次生成的转账凭证。

2. 资产减少

选择"资产—资产减少"，进入如图 3-64 所示界面。如果减少资产的数量大于 1，还要输入减少数量。如果减少数量小于卡片中的数量，系统自动计算出本次减少资产的原值、累计折旧，并且把卡片中没减少的资产数量的折旧额也统一计算出来。

资产清理、变卖：选择"资产"菜单下的"资产减少"下的"资产清理"或"资产变卖"功能，然后选择查询的日期，单击"确定"按钮。

3. 原值重置

选择"资产"菜单下的"原值重置"功能，进入如图 3-65 所示界面。选择需要重置的资产编号，系统则会显示资产的基础信息，其中，重置日期、重置原值、重置折旧可以进行修改。资产名称、资产原值以及累计折旧由系统确定，不能修改。

4. 资产评估

选择"编辑"菜单下的"增加"功能，显示一张空白评估卡片，用鼠标右键单击资产编号栏，系统显示所有在用资产帮助窗口，直接选择需要评估的资产，系统直接显示卡片

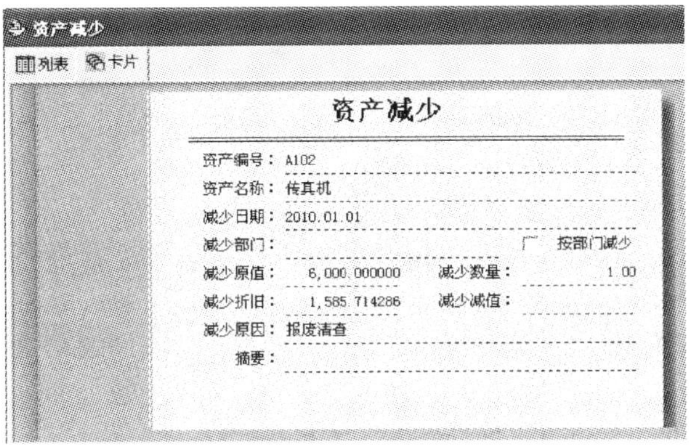

图 3-64 资产减少

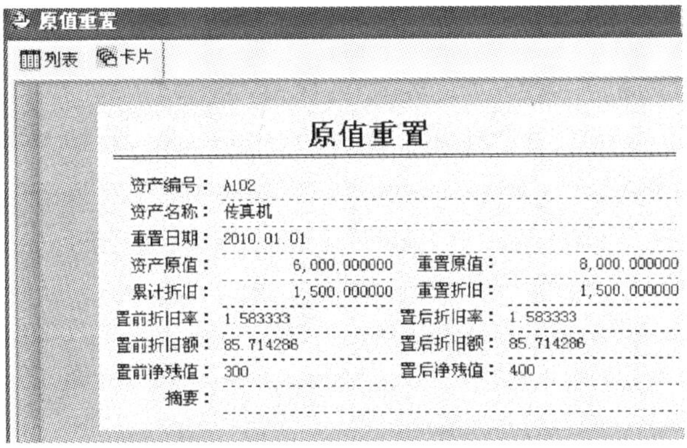

图 3-65 原值重置

其他的信息。

5. 内部调拨

选择"资产"菜单下的"内部调拨"功能，选择"编辑"菜单下的"增加资产"功能，系统显示一张新的卡片，如图 3-66 所示。

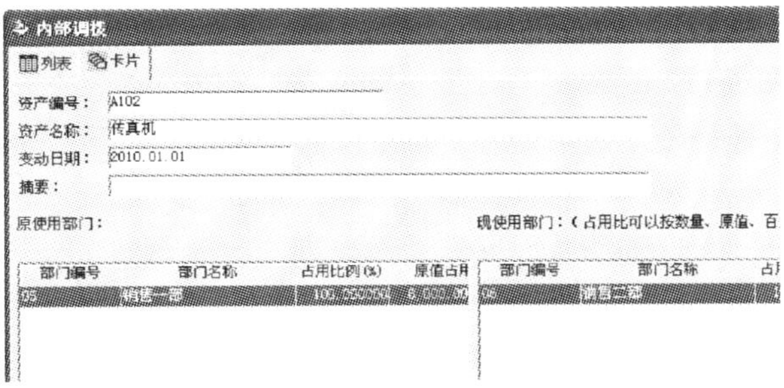

图 3-66 内部调拨

三、固定资产月末处理

1. 折旧处理

折旧处理包括工作量的输入，本月折旧计提，分摊折旧及折旧费用凭证的自动计提。选择"月末—折旧计算"进入如图3-67所示界面。

图3-67 折旧处理

可以直接修改本月折旧，也可以单击"折旧计算"按钮计算本月折旧，最后单击"存盘"即把本月计提的折旧登记到资产明细账累计折旧的贷方。

在此显示折旧计算的资产不包括下列资产：本月增加资产、本月减少资产、报废资产并且在资产状态中设置为不计提折旧的资产，在此进行折旧计算。本月减少的资产因为在减少的时候已经预提折旧，所以在进行折旧计算的时候不显示本月已经减少的资产折旧。

（1）本月折旧可以计提多次，以最后一次计提的折旧作为本月折旧。

（2）如果采用工作量法，计提折旧前需要输入本月发生的工作量，根据系统提供的本月工作量占总工作量的比例计提本月折旧。

（3）对于净值小于净残值的资产应根据初始时的配置进行折旧处理。如果选择了此项，资产的本月折旧额由用户直接输入，系统不加控制。

2. 固定资产月末结转

月末结转就是把本月的数据进行备份存档，并且将财务日期自动置为下一会计期间的日期。选择"月末—月末结转"，进入如图3-68所示界面。

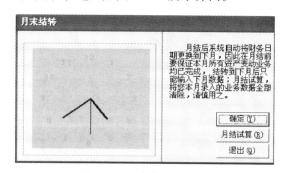

图3-68 账务系统设置

单击"确定"，即可完成本月的结转工作，单击"月结试算"，将进行反月结，数据和会计区间将恢复到上个会计区间的状态，本月所作所有的业务将被删除。

本月月结后，所有数据只能进行查询，不能进行任何修改，所以在结转前一定完成本月所有数据的录入，并且检查正确之后，再进行月结工作。

第四章 管家婆财贸
双全＋V8.8 的应用

第一节 系统的安装与启动

一、系统特点

管家婆财贸双全系列是任我行软件公司根据中小企业成长过程中的实际需要开发的进销存、财务一体化软件。该系列软件以进销存处理为基础，以财务核算为核心，集进销存、财务核算、固定资产、工资核算等管理功能于一体，将企业的业务信息与财务信息高度集成，帮助企业实现物流、资金流、信息流的整合与控制。财贸双全的应用价值：

（1）帮助企业建立起一个规范而高效的业务、账务处理流程，提升企业效率和反应能力。

（2）"业务、财务一体化"使企业的业务和财务有机连接起来，通过经济业务的驱动，将原来离散、静态、滞后的管理变为流畅、动态、面向过程的管理。

（3）业务单据自动生成相应的财务凭证，帮助财务人员实现对业务数据的实时采集，让财务人员从繁重的核算工作解脱出来，实现从"记账财务"到"管理财务"的角色转变。

（4）财务人员与业务人员的共同参与，保证了业务、财务系统的及时性、关联性和一致性，彻底解决企业"数出多门，报表不一"的困惑。

（5）"财务报表—明细账—凭证—单据—业务报表"的查询方式使财务数据与业务数据相互印证，相互监督，从而对业务的控制由原来的"事后检查"向"事中控制"转变，提高了财务监管的效率。

（6）对企业管理者最为关心的往来账、销售、库存等各种数据及时汇总、查询和分析，辅助决策，最大限度地减少决策的随意性。

（7）全面支持 2006 新会计准则。

二、系统的安装

管家婆财贸双全＋V8.8 需要 SQL SERVER 2000 的支持，所以安装系统前必须先安装 SQL SERVER 2000。

管家婆财贸双全＋V8.8 产品的安装包括两个部分：一是服务器端程序的安装，二是客户端的安装。无论是单机版、试用版、网络版、查询版、均需要安装服务器与客户端两个程序。

在局域网使用中，只需要作为服务器的计算机安装服务器程序，作为客户端的计算机则只安装客户端程序。但若是单机使用，则必须在计算机上同时安装服务器与客户端。安装步骤如下：

第一步：管家婆财贸双全＋V8.8安装盘插入光驱后，安装盘将自动启动安装程序，或者手动执行光盘目录下setup.exe文件，首先执行解压缩，然后弹出欢迎界面，进入许可证协议窗口。

第二步：单击"是"，进入选择目的地位置界面，如图4－1所示。系统默认安装路径是在 D：\ GraspServer \ CMSQ 目录下，用户可选择其他的路径进行安装。

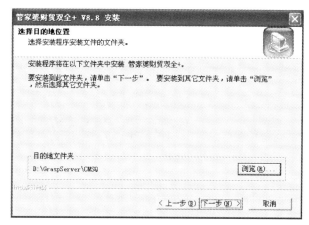

图4－1　管家婆财贸双全＋V8.8安装路径选择

第三步：路径设置完成后，单击"下一步"，系统开始安装软件，直到安装完成。安装完成后，系统会在桌面和开始菜单里创建图标。安装进程中，安装程序会自动安装狗的驱动程序。

三、系统启动

1．服务器端要运行处理的内容

第一，启动服务器上的SQL Server 2000服务器。

第二，启动服务器上的管家婆服务器支持者。

从"开始—程序—管家婆软件—管家婆财贸双全＋"中选择"管家婆财贸版服务器支持者"并运行，也可在管家婆财贸版服务器安装目录下运行"scktsrvr.exe"，运行后在任务栏右下角有图标。

211端口不能被占用或被其他程序封闭。安装杀毒软件或Windows XP系统时，留意其对211端口是否关闭，如果关闭了则一定释放此端口。

第三，运行管家婆财贸双全＋服务器程序。当服务器安装完成后，从"开始—程序—管家婆软件—管家婆财贸双全＋"选择"服务器"并运行，如图4－2所示。

第四，进行管家婆服务器数据库参数设置。在管家婆财贸双全＋服务器界面中，单击"设置"菜单，选择"设置数据库连接参数"，进入"数据库连接参数设置"对话框。如图4－3所示。其中：

用户名：指SQL用户，默认为SA。

密码：指安装SQL的用户名SA对应密码。

图 4 - 2　管家婆服务器属性对话框

服务器名：指 SQL 数据库所在计算机的名称或 IP。

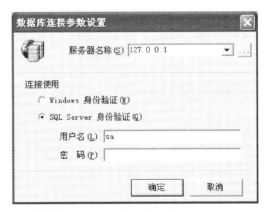

图 4 - 3　管家婆财贸版服务器支持者数据库连接参数设置

SQL2000 安装成功以后，"sa"默认为超级用户名，密码为超级用户的密码，用户可在服务器端 SQL Server 2000 系统中去改变密码。

2. 客户端计算机要处理的内容

启动管家婆客户端程序。从"开始—程序—管家婆软件—管家婆财贸双全＋"选择"单机网络版"并运行，出现"登录向导—选择服务器"界面，如图 4 - 4 所示。

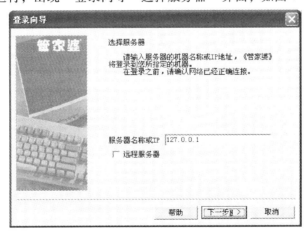

图 4 - 4　客户端登录向导—选择服务器

其中：

服务器名称或 IP：即管家婆服务器程序所在计算机名称或 IP 地址；如果用户是局域网内使用，则服务器名称或 IP 就是局域网中安装财贸版服务器的那个计算机的名称或其内部 IP；如果是单机使用，则服务器名称或 IP 就是本机名称，通常可输入 127.0.0.1。

第二节 基础资料和期初建账

一、创建和删除账套

1. 创建账套

第一次从如图 4-4 所示的"登录向导—选择服务器"进入系统，单击"下一步"，进入"登录向导—选择账套"对话框，如图 4-5 所示，此时，账套选择框是空白的，用户需要自己新增账套。单击"创建"按钮，进入创建账套界面，如图 4-6 所示。

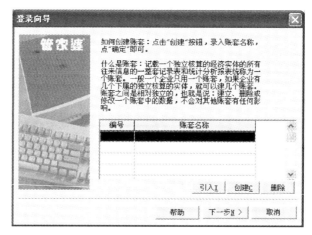

图 4-5 登录向导—选择账套

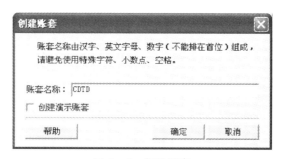

图 4-6 创建账套

账套名称的首位字符不能是数字、账套名中不能包含"."、"#"、"＋"等特殊字符，否则不允许创建。

填完后，单击"确定"按钮后，系统将自动创建一个与账套名称相对应的数据库，用于保存账套数据。

单击"引入"按钮，将已备份的账套数据直接生成账套引入到系统中，而不需创建新的账套，再进行数据恢复。

2. 删除账套

在如图4-5所示的对话框中，用鼠标单击选中要删除的账套，再单击下边的"删除"按钮，就进入删除账套窗口，如图4-7所示。

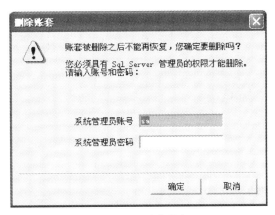

图4-7 删除账套

在系统管理员账号输入"sa"（默认），密码为空，单击"确定"按钮即可。

3. 登录系统

账套建立完成以后，即可通过"登录向导"正常登录系统了。操作基本流程如下：

（1）选择服务器，如图4-4所示。

（2）选择账套，如图4-5所示。

（3）选择登录用户和日期，如图4-8所示。

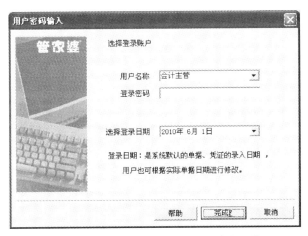

图4-8 登录向导—选择登录用户和日期

系统初始预置了两个用户：系统管理员和会计主管，密码均为空。系统建账时，建议以会计主管进行登录。

登录日期是指操作员进入账套的日期时间。在填制单据或凭证时，系统会取登录时间作为默认的制单日期，用户可根据实际情况进行修改。

（4）账套初始设置—公司信息，如图4-9所示。

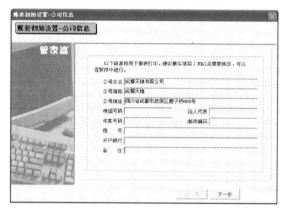

图4-9 账套初始设置—公司信息

（5）账套初始设置—科目级长，如图4-10所示。

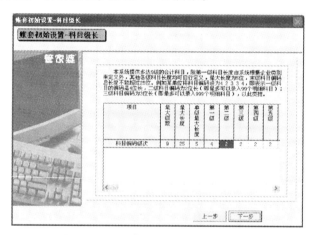

图4-10 账套初始设置—科目级长

（6）账套初始设置—系统设置，如图4-11所示。

系统提供的行业性质有：商品流通企业、工业企业和2006年会计准则三种供选择。

成本计价方法：移动加权平均和个别计价法。

凭证类型预置有：记、收付转、现收现付银收银付和转账三类。

（7）账套初始设置—会计期间设置，如图4-12所示。

在如图4-12的界面中，单击"完成"按钮，即可进入管家婆财贸版的系统初始化界面，进行进销存和账务初始化设置，其中各菜单的主要功能如图4-13所示。

如果用户第二次登录系统，则（4）、（5）、（6）、（7）这四步就被系统忽略了，而直接从（3）登录到系统主界面。

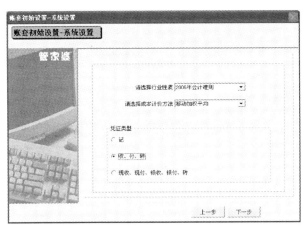

图4-11　账套初始设置—系统设置

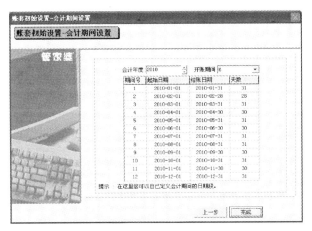

图4-12　账套初始设置—会计期间设置

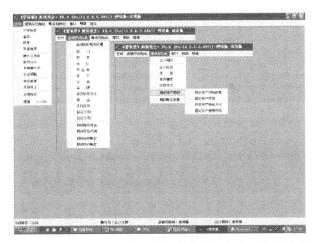

图4-13　管家婆财贸版系统初始化界面各主要菜单功能

二、基础资料

基础资料是指系统使用所需要的最基本的静态数据，包括库存商品、供应商、客户、职员、存货仓库、部门、会计科目、摘要类别等。

1. 基础资料规则设置

用于定义基础资料的录入规则。

在系统初始化主界面，单击菜单"进销存初始化—基础资料规则设置"（启用账套前），或"基础资料—基础资料规则设置"（启用账套后），打开"规则设置"对话框，如图4-14所示，用户在此可以进行会计科目、往来单位、公司职员、仓库、部门、地区、库存商品、结算方式、项目信息和品牌信息进行规则设置，设置完毕，单击"保存"按钮。

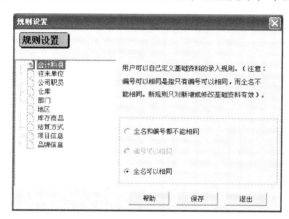

图4-14　基础资料规则设置

其中：

（1）全名和编号都不能相同：指基础资料的全名和编号必须唯一。

（2）编号可以相同：指基础资料的编号可以相同，但全名不能相同。

（3）全名可以相同：指基础资料的全名可以相同，但编号不能相同。

如果对规则设置进行了修改，新规则只对新增和修改基础资料有效，对新规则设定之前录入的基础资料不起作用；往来单位包括供应商和客户；会计科目："编号可以相同"默认为不可用。

2. 基础资料的常用操作

在对基础资料进行设置时，常用的操作包括：新增、修改、删除等操作。由于基础资料操作界面大致相同，下面以商品为例进行说明。

单击菜单"进销存初始化—商品"（启用账套前），或"基础资料—商品"（启用账套后），打开商品对话框，如图4-15所示，即可对商品进行新增、修改、删除等操作。

图4-15　进销存初始化—商品

其中：

（1）新增：增加同一级商品。

（2）修改：修改已有的商品信息。

（3）删除：删除已有的商品。已做分类的基础资料不能删除；已被使用的基础资料不能删除；删除必须从最末级基础资料开始。

（4）增加下级：对商品进行分类，增加下一级。

（5）条码打印设置：对输出条码的输出样式进行设定。

（6）条码打印：打印条码。

（7）列表：包括全部列表和部分列表。"全部列表"：显示所有商品。"部分列表"：显示一类商品。

（8）上一级：进入某一级基础资料时，返回上一级可单击此按钮。

（9）筛选：对基础资料进行过滤查询，按查询条件显示结果。

（10）定位：在基本信息列表中查找某个指定商品。

（11）列配置：对基础资料的列进行调整，哪些列显示出来，哪些不显示出来。固定：必须显示的列；显示：用户可以选择是否显示出来的列。有"√"表示显示，没有"√"表示不显示，单击"显示切换"即可选择显示还是不显示。

3. 部门

部门信息分类最多可分 5 级。

菜单操作：进销存初始化—部门（启用账套前）；基础资料—部门（启用账套后）。部门信息操作界面如图 4-16 所示，单击"新增"按钮，打开如图 4-17 所示的界面。

图 4-16　进销存初始化—部门

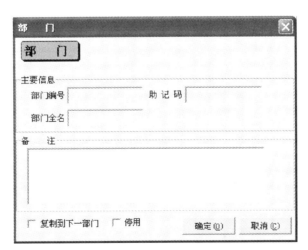

图 4-17　进销存初始化—部门—新增

部门编号：录入必须符合基础资料规则设置要求。

部门全名：录入必须符合基础资料规则设置要求。此栏为必输项。

助记码：根据部门全名自动生成，是全名的拼音缩写。

复制到下一部门：在添加下一部门时，自动带入该部门的信息。

停用：暂时不用的部门，在"停用"前的方框中打上"√"即可。停用的部门在基础资料查询、基础资料列表中可以显示出来，在录单时不显示出来。

4. 职员信息

录入企业的员工信息，职员最多可分5级。

菜单操作：进销存初始化—职员（启用账套前）；基础资料—职员（启用账套后）出现如图4-18所示画面，单击命令按钮"新增"后，系统弹出职员信息录入对话框，如图4-19所示。

图4-18　进销存初始化—职员

职员编号：录入必须符合基础资料规则设置要求。

职员全名：录入必须符合基础资料规则设置要求。此栏为必输项。

所在部门：选择该职员所属的部门。

复制到下一职员：在添加下一职员时，自动带入该职员的信息。

离职：离职的职员在基础资料查询、基础资料列表中可以显示出来，在录单时不显示出来。

图4-19　进销存初始化—职员—新增

5. 供应商

供应商资料分类最多可分五级。

菜单操作：进销存初始化—供应商（启用账套前），基础资料—供应商（启用账套后），出现如图4-20所示画面。单击命令按钮"增加同级"后，系统弹出供应商录入对话框，如图4-21所示。

图 4 - 20　进销存初始化—供应商

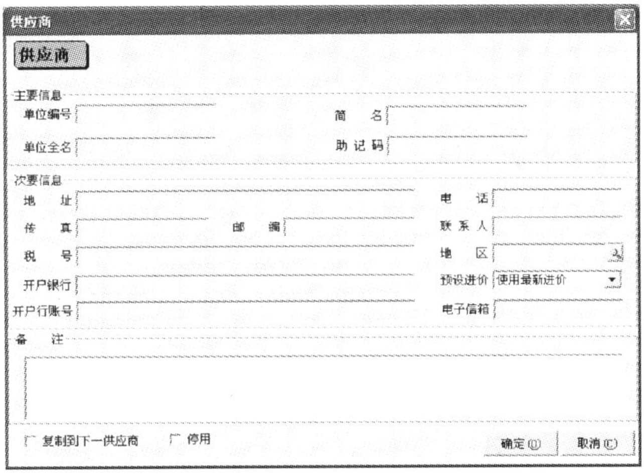

图 4 - 21　进销存初始化—供应商—增加同级

单位编号：录入必须符合基础资料规则设置要求。

单位全名：录入必须符合基础资料规则设置要求。此栏为必输项。

地区：单击放大镜按钮，在"地区"基础资料列表中选择供应商所在的地区。

预设进价：可以预先设置进价。

（1）使用最新进价：进货时，进货单上自动显示某商品最近一次进价。

（2）使用本供应商上次进价：进货时，进货单上自动显示某商品在该供应商那里最近一次进价。

（3）不使用预设进价。

6. 客户

客户资料分类最多可分五级。

菜单操作：进销存初始化—客户（启用账套前），基础资料—客户（启用账套后），出现如图 4 - 22 所示画面。单击命令按钮"增加同级"后，系统弹出客户录入对话框，如图 4 - 23 所示。

图 4 - 22　进销存初始化—客户

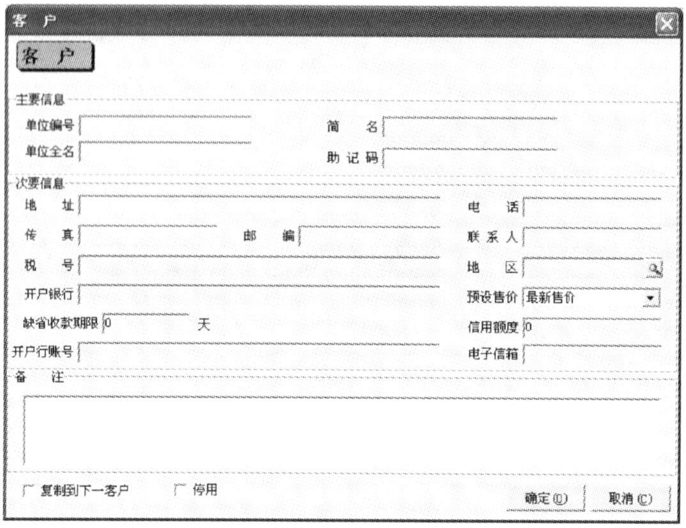

图 4 - 23 进销存初始化—客户—增加同级

单位编号：录入必须符合基础资料规则设置要求。

单位全名：录入必须符合基础资料规则设置要求。此栏为必输项。

地区：选择该客户所在的地区，便于日后对地区销售情况进行统计。

预设售价：用户可为客户选择预设的售价，即设置默认售价。

缺省收款期限：设定客户的收款期限，在录销售单时，收款日期自动根据收款期限进行计算。

信用额度：客户的应收账款限额。超过限额时，可选择设置是否允许过账。

7. 仓库

仓库不一定指实际的仓库，也可为分公司、门店等非独立核算的附属单位。仓库信息分类最多可分五级。

菜单操作：进销存初始化—仓库（启用账套前），基础资料—仓库（启用账套后）。

8. 存货核算方法

用户可以自定义业务单据自动生成的会计凭证中存货对应科目、收入对应科目及支出对应科目，增强了业务与财务关联的灵活性。在新增商品时要求为商品选择属于哪种核算方法。

菜单操作：进销存初始化—存货核算方法（启用账套前），基础资料—存货核算方法（启用账套后），出现如图 4 - 24 所示画面。单击命令按钮"新增"后，系统弹出存货核算方法录入对话框，如图 4 - 25 所示。

图 4 - 24 进销存初始化—存货核算方法

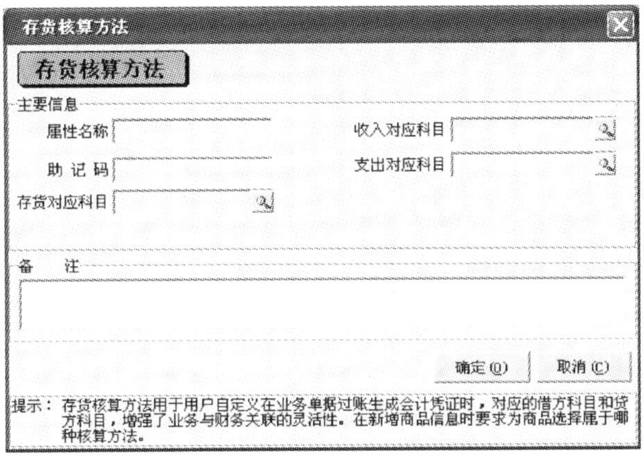

图 4 - 25　进销存初始化—存货核算方法—新增

属性名称：录入必须符合基础资料规则设置要求。

存货对应科目：单据过账生成会计凭证时货品金额对应的科目，通常是资产类科目。如材料对应会计科目"原材料"。

收入对应科目：销售单、销售退货单过账生成会计凭证时，收入金额对应的科目，通常是收入类科目。如收入对应"主营业务收入"。

支出对应科目：销售单、销售退货单过账生成会计凭证时，成本金额对应的科目，通常是支出类科目。如支出对应"主营业务成本"。

9. 商品

商品信息设置，完成对商品档案的设立和管理。主要内容包括：商品的核算方法、商品的品牌属性、商品是否有两个计量单位、商品的价格信息、商品的安全库存天数。

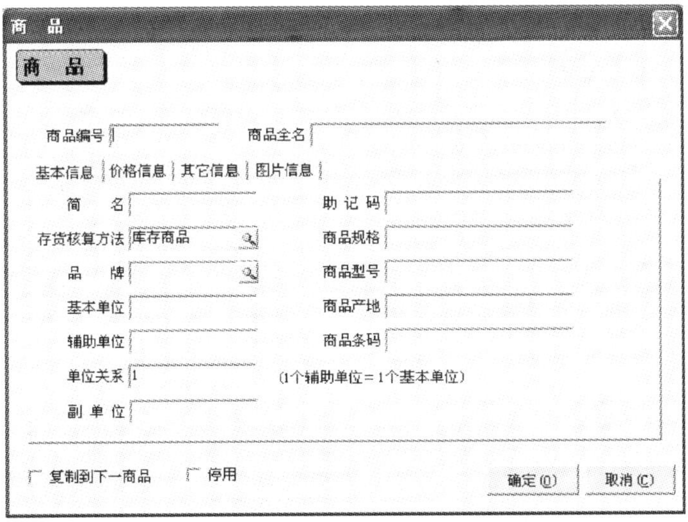

图 4 - 26　进销存初始化—商品—新增—基本信息

菜单操作：进销存初始化—商品（启用账套前），基础资料—商品（启用账套后），出现如图 4 - 15 所示画面。单击命令按钮"新增"后，系统弹出商品录入对话框，如图 4 - 26 所示。

（1）基本信息。

存货核算方法：单击放大镜按钮，在存货核算方法列表中选取。

品牌：单击放大镜按钮，在品牌列表中选取。

基本单位：录入商品的常用的固定计量单位。

辅助单位：录入商品可能使用的计量单位。

单位关系：（辅助单位/基本单位）的数值。

副单位：与基本无固定单换算关系，副单位数量可以在相关单据中自由填列。

（2）价格信息，如图 4 - 27 所示。批发价作为含税价：录入销售单、销售退货单时，系统直接把预设的批发价显示在"含税单价"栏处。

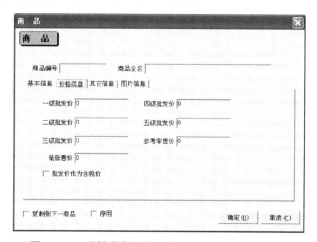

图 4 - 27 进销存初始化—商品—新增—价格信息

（3）其他信息，如图 4 - 28 所示。

缺省供应商：可以预设商品缺省的供应商，用于"进货建议表"生成草稿时，同一供应商的商品可生成一张单据。

安全库存天数：库存中需要保证该商品可维持正常销售的天数。可以参考进货建议表。

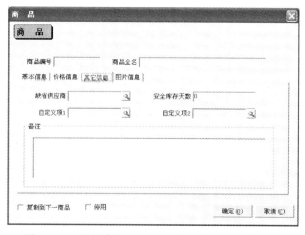

图 4 - 28 进销存初始化—商品—新增—其他信息

10. 会计期间

菜单操作：账务初始化—会计期间，出现如图 4 - 29 所示画面。

图 4 - 29　账务初始化—会计期间

（1）设置会计年度：单击向上、向下箭头，选择会计年度。

（2）设置开账期间：单击向下的箭头，选择开账期间。选择开账期间后，开账期间前的会计期间显示为灰色。

（3）选择会计期间的结账日期：双击"结账日期"栏，修改日期即可。

（4）单击"确定"按钮，保存设定的会计期间。

开账后会计期间不能修改。设置会计期间时，如果起始日期设为 1 号，则自动将结束日期设置为每月月底；如果结账日期为月中，则开账期间之后的所有的结账日期都为这个月中的日期。

11. 会计科目

会计科目信息的管理，包括新增同级、修改、删除、新增下级、查找与指定等。

菜单操作：账务初始化—会计科目（启用账套前）；基础资料—会计科目（启用账套后），出现如图 4 - 30 所示画面。

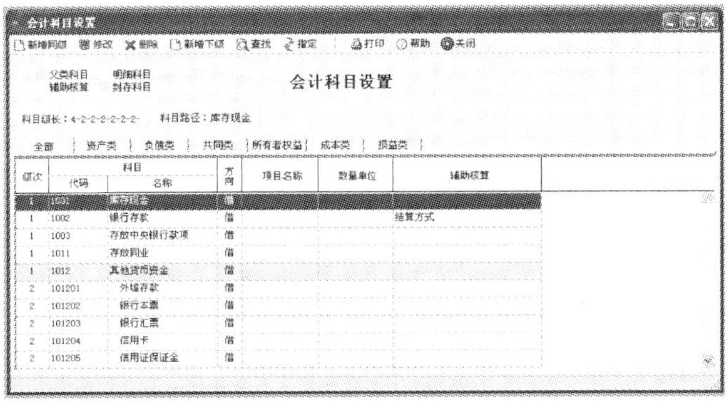

图 4 - 30　账务初始化—会计科目

（1）新增会计科目。在图4－30中单击"新增同级"或"新增下级"按钮，在弹出如图4－31所示的对话框中录入相关信息。科目编号会根据当前级的最大编号自动加1。

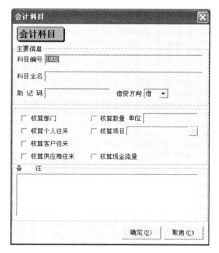

图4－31　账务初始化—会计科目—新增

设置完毕，单击"确定"按钮。如果设置了辅助核算，在科目列表中，科目所在的行以黄色显示，"辅助核算"一栏显示对应的核算内容。

系统根据会计科目的科目编号自动分类。会计科目辅助核算如果被使用过或者期初有数据，就不能再修改该科目的辅助核算选项。

（2）修改会计科目。在图4－30中选中要修改的会计科目，单击"修改"按钮；或直接双击，在弹出的会计科目对话框中，单击"修改"按钮，可以进行修改操作。

（3）删除会计科目。在图4－30中选中需删除的会计科目，单击"删除"按钮，弹出提示信息；单击"确定"即可。符合删除条件的会计科目为非系统会计科目和未被引用的会计科目。在系统提供的各类辅助账中，不能同时设置客户往来与供应商往来。

（4）指定会计科目。在图4－30中单击"指定"按钮，弹出"指定科目设置"对话框，如图4－32所示，分别指定现金科目和银行存款科目，以备出纳管理。单击"保存"即可。

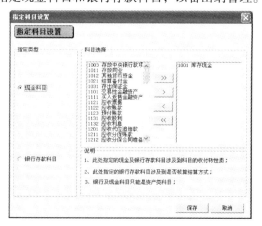

图4－32　账务初始化—会计科目—指定科目

15. 项目

项目主要应用于财务处理中项目辅助核算。例如，要核算一个开发项目的开发费用、一个工程项目的成本等，都可以应用项目管理来实现。

菜单操作：账务初始化—项目（启用账套前），基础资料—项目（启用账套后），在项目对话框中，如图4-33 所示可进行项目的新增、修改、删除、增加下级等操作。

图4-33　账务初始化—项目

三、设置操作员及权限

在"进销存初始化—职员"中，设置好相关的职员以后，就可以根据不同的职员设置其不同的操作权限。

为了保证企业财务数据的安全，操作员可在口令权限里设置进入账套的口令，超级用户（系统管理员）可授予操作员不同的操作权限，有效避免操作员越权操作、篡改单据，减少管理员人为操作失误。

1. 进入操作员授权

在管家婆财贸双全＋V8.8 系统初始化界面中，单击主菜单"文件—操作员授权"，进入"操作员授权"界面，如图4-34 所示。

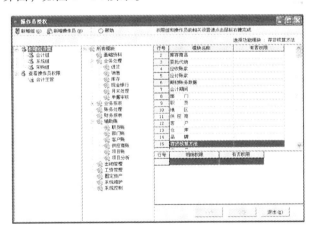

图4-34　操作员授权

2. 设置权限组

管家婆财贸双全＋V8.8 采用权限组的管理方式，即预先设定好一组权限，给操作员授权时直接选用某个权限组即可。

（1）新增权限组。在如图4-34 所示的界面中单击"新增组"按钮，输入权限组名后，单击"确定"即可。

（2）对权限组授权。权限设置分为功能模块权限和明细权限两部分。功能模块权限主要是针对系统功能菜单来设置的，而明细权限主要是针对各功能模块界面上的功能按钮来设置的。比如进货单单据界面上有打印、删除、保存、红冲等按钮，如果不选中"打印"这个权限，操作员就不能对进货单进行打印。

在如图4-34所示的界面中，选择权限组，在"模块列表"中选择具体功能模块，在对应的功能后面打上"√"即可设置具体权限。

也可单击"全选"按钮，可选中所有功能。或单击"全清"按钮，清除已选的功能。选中某功能后，可在明细权限中设置对该功能的明细权限，系统默认选中所有明细权限，用户可根据实际情况调整。权限设置完毕后，单击"退出"按钮。

"会计组"和"系统组"是系统默认设置的，不能修改和删除；"会计组"自动拥有所有的权限，"会计主管"自动对应"会计组"；"系统组"拥有"基础资料—职员"、"备份"、"恢复"的权限。

若要对权限组进行修改、删除、复制操作，需选中权限组，单击鼠标右键完成。

3. 操作员授权

（1）添加操作员。将内部职员设置为操作员。在如图4-34所示的界面中，单击"新增操作员"按钮，打开内部职员对话框，如图4-35所示，选择要添加的内部职员，单击"选中"按钮，就可把内部职员添加到操作员列表中。

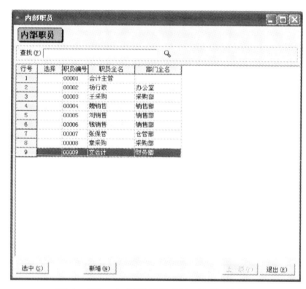

图4-35　内部职员选择与新增对话框

只有被设置为操作员的内部职员才能登录并使用本系统。

会计主管是系统预先设置的操作员，拥有所有功能的操作权限，自动对应到"会计组"。

（2）操作员授权。在如图4-34所示的界面中，选中具体的操作员，单击鼠标右键，选择"设置权限组"按钮，打开如图4-36所示的用户权限设置对话框，单击权限组列表复选框，即可选中该操作员所具有的权限组的权限，单击"确定"为操作员分配权限，单击"取消"则放弃当前的操作。

（3）在操作员列表中选中操作员鼠标右键的功能。

删除操作员：删除该操作员。

图4-36　用户权限设置

设置权限组：为该操作员设置权限。

清空密码：清空该操作员的密码。

设置为会计主管：将操作员设置为会计主管，只能设置唯一一个会计主管。

4. 修改口令

用于操作员修改自己的登录口令。

菜单操作：文件—修改口令，弹出修改口令对话框，输入原密码、新密码、确认密码，单击"确定"按钮，口令修改成功。

系统管理员、会计主管及新增的操作员，初始密码均为空。

5. 更换操作员

菜单操作：文件—更换操作员，弹出更换操作员对话框，选择用户名称，输入用户密码，单击"确定"即可。

四、账套及相关处理

1. 账套选项

用于修改用户的"公司信息"，进行"进销存配置"、"财务配置"、"其他"和"自由项配置"。

菜单操作：文件—账套选项。

（1）公司信息。可以修改公司全名、公司简称、法定代表人、电话号码等信息。修改完毕后，单击"保存信息"按钮即可，如图4-37所示。

（2）进销存配置。使用某项配置时，在配置后面的"同意"栏，双击鼠标左键，打上"√"即可，如图4-38所示。

①单据、凭证在打印前自动保存：录入单据或凭证，如果没有保存而直接点"打印"，系统则自动将单据或凭证保存后才打印。

②系统允许负库存：单据过账时，判断是否有负库存，它允许库存不足时继续过账。

③选择往来单位时显示应收应付余额：录单时，在往来单位的选择列表中显示应收应付余额。

④超过客户信用额度不允许过账：软件对"客户"可以设置信用额度，在客户的应收账款超过信用额度时，系统不允许销售单过账。

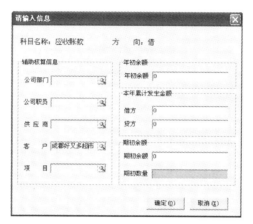

图 4-37 账套选项—公司信息

图 4-38 账套选项—进销存配置

⑤系统使用双单位：在录入商品基础资料时，有基本单位、辅助单位及单位关系三项内容，主要是针对商品两个单位的管理而设计。例如饮料销售商，进货时按件或箱进货，销售时按听、件或箱销售，这时就需要管理两个单位。

⑥系统要使用销售抹零功能：选中此项后，销售单的右下角会出现"抹零金额"，输入抹零的金额，系统会自动计算出实收金额。输入抹零类型，单据过账后，抹零金额将记到对应科目中。

⑦单据允许零成本出入库：包括进货单、估价入库单、销售单、进货退货单、销售退货单、其他入库单、其他出库单、调拨单、组装拆分单、报损单、报溢单、委托发货单、委托退货单。

⑧单据、报表中显示数量合计：选中此项，进销存相关业务报表以及业务单据中会显示数量合计，否则不显示。

（3）财务配置。如图 4-39 所示。

①自动接收进销存模块产生的凭证：默认选中该选项，在账务处理中可直接进行查询。否则需要通过"账务处理—凭证引入"功能来完成。选中该项时，月末处理必须先进行进销存期末结账，才能进行账务处理的结账。否则，账务处理的期末结账不受进销存期末结账的限制。

②进销存模块生成的凭证不能修改：默认选中该选项，选中时，进销存生成的凭证上的科目、金额不能修改。其他信息如摘要、附件张数、辅助核算等可以修改。

③凭证录入中不能使用存货类科目：默认选中该选项，即存货科目不能录入，进销存

图 4-39　账套选项—财务配置

生成的凭证中存货科目也不能修改。

④允许修改其他人制作的凭证：否则只能修改制单人自己制作的凭证。

⑤自动接收固定资产模块产生的凭证：默认为选中，在账务处理中可直接进行查询。否则需要在"账务处理—凭证录入"中通过"文件—引入凭证"功能来完成。

⑥只有审核后的凭证才能打印：选中该项后，未经审核的凭证不能打印。

⑦制单与审核不能是同一人：对同一张凭证，制单与审核必须由不同的操作员来完成。

⑧收付款凭证必须出纳签字后才能审核：否则不允许审核。

⑨启用立即打印：选中该项后，单击打印时，系统不会弹出打印管理器，而直接打印相关内容。

⑩自动接收工资模块产生的凭证：默认为选中，工资模块生成的凭证可在账务处理中直接进行查询。否则需要在"账务处理—凭证录入"中通过"文件—引入凭证"功能来完成。

⑪使用外币功能：选择该配置后，系统才允许使用外币功能。

（4）其他。主要是对科目编码长度、凭证类型、增值税税率、进货差价报警比例、发出存货的计价方法等进行设置，如图 4-40 所示。

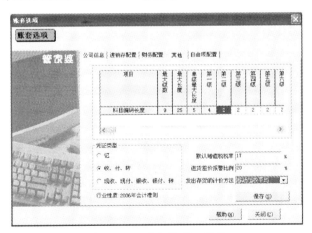

图 4-40　账套选项—其他

修改完毕后，单击"保存"按钮，修改的内容才能生效。

凭证类型、发出存货的计价方法，启用账套后不能修改。

（5）自由项配置。主要用于配置单据表体自由项小数保留位数以及是否在单据中显示各自由项合计。小数位数最多只能保留 8 位。

2. 账套的备份与恢复

（1）自动备份与恢复。

①自动备份。菜单操作：文件—备份，打开数据备份对话框，如图 4-41 所示。

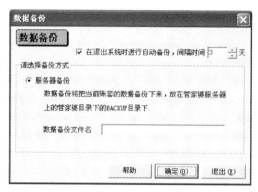

图 4-41　数据备份

在退出系统时进行自动备份，间隔时间天数：用户可自定义自动备份的天数，备份文件存放在财贸双全+安装目录下的 BACKUP 文件夹中，文件名是"数据库名+系统登录日期@系统退出的时间"，例如："CDTD2010-06-03@09-10-22-44"。

系统一天只能自动备份一次，且只在第一次退出系统时进行。

服务器备份：是指将当前账套的数据备份下来，存放在服务端财贸双全安装目录下的 BACKUP 文件夹中。操作时在"数据备份文件名"中输入备份文件的文件名，单击"确定"按钮。备份成功后，系统将在服务端财贸双全+安装目录下的 BACKUP 下生成一备份文件。用户可以对此文件进行压缩、拷贝或恢复。

②自动恢复。菜单操作：文件—恢复，打开数据恢复对话框，如图 4-42 所示。

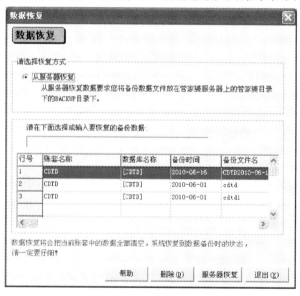

图 4-42　数据恢复

从服务器恢复数据要求将需要恢复的备份数据文件拷贝在财贸双全＋安装目录下的 BACKUP 文件夹下。如果在恢复数据窗口没有发现拷贝到指定目录下的账套，可以直接在文本输入框中输入备份的文件名。单击"服务器恢复"，则可恢复到备份数据。

恢复数据后将会把当前使用中的账套的数据全部清空。系统数据将回到备份时的数据状态。因此在恢复数据时要慎重，并且首先备份当前数据。

（2）手动备份与恢复。手动在 SQL SERVER 数据库中进行管家婆财贸双全＋账套的备份与恢复。

五、期初建账

录入基础资料后，就可以录入期初库存商品、期初委托代销、期初应收账款、期初应付账款、固定资产期初、期初账务数据等，完成期初建账工作，为启用账套打下基础。

1. 期初库存商品

用于开账期初，商品库存数量、成本均价等信息的录入。需要按仓库分别录入。

菜单操作：进销存初始化—期初库存商品（启用账套前）；基础资料—查看期初数据—库存商品（启用账套后），进入"期初建账—库存商品"对话框，如图 4-43 所示。

（1）发出存货的计价方法采用移动加权平均。在图 4-43 所示的对话框中选中某一项商品，单击"修改"按钮或双击鼠标左键，打开"修改期初"对话框，如图 4-44 所示，输入商品的库存数量、成本单价，系统自动计算出成本金额，单击"确定"按钮，系统提示"数据保存成功！"，再单击"确定"按钮保存退出。

图 4-43　期初建账—库存商品

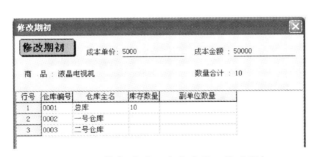

图 4-44　期初建账—库存商品—修改期初

（2）发出存货的计价方法采用个别计价法。在图 4-43 所示的对话框中选中某一项商品，单击"修改"按钮或双击鼠标左键，打开"商品批次详情"对话框，如图 4-45 所示，在此可对需要进行批次管理的商品期初数据进行新增、修改和删除操作。

在图 4-45 所示的对话框中，单击"新增"按钮，新增一个批次，则弹出期初批次录入窗口，如图 4-46 所示，依次输入批号、到期日期、数量、单价，系统自动计算出金额，单击"确定"按钮，保存退出。

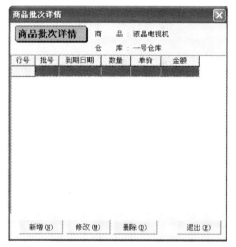

图 4-45　库存批次表

图 4-46　新增商品批次

2. 期初委托代销

用于开账期初，委托代销商品的相关数据信息的录入。需要按客户分别录入委托商品的数量、结算单价、结算金额、成本单价及成本金额。

菜单操作：进销存初始化—期初委托代销（启用账套前）；基础资料—查看期初数据—委托代销（启用账套后），进入"期初建账—委托代销"对话框，如图 4-47 所示，选择一家客户，在商品列表框中，选中一种商品，单击"修改"按钮，在弹出的窗口中输入商品的期初数量、结算单价和成本单价等，如图 4-48 所示，输入完毕，单击"确定"按钮，保存退出。

3. 期初应收账款

用于录入期初各客户的应收账款信息。

菜单操作：进销存初始化—期初应收账款（启用账套前）；基础资料—查看期初数据—应收账款（启用账套后），进入"期初应收账款"对话框，如图 4-49 所示，在客户列表框中选中一家客户，单击"修改"按钮，打开"期初应收账款"对话框，如图 4-50 所示，输入期初应收账款的数值，单击"确定"按钮，保存退出。继续录入其他客户的期初应收

图 4 - 47　期初建账—委托代销

图4 - 48　期初建账—委托代销—期初数据录入

账款。

图 4 - 49　期初应收账款

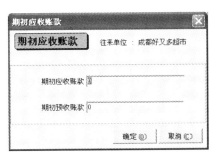

图 4 - 50　期初应收账款输入界面

4. 期初应付账款

用于录入期初各供应商的应付账款信息。

菜单操作：进销存初始化—期初应付账款（启用账套前）；基础资料—查看期初数据—应付账款（启用账套后）。与期应收账款相似。

5. 固定资产期初

系统已预置了常用的固定资产类别、固定资产增减方式、固定资产使用状况，在对固定资产模块初始设置前，应查看上述基础资料是否满足需要，如不满足需要，用户可对其进行添加、删除和修改。其中，对固定资产增减方式的操作，除管理固定资产增减方式外，还涉及固定资产增加方式对应科目的管理。

菜单操作：账务初始化—固定资产期初—固定资产初始数据（启用账套前）；固定资产—基础数据—固定资产初始数据（启用账套后），进入固定资产期初录入对话框，如图4-51所示，在此可进行固定资产期初数据的添加、修改、删除等操作。

单击"添加"按钮，弹出固定资产卡片标签页，如图4-52所示。录入信息，其中附属设备标签页为可选项，设置完毕，单击"确定"按钮保存并退回到固定资产期初录入界面。

对应折旧科目栏是选择固定资产计提折旧时，生成会计凭证的借方科目。

图4-51　固定资产期初录入

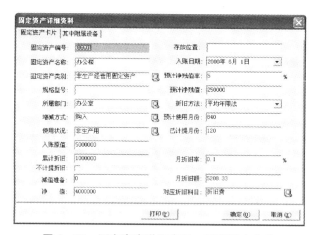

图4-52　固定资产详细资料—固定资产卡片

6. 期初账务数据

菜单操作：账务初始化—期初账务数据（启用账套前）；基础资料—查看期初数据—期初账务数据（启用账套后）。进入期初账务数据对话框，如图4-53所示。

（1）一般科目期初数据输入。

在列表中选中最末级会计科目，单击"修改数据"按钮，打开信息输入对话框，如图4-54所示，依次输入年初余额、本年累计发生额（如果是年中建账）、期初余额，录入完成后，单击"确定"按钮，本年借方累计发生额、本年贷方累计发生额、期初余额自动反映到账务初始数据录入列表中，系统根据上述数据自动计算年初余额，也反映在该列表中。

图 4－53 账务初始化—期初账务数据

图 4－54 账务初始数据录入—库存现金—请输入信息

（2）有辅助核算科目期初余额输入。若有部门、个人往来、客户往来、供应商往来、数量、项目等辅助核算，则在如图 4－53 所示的界面中，选中有辅助核算的科目，单击"修改数据"按钮，打开信息输入对话框，如图 4－55 所示，在此可以进行辅助账明细数据的添加、修改和删除。

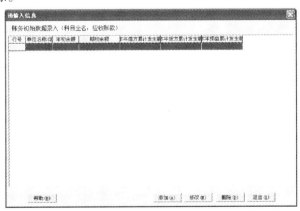

图 4－55 账务初始数据录入—请输入信息—应收账款

在如图 4 - 55 所示中，单击"添加"按钮，打开请输入信息对话框，如图 4 - 56 所示，选择辅助核算信息，并输入相应的余额及发生额后，单击"确定"按钮，系统自动保存数据退出。

图 4 - 56　账务初始数据录入—请输入信息—应收账款—辅助账

（3）引入期初库存数据、应收应付数据和固定资产数据。如需要将固定资产、应收应付账款、库存商品、委托商品的业务数据与账务数据保持一致，可在如图 4 - 53 所示的界面中，通过单击"引入期初库存数据"、"引入应收应付数据"、"引入固定资产数据"按钮提取相应栏的期初业务数据成为期初账务数据。

（4）试算平衡。期初账务数据录入完毕后，单击"试算平衡"按钮进行试算平衡，试算结果如图 4 - 57 所示。

图 4 - 57　期初账务数据—期初试算平衡表

7. 启用账套

启用账套表示软件初始设置完成，日常业务的开始。一旦启用账套后，期初数据不能修改。启用账套时，系统将检查试算平衡、业务数据与账务数据是否相等、确认建账期间。

菜单操作：文件—启用账套，打开如图 4 - 58 所示的开账对话框，单击"开账"按钮打开确认会计期间设置对话框。单击"确定"按钮，如果开账成功，则系统提示"系统期建账已经结束，可以开始过账了！"。进入系统主界面，如图4－59所示，开始日常业务的处理。

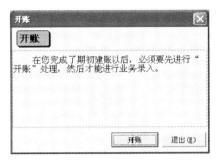

图4－58　启用账套—开账

图4－59　管家婆财贸双全＋V8.8系统主界面

8. 系统重建

系统重建的作用是使管家婆财贸双全＋V8.8回复到启用账套之前的期初状态。它将所有单据和明细账清除，保留了基础资料和期初数据。通过系统重建，用户可以回到期初，对基础资料、期初数据、会计期间等重新设置。

如果用户只希望通过系统重建修改期初数据，而不希望清除单据，则可按以下步骤进行操作：

（1）系统重建先备份数据。

（2）进入"业务报表—流水账—时间段流水账"。选中所有单据，单击"复制"按钮，将所有单据复制下来，保存到草稿库中。（在第（4）步操作中，不选择"清除草稿库"。注意：估价入库单、进货费用单不能复制为草稿。）

（3）进入"文件—系统重建"，如图4－60所示，仔细确认"重建信息"的相关提示，按要求操作。

（4）选择重建选项，如图4－61所示，包括是否清除库存商品和会计科目的期初值、是否清除草稿（不选中此项）、是否保留出纳管理，是否保留订单等。（如果选择清除，则系统不保留相关的数据）选择完毕，单击"确定"按钮。

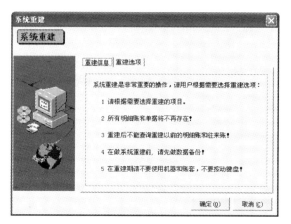

图 4 - 60 系统重建—重建信息

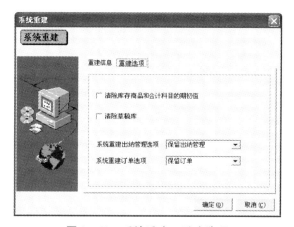

图 4 - 61 系统重建—重建选项

（5）系统重建成功后，可以对一些信息进行调整：如基础资料、期初数据、成本计价方法、会计期间等。

（6）启用账套。

（7）在"业务报表—草稿查询"中，将草稿过账，这样，系统重建前的单据就恢复到系统中了。如有必要，可以先将草稿进行一些修改，再过账。过账时，可以选择多张单据批量过账。

第三节　财务管理

一、账务处理

账务处理的主要功能是进行凭证录入、审核、记账、期末结转和结账等。管家婆财贸双全＋V8.8 的账务处理主界面如图 4 - 62 所示，显示了账务处理流程。

1. 凭证录入

凭证录入就是编制记账凭证，会计通过审核无误的原始凭证编制记账凭证。

图 4 - 62　管家婆财贸双全＋V8.8 账务处理主界面

（1）基本操作。菜单操作：账务处理—凭证录入，进入如图 4 - 63 所示界面。

在凭证制作中，首先要选择凭证的类型，凭证类型分为三类，用户在账套初始设置中根据企业实际情况设置后就不能修改。用户在"凭证类型"下拉列表框处鼠标单击，就可以实现凭证类型的转换。

在记账凭证界面中，录入摘要、最明细会计科目和借贷方金额，当编制记账凭证的会计科目涉及辅助核算时，就还要对相关的辅助核算内容进行填写。

（2）功能菜单。

①文件：可以实施对凭证的打印、导出，以及退出凭证录入菜单。

②制单：可以对凭证进行保存、放弃、新增、红冲凭证、插入分录、删除分录以及进行现金流量分配。

③审核：可以对凭证进行审核、反审核以及审核标错的操作。

④查看：可以查看凭证、查看当前余额、明细账以及单位、职员详情等。

⑤工具：可以调出计算器及会计期间。

（3）工具栏。

①打印：实施对该凭证的打印。

②调阅单据：在凭证录入界面，如果该张凭证是由业务系统产生的，"调阅单据"按钮会处于可使用状态。可以单击该按钮，调阅出相应的业务单据，或业务单据列表。

③签字：实现出纳签字。

④消审：意即反审核，对已经记账或还未审核的凭证不能实施该操作。

⑤标错：对有错的凭证在其凭证左上角用红字进行标错；标错后，可以对凭证进行整理。

⑥新增：增加一张凭证。

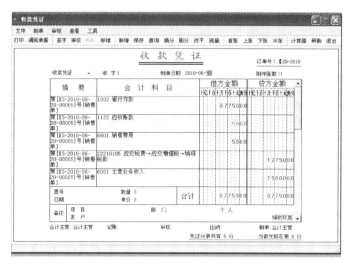

图 4-63　凭证录入

⑦保存：保存凭证。

⑧查询：单击该键，出现凭证查询界面，用户可设置条件进行查询。

⑨插分：在当前行上方插入一行凭证内容。

⑩删分：删除当前凭证行。

⑪找平：改变光标处数据，使凭证借贷方自动找平。

⑫流量：现金流量分配。对日常处理的凭证进行现金流量分配，用于制作现金流量表，平时对现金流量表的分配避免了月底时现金流量工作量大，数据不准确的情况。

⑬首张：调出第一张会计凭证。

⑭上张：调出上一张会计凭证。

⑮下张：调出下一张会计凭证。

⑯末张：调出最后一张会计凭证。

⑰退出：退出当前凭证。

（4）录入技巧。

①－：在将数据录入完后按键盘上的减号键"－"，即可变为红色。

②＝：在凭证所在行的数字处，敲等号键，系统将会在该行分录中生成一个数字使凭证借贷平衡。

③空格键：切换凭证金额的借贷方。

④F5：保存当前凭证并新增一张凭证。

⑤F6：保存当前凭证。

⑥＋：当焦点在借贷方金额窗口，按小键盘的"＋"时，弹出计算器，并将当前焦点数据带入到计算机中作为初始数据，快捷键为 Ctrl + Enter。

⑦模糊查询科目：在编号录入处，可以录入会计科目的编号或者快速码（或者其的一部分），系统可以根据这些录入模糊查询科目。

⑧模糊录入辅助核算项：在辅助核算录入处，可以录入辅助项的编号、名称或者快速码进行模糊查询；如要对辅助核算的内容进行修改，需要将选择框中的内容删除后，才能显示全部的选择内容，否则将只定位到原选择内容处。

⑨贷方自动计算：当光标移到凭证的贷方金额处时，如果不是第一行凭证，敲回车系统会自动找平凭证，再敲回车系统会提示是否保存凭证。

⑩右键的使用：在凭证中的不同部分，右键可以弹出丰富的与光标所在处相关的操作供用户选择；

⑪本外币自动计算并找平：可以敲"F11"键进行本外币之间的自动计算。

2. 出纳签字

菜单操作：账务处理—出纳签字，选定出纳签字条件后，进入如图 4-64 所示的界面。

（1）已经出纳签字的凭证在列表中，将以不同的颜色显示，同时在"出纳签字人"列中，有签字出纳姓名。

（2）如果签字有误，可以在凭证未审核的情况下，单击"取消签字"取消对该凭证的签字。

（3）单击"批量签字"按钮，系统会将当前列表中的所有凭证进行签字操作。

（4）单击"凭证"按钮，调出光标所在行的凭证，在凭证查看界面中，进行签字或取消签字。

图 4-64　出纳签字

3. 凭证审核

记账凭证保存后，需要主管会计（具有审核权限的用户）进行审核。

审核人必须与凭证制作人不为同一人。但如果有例外，也可以在财务配置中进行相关设置。

菜单操作：账务处理—审核，选定审核条件后，进入如图 4-65 所示的界面。

（1）已经审核的凭证在列表中，将以不同的颜色显示，同时在审核列中，用一个"√"表示已经审核。

（2）将光标移到需要审核的凭证行，单击"审核凭证"按钮，会对此凭证进行审核操作。

（3）如果审核有误，可以在凭证未记账的情况下，单击"取消审核"取消对该凭证的审核。

（4）单击"批量审核"按钮，系统会将当前表格中的所有凭证进行审核操作。

（5）单击"调阅凭证"按钮，调出光标所在行的凭证，在凭证查看界面中，进行审核、取消审核或审核标错。

（6）审核标错的凭证经过会计人员修改后，将自动将标错标志取消掉。

图 4-65　凭证审核

4. 凭证记账

凭证记账采用向导式，由计算机自动进行处理。

菜单操作：账务处理—记账，打开凭证记账向导，如图 4-66 所示，设置要记账的凭证的查询条件；单击"记账"按钮，系统提示记账前的数据备份，确定后，开始进行记账，记账完毕，系统提示记账成功，并显示本次记账的凭证张数，确定后，退出记账界面。

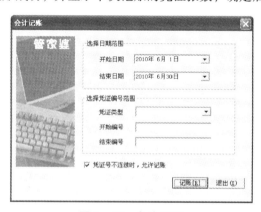

图 4-66　会计记账

5. 凭证引入

当系统财务配置为"不自动接收进销存产生的凭证"时，如需要查看进销存系统的单据凭证，需要用凭证引入来完成。

菜单操作：账务处理—凭证引入，选择单据类型及其他过滤条件，确定后，进入凭证引入界面，如图 4-67 所示。其中工具栏按钮的功能：

（1）全选：在"选择标志"栏自动从 1 开始，顺序填入序号，每个序号生成一张对应凭证。

（2）全消：取消所有的选择标志。

（3）合并：系统将"选择标志"栏统一编号为 1。

（4）引入：选择条件后，单击"引入"，进行凭证的制作。系统按序号自动生成凭证，并进行保存。

（5）查询：重新选择查询条件。

（6）单据：调出具体的单据。

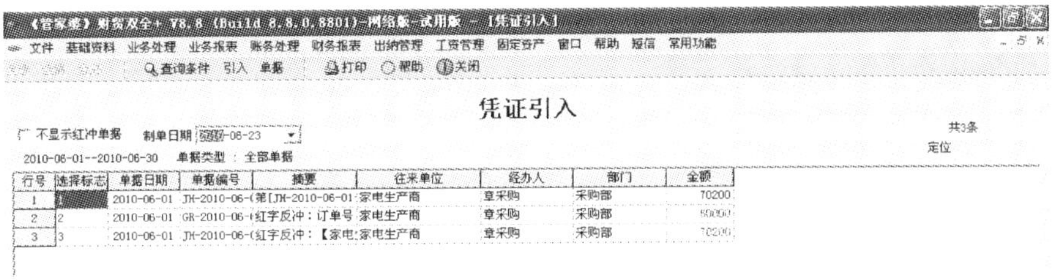

图 4 - 67　凭证引入

（7）双击"选择标志"一栏。

①标志栏有序号：则原序号变为可修改状态，用户可修改原序号，例如，系统原给出的序号为 1，可以改为 2。

②标志栏无序号：则系统产生一个标志栏中没有的新序号，新序号 = 当前最大序号 +1。

可将同类型单据的凭证进行合并，其中进货单与进货退货单、销售单与销售退货单可选择进行合并。生成的凭证在"进销存模块生成的凭证不能修改"时，生成的凭证的科目、金额数据均不能进行修改。当财务配置为自动接收进销存产生的凭证时，由于已经生成了凭证，不需要再进行凭证引入。一张原始单据引入后，将不能再次引入。引入后的单据，在查询界面不再显示。但如果把原引入的凭证删除后，可重新引入。引入时，如有辅助核算的科目，要对辅助核算的项目单独生成一行分录。如凭证中，辅助核算的科目内容不完整，则必须补充完整后才能保存。

合并分录以后，出现金额为零的情况，则不产生分录。

6. 凭证查找

凭证查找是对用户录入的凭证进行查找。

菜单操作：账务处理—凭证查找，弹出"凭证查询条件"对话框，如图 4 - 68 所示，其中"高级查询条件"，还可以根据更详细的查询条件进行查找。

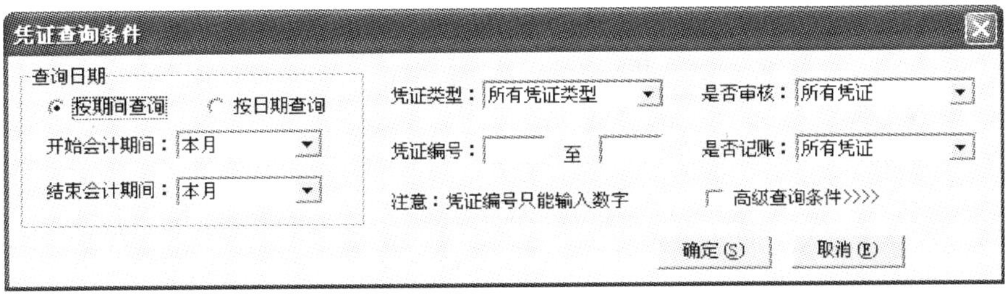

图 4 - 68　凭证查询条件

设置好查询条件后，单击"确定"，查询后的结果在"凭证查找"列表框内显示，如图 4 - 69 所示。其中工具栏按钮的主要功能：

（1）调阅凭证：查询列表框内选中的记账凭证详细内容。

（2）红冲凭证：可以把指定的记账凭证进行红冲凭证操作。

（3）结果刷新：重新查询，将最新的结果显示到查找表格中。

（4）连续打印：将对查询出来的凭证进行连续打印，用户可以用此功能打印一段时间内的所有凭证。

（5）连续打印设置：设置连续打印时，凭证的打印格式。

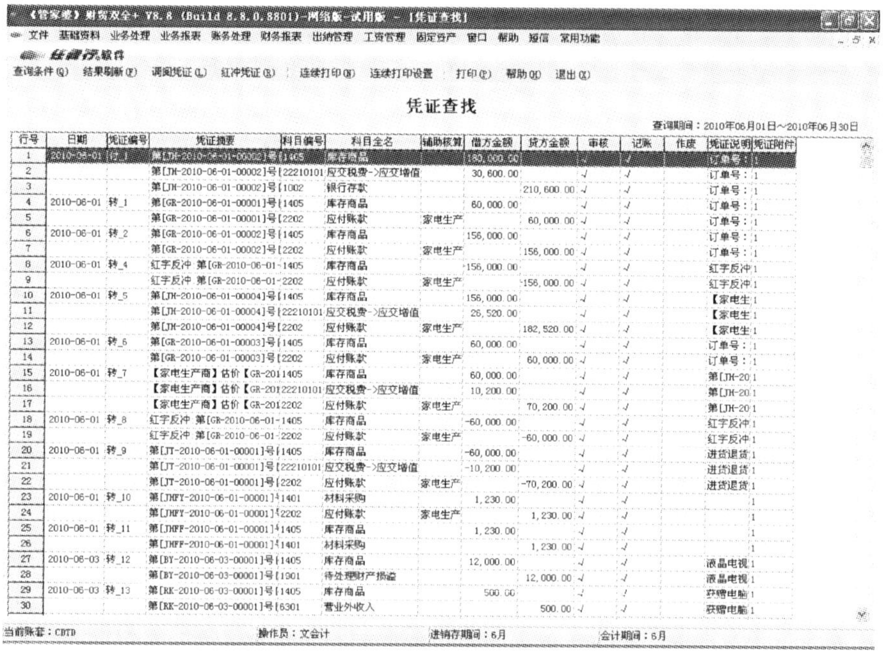

图 4 - 69　凭证查找

7. 结转损益

结转损益是在一个会计期间的期末（通常是月末），在所有凭证均已经审核登账后，将损益类科目的余额结转到"本年利润"科目中去。

管家婆财贸双全＋并不要求用户每月均进行结转损益的操作。

菜单操作：账务处理—结转损益，进入如图 4 - 70 所示的对话框，单击"确定"按钮，系统将自动完成损益的结转。

如果选中"结转损益后将凭证立即记账"，则结转损益这张凭证在生成的时候同时已经作了审核与记账操作。此时，系统不对制单与审核为同一人进行检查。

8. 期末结账

期末结账是指在一个会计期间的结束，进入下一个会计期间前，确认所有会计业务全部处理完毕之后，计算并记录本期发生额和期末余额，对本会计期间的经济活动进行总结。

菜单操作：账务处理—期末结账，进入如图 4 - 71 所示的对话框，单击"确定"按钮，系统将自动完成期末结账，结账完成后，系统提示"会计结账已经完成"。

结账后不能再输入本期间新的凭证。结账之前应先将当期所有凭证审核、记账、并结

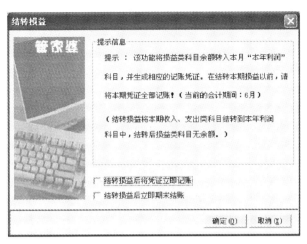

图 4-70　结转损益

转损益，完成固定资产和工资的相关处理。账务处理结账之前应先进行进销存的结账。在作期末结账时，不要作其他操作，以确保期末结账的正常进行。

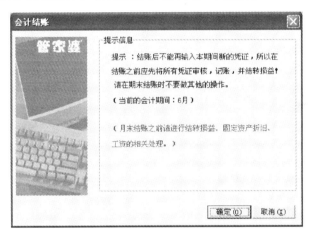

图 4-71　期末结账

9. 辅助工具

（1）反审核。如果凭证已经被审核，但发现有错误，可以在凭证未记账的情况下，由原审核人对这张凭证进行取消审核操作，回到未审核的状态，以便对凭证进行修改。

（2）反记账。如果凭证已经记账，但需要将其回到未记账状态，可以使用反记账功能。反记账可以将本月的已记账凭证回到未记账的状态。

（3）反结账。如果凭证已经结账，会计期间已经到了下一个月，但需要对上一个月的账务进行调整，可以通过反结账，回到上一个月。

（4）凭证自动编号。凭证自动编号功能将对当月所有的记账凭证进行重新编号，使之成为连续的编号。导致记账凭证编号不连续的原因有：直接删除记账凭证；操作"凭证引入"中的合并功能。

使用"凭证自动编号"功能，只能在本月凭证未记账的情况下使用。

（5）凭证整理。作废的凭证，如果需要永久删除它，则需要进行"凭证整理"的工作。凭证整理将删除本月已经作废的凭证，并且在删除完成后，尝试对凭证进行自动编号，以确保凭证号的连续性。

菜单操作：账务处理—辅助功能—反审核（反记账、反结账、凭证自动编号、凭证整理），按系统提示即可完成相应操作。

二、出纳管理

管家婆财贸双全＋V8.8的出纳管理通过对现金、银行存款的管理和支票管理来完成出纳工作。另外，用户可以通过查看财务对账来全面查询本单位的出纳数据，并对出纳数据进行分析操作。管家婆财贸双全＋V8.8出纳管理主界面如图4-72所示。

图4-72 管家婆财贸双全＋V8.8的出纳管理主界面

1. 出纳期初

使用出纳管理，首先要在出纳期初中确定出纳模块的启用月份，并录入现金、银行存款类科目的余额数据以及未达账等，并确定出纳启用，才能对已启用的科目进行流水账、银行对账、会计对账等操作。

（1）设置启用期间。菜单操作：出纳管理—出纳期初—设置启用期间，如图4-73所示，确定出纳管理模块的启用月份。

出纳管理模块可以单独独立操作，但同时又与财务管理模块存在一定的关联。通过"启用期间"的设置，使两者数据相关联。"会计对账"就可以很好地反映出这种关联性。

（2）现金期初录入。菜单操作：出纳管理—出纳期初—现金期初录入，如图4-74所示，录入现金类科目的期初余额。

（3）银行期初录入。菜单操作：出纳管理—出纳期初—银行期初录入，如图4-75所示，录入银行存款类科目的期初余额、银行对账单期初余额和企业、银行未达账。

①选择"银行存款科目"。

②直接输入"银行流水账"和"银行对账单"期初余额。

③单击"企业未达账"，在调出的"银行对账单"界面，如图4-76所示，单击"新

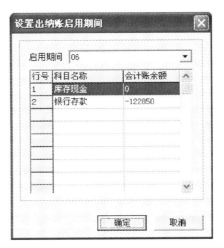

图 4-73 出纳期初—设置出纳账启用期间

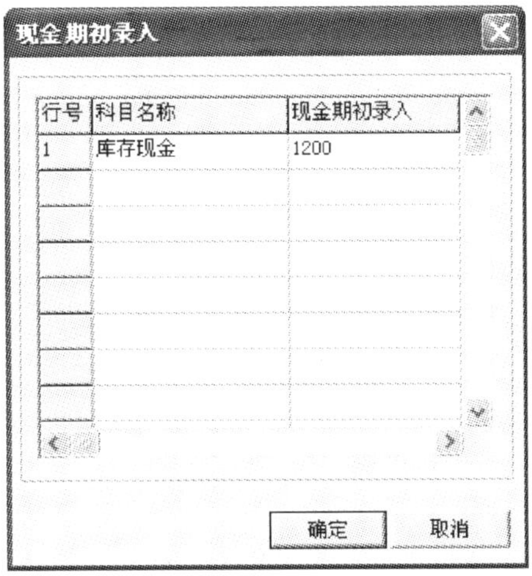

图 4-74 出纳期初—现金期初录入

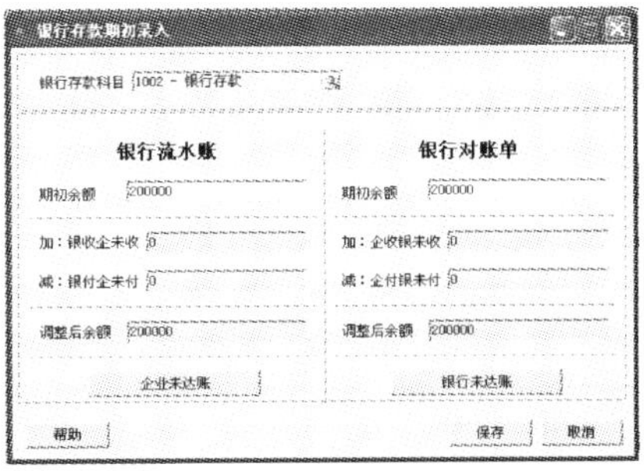

图 4-75 出纳期初—银行期初录入

增"按钮,输入未达账记录,如图 4-77 所示,包括:结算日期、结算方式、结算号、金额等。

④单击"银行未达账",在调出的"银行存款流水账"界面,如图 4-78 所示,单击

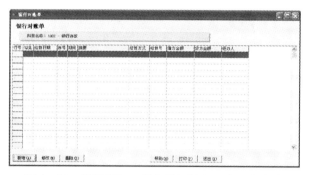

图 4-76　出纳期初—银行期初录入—企业未达账

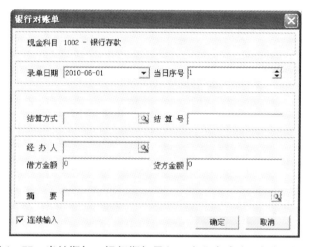

图 4-77　出纳期初—银行期初录入—企业未达账—银行对账单

"新增"按钮，如图4-79所示，输入未达账记录。包括：结算日期、结算方式、结算号、金额等。

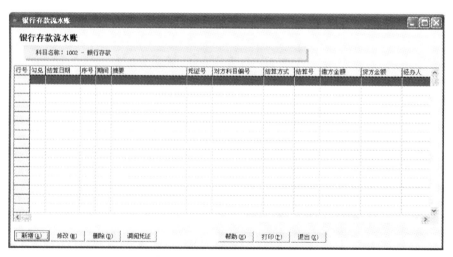

图 4-78　出纳期初—银行期初录入—银行未达账

图4-79 出纳期初—银行期初录入—银行未达账—银行流水账

⑤系统自动根据输入的"企业未达账"和"银行未达账"数据进行累计计算，得出"银行存款余额调节表"数据。

在"余额调节表"平衡后，才能进行"出纳启用"。如果不平衡，则不能"出纳启用"，此时需要用户仔细检查"未达账"录入是否完成。

（4）出纳启用。菜单操作：出纳管理—出纳期初—出纳启用，以确定出纳管理是否"启用"。出纳启用后，就不能再对期初数据进行修改；同时，出纳启用后才能进行录入流水账、银行对账、会计对账等操作。

2. 日常处理

（1）现金流水账。现金流水账主要实现出纳人员对"库存现金"业务的发生情况进行流水登记。

菜单操作：出纳管理—日常处理—现金流水账，进入"现金流水账查询条件"界面，选中科目"库存现金"，登记日期（展开"高级选项"，还可进行"会计期间"、"金额"和"借贷方向"的设置）；单击"确定"，进入"现金流水账"界面，如图4-80所示，可对现金流水账进行新增、修改、删除等操作。

①在"现金流水账"界面，单击"新增"按钮，弹出设置界面，如图4-81所示。

②在设置界面内，对录单日期、凭证号、对应科目代码、金额的借贷方、经办人以及摘要等信息进行设置。

③设置完毕，单击"确定"按钮即可。已轧账的流水账，不能修改和删除。

（2）银行流水账。银行流水账主要实现出纳人员对"银行存款"业务的发生情况进行流水登记。

菜单操作：出纳管理—日常处理—银行流水账，其界面和操作方法与现金流水账相似。

（3）出纳轧账。出纳轧账是指对现金和银行存款等进行日结处理。一旦完成日结，就不能再对该日及以前日期内的出纳账进行删除、修改。

出纳轧账类似于账务上的期末轧账，但它不要求间隔相同的会计期间，时间段可以自

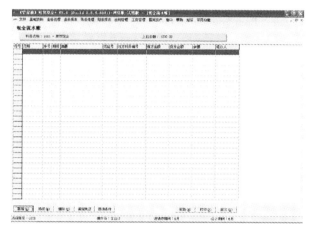

图 4-80　现金流水账

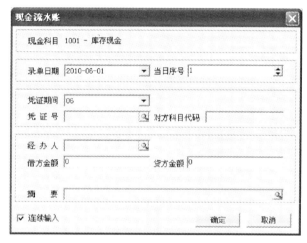

图 4-81　现金流水账—新增

由选择，系统不限制轧账的次数。

菜单操作：选择"出纳管理—日常处理—出纳轧账"，弹出"出纳轧账"窗口，确认轧账日期，单击"轧账"按钮，根据系统提示进行操作，单击"是"开始轧账。

3. 银行对账

银行对账主要实现每月将出纳的"银行存款流水账"与商业银行的"银行对账单"之间的数据进行核对，勾销已达账，并生成"银行存款余额调节表"的过程。

（1）银行对账单。菜单操作：出纳管理—银行对账—银行对账单，选定查询条件后"确定"，进入如银行对账单输入界面，可以进行银行对账单的新增、修改和删除等操作，这与输入期初银行对账单相同。

（2）银行对账。菜单操作：出纳管理—银行对账—银行对账，如图 4-82 所示。

银行对账采用自动对账和手工对账相结合的方式，对账成功时提示字体颜色绿色显示，失败时红色显示。

①自动对账。系统根据"对账条件"自动核销，在对账条件中，金额相等是必备条件，其他如结算日期相同、结算方式一致、结算号相同都是可选条件。对于已经核对无误的业

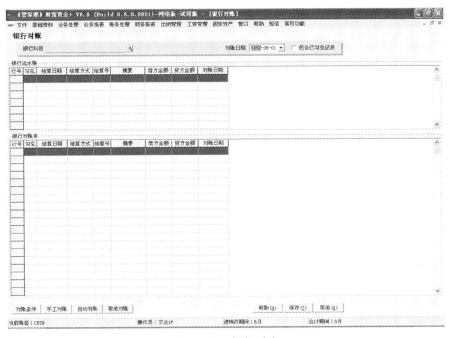

图 4-82 银行对账

务，系统将自动在"银行流水账"和"银行对账单"双方的"勾兑"栏上写入两清标志"自"，并视为已达账。

②手工对账。对自动对账的补充，用户使用自动对账后，可能还有一些特殊的未达账没有核对上，可以使用手工对账进行调整。分别在"银行流水账"和"银行对账单"数据记录上双击，然后，单击"手工对账"按钮。系统根据金额相等条件，自动在"银行流水账"和"银行对账单"双方的"勾兑"栏上写入两清标志"手"，并视为已达账。

在银行对账完成后，根据核对好的已达账和未核销的未达账，系统将自动生成"银行存款余额调节表"，供用户查阅未达账是否正确。

（3）余额调节表。余额调节表反映了出纳与银行对账后的最后结果，分别记录了企业与银行的未达账项，并将出纳与银行的余额调整为一致。

菜单操作：出纳管理—银行对账—余额调节表，如图 4-83 所示。

（4）会计对账。实现出纳流水登记的"库存现金"和"银行存款"账，与会计的"库存现金"和"银行存款"账之间进行账账核对。

菜单操作：出纳管理—银行对账—会计对账，设置"会计对账查询条件"后，进入如图 4-84 所示的"会计对账"对话框，用户可针对某一科目，查看某一日期或某一段时期内，"出纳账"和"会计账"资金收、支、余金额，及两者之间的差额情况。

用户想查看任意日期的对账数据时，单击"对账条件"按钮，设置想要查看的科目及日期，按"确认"按钮可实现操作。用户还可在弹出的"对账查询表"中选择高级选项，对查询条件是否包含记账凭证进行选择，使查询更方便、快捷。

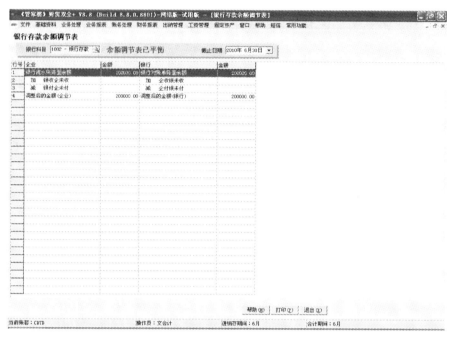

图 4-83　银行存款余额调节表

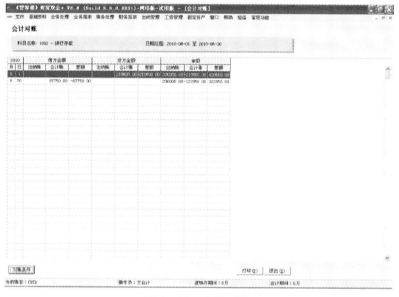

图 4-84　会计对账

三、工资管理

　　管家婆财贸双全 + V8.8 的工资管理能进行工序和工种管理，具有较为全面的工资管理功能。工资管理系统的主界面，如图 4-85 所示。

图 4 - 85　管家婆财贸双全＋V8.8 的工资管理主界面

1. 工资设置

工资设置是工资管理系统的初始设置。其内容包括：计件工种、计件工序、个人所得税设置、工资项目和计件工资模板。

（1）工资项目。菜单操作：工资管理—工资设置—工资项目，进入如图 4 - 86 所示的工资项目对话框，在此可进行工资项目的增加、修改和删除。

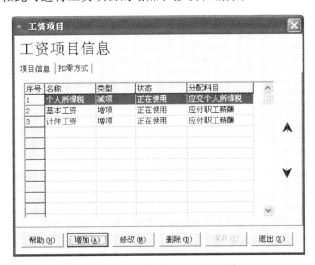

图 4 - 86　工资项目—项目信息

工资项目可定义工资项目的名称、类型、状态以及分配对应的会计科目等，使用单位可根据需要自由设置工资项目。如：基本工资、岗位工资、副食补贴、扣款合计等。

单击"增加"按钮，在弹出的如图 4-87 所示的设置框内，对工资项目名称、对应分配的科目等信息进行设置，设置完毕，单击"确定"即可。

①类型：根据工资项目的特点设定其为"增项"或"减项"。"增项"表示累加项；"减项"表示扣减项。

②正在使用：适用于过去使用的工资项目，日后不再使用的情况。当前年度使用的工资项目，不能删除只能通过此方法将其隐藏，只有等到下一年度初，再将其删除。

基本工资是系统设定的项目，不能进行修改和删除。个人所得税是系统默认的减项，只能修改其对应的科目名称，不可删除。

扣零方式设置工资发放时是否扣零，以及扣零方式，包括：倒扣分、倒扣角、倒扣元、倒扣十元四种。

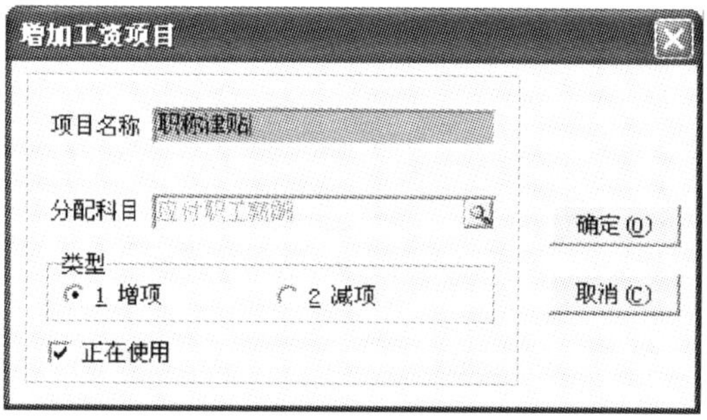

图 4-87　工资项目—项目信息—增加

（2）个税设置。个人所得税设置是确定哪些工资项目要参与个人所得税的计算以及确定起征金额。

菜单操作：工资管理—工资设置—个人所得税设置，如图 4-88 所示。

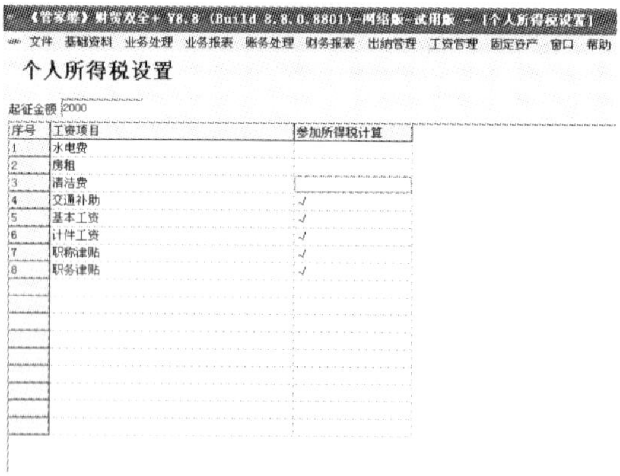

图 4-88　个人所得税设置

在"参加所得税计算"栏打"√"，表示参与所得税计算。单击"税率"按钮，进入"个人所得税税率"对话框，如图 4-89 所示，可以查看税率和计算所得税。

序号	最小值(>)	最大值(<=)	税率	速算扣除数
1	0	500	5%	0
2	500	2000	10%	25
3	2000	5000	15%	125
4	5000	20000	20%	375
5	20000	40000	25%	1375
6	40000	60000	30%	3375
7	60000	80000	35%	6375
8	80000	100000	40%	10375
9	100000	+∞	45%	15375

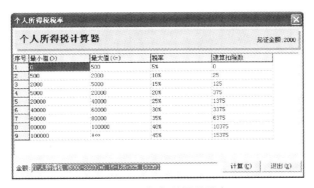

图 4-89　个人所得税税率

2. 工资数据

用于录入每个职工的工资数据，包括：工资发放明细表和计件工资。

菜单操作：工资管理—工资数据—工资发放明细表，选择“会计期间”后，进入如图 4-90 所示的工资发放明细表界面。

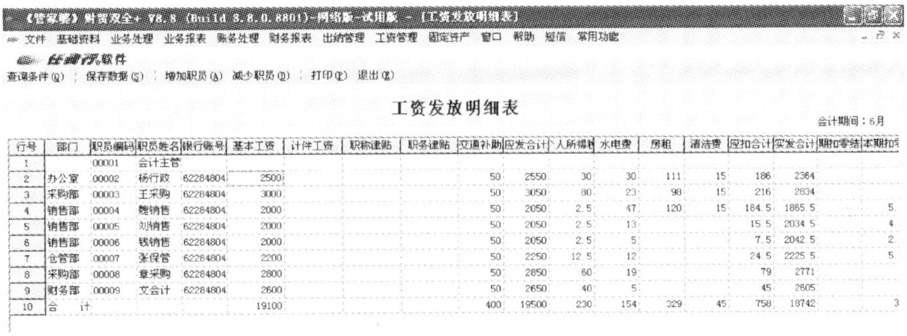

行号	部门	职员编码	职员姓名	银行账号	基本工资	计件工资	职称津贴	职务津贴	交通补助	应发合计	人所得税	水电费	房租	清洁费	应扣合计	实发合计	期扣零结	本期扣零
1		00001	会计主管															
2	办公室	00002	杨行政	62284804	2500				50	2550	30	30	111	15	186	2364		
3	采购部	00003	王采购	62284804	3000				50	3050	80	23	98	15	216	2834		
4	销售部	00004	魏销售	62284804	2000				50	2050	2.5	47	120	15	184.5	1865.5		5.
5	销售部	00005	刘销售	62284804	2000				50	2050	2.5	13			15.5	2034.5		4
6	销售部	00006	钱销售	62284804	2000				50	2050	2.5	5			7.5	2042.5		2.
7	仓管部	00007	张保管	62284804	2200				50	2250	12.5	12			24.5	2225.5		5.
8	采购部	00008	章采购	62284804	2800				50	2850	60	19			79	2771		
9	财务部	00009	文会计	62284804	2600				50	2650	40	5			45	2605		
10	合　计				19100				400	19500	230	154	329	45	758	18742		3

图 4-90　工资发放明细表

在首次录入工资数据时，直接在相应工资项目栏处，录入工资项目数据，对应发合计、个人所得税、应扣合计、实发合计、上期扣零结余、本期扣零、扣零实发等工资项目，系统会根据用户输入的相关项目和工资设置情况进行相应的自动计算。录入完毕，单击“保存数据”即可。如果上月已有工资数据，则在录入前系统会提示“是否复制上月数据”。

3. 工资发放

(1) 分配设置。菜单操作：工资管理—工资发放—分配设置。系统工资分配有两种方式，手工分配和按员工分配。

①手工分配。它指在对工资进行费用分配时，采用人工选择方式进行工资分配操作，如图 4-91 所示。

选择手工分配，“工资费用分配科目”列表中数据将不能进行操作。

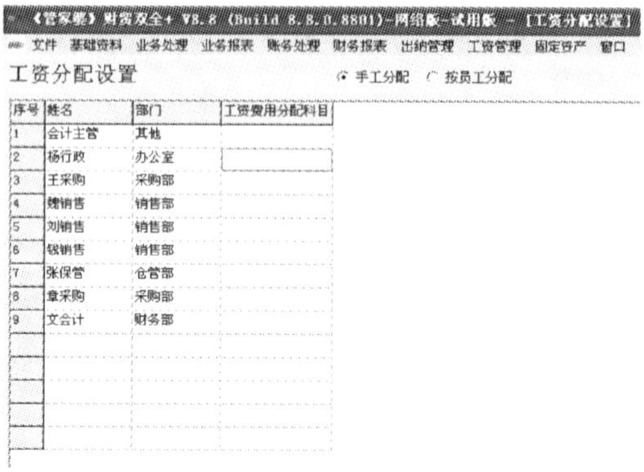

图 4-91　工资分配设置—手工分配

②按员工分配。它指事先在工资分配设置中对每位职员的费用用途进行分配，待工资费用分配时，系统将自动进行分配，如图 4-92 所示。

图 4-92　工资分配设置—按员工分配

（2）工资费用分配。采用的工资分配设置方法不同，其操作方法也有所不同。

①手工分配。菜单操作：工资管理—工资发放—工资费用分配，选择会计期间后，进入如图 4-93 所示的工资费用分配界面，选择经办人及制单日期，手工在"工资分配科目（借方）"列表框内选择费用对应科目以及相关数据信息。设置完毕，单击"凭证"按钮即可生成一张工资费用分配的记账凭证。

②按员工分配。菜单操作：工资管理—工资发放—工资费用分配，选择会计期间后，进入如图 4-94 所示的工资费用分配界面，只需将经办人及制单日期确定后，单击"凭证"按钮，即可生成一张工资费用分配记账凭证。

按部门查看或按科目查看：可以查看部门工资费用情况或科目情况。

重新分配：如果工资数据发生变化可单击"重新分配"按钮进行分配。

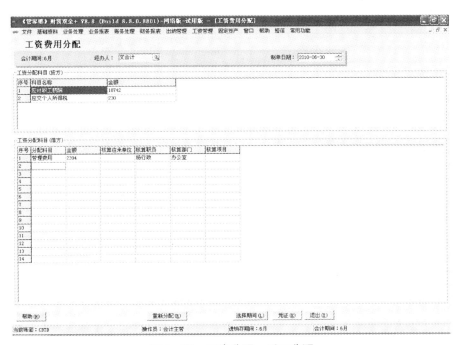

图 4 - 93　工资分配—手工分配

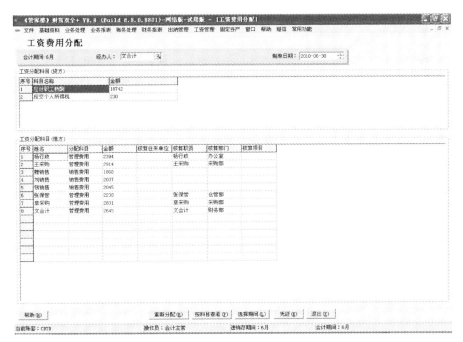

图 4 - 94　工资分配—按员工分配

（3）支付工资。支付工资是用现金或银行存款支付应付工资的过程。通过支付工资功能，系统将自动生成的记账凭证。

菜单操作：工资管理—工资发放—支付工资，进入如图 4 - 95 所示的对话框，选择工资年月、制单日期、账户名称、经办人。"支付金额"一般默认为工资分配后的总金额，用户也可自定义录入,支付的次数不限,但支付的金额不能超过应付工资的贷方余额。

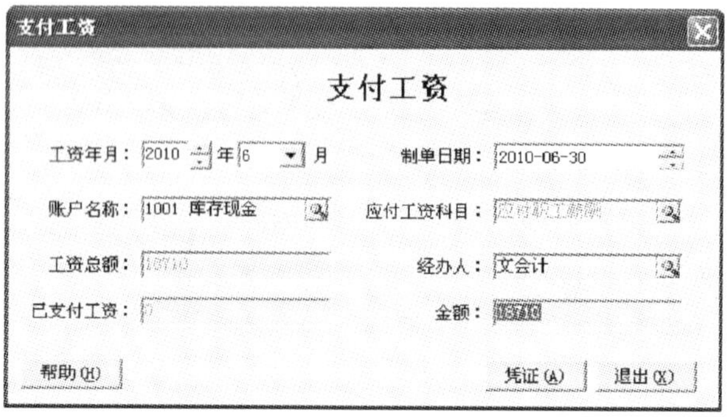

图 4-95　工资发放—支付工资

单击"凭证",生成支付工资的凭证。

4. 工资查询

管家婆财贸双全＋V8.8 提供了丰富的工资查询功能,工资查询可了解使用单位整个工资费用情况,包括:工资发放表、职员工资报表、计件工资查询、工种工序统计表、打印工资条、部门工资结构分析、部门工资项目分析、员工各月工资构成分析、员工各月工资构成分析。

(1)工资发放表。工资发放表可以打印和查询工资。工资发放表可以将职员的账号打印出来,也可以导入到 EXCEL 表中;也可以按部门查看各部门的总工资。

菜单操作:工资管理—工资查询—工资发放表,选择会计期间后,进入如图 4-96 所示的界面。单击按钮"按部门查看"就根据部门统计各部门的工资总和情况。

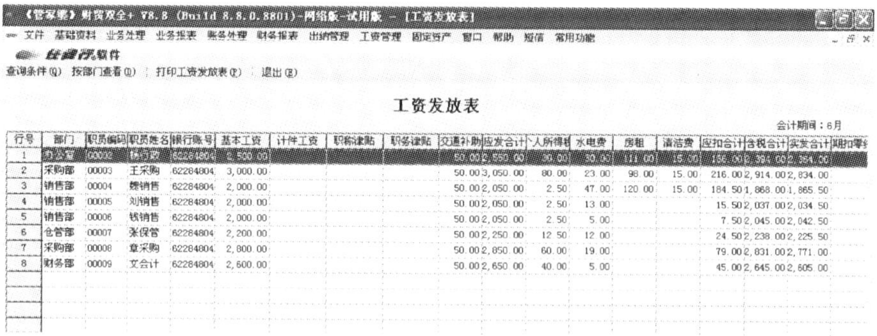

图 4-96　工资发放表

(2)职员工资报表。职员工资报表可以对指定时间段内的职员工资发放情况进行分类统计。

菜单操作:工资管理—工资查询—职员工资报表,系统出现条件选择窗口,用户可以根据实际情况选择查询条件,如果不选则表示查询的是全部情况。单击"确定"按钮,出现职员工资报表,如图 4-97 所示。

查询条件:可以对先前设置的查询条件重新进行设置。

按部门统计:可以查询到各部门的工资发放情况。

个人明细:可以查询到选定职工在指定时间段内的基本工资、计件工资、应扣合计、

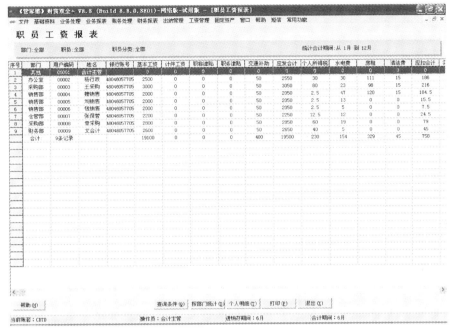

图 4 - 97　工资查询—职员工资报表

实发合计、含税合计等详情。

（3）部门工资结构分析。按部门进行工资项目的结构分析。

菜单操作：工资管理—工资查询—部门工资结构分析，在查询条件对话框中选择工资项目和会计期间后，显示部门工资结构分析情况。

四、固定资产

固定资产管理以固定资产的卡片管理为基本手段，实现固定资产的增加、减少以及计提折旧等动态管理，保证固定资产的账、卡、物相一致。可以与账务处理集成使用，将固定资产信息以凭证的形式传递到账务处理模块中。管家婆财贸双全＋V8.8 固定资产管理主界面，如图 4 - 98 所示。

1. 基础数据

基础数据即固定资产模块初始，包括：固定资产初始数据、固定资产类别、固定资产增减方式和固定资产使用状况等。

管家婆财贸双全＋V8.8 已内置了常用的固定资产类别、固定资产增减方式和固定资产使用状况，在对固定资产模块初始设置前，用户应查看上述基本信息是否已满足需要。

启用账套后，固定资产初始数据在固定资产管理中就不能添加、修改和删除了，只能查看。

（1）固定资产类别。菜单操作：固定资产—基础数据—固定资产类别，进入如图 4 - 99 所示的对话框，可以进行固定资产类别的添加、修改和删除等操作。

（2）固定资产增减方式。菜单操作：固定资产—基础数据—固定资产增减方式，进入如图 4 - 100 所示的对话框，可以进行固定资产增减方式的添加、修改和删除等操作。

单击"添加"按钮，进入如图 4 - 101 所示的对话框，输入"增减方式名称"、选择

图4-98 管家婆财贸双全+V8.8 固定资产管理主界面

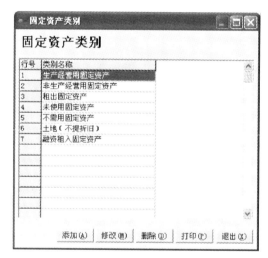

图4-99 固定资产类别

"增减方式"和"增减科目"后,单击"确定"完成固定资产增减方式的设置。

(3)固定资产使用状况。菜单操作:固定资产—基础数据—固定资产使用状况,进入如图4-102所示的对话框,可以进行固定资产使用状况的添加、修改和删除等操作。

2. 业务处理

(1)固定资产增加。菜单操作:固定资产—业务处理—固定资产增加,进入"固定资产卡片"界面,与期初建账时图4-52所示的界面相同,录入增加的固定资产信息。

添加完毕后,单击"确定"按钮,进入"固定资产增加"列表界面,可查看增加的固定资产清单。固定资产增加后,系统自动生成的记账凭证,可到"账务处理—凭证查找"中查看。

图 4 - 100 固定资产增减方式

图 4 - 101 固定资产增减方式—添加

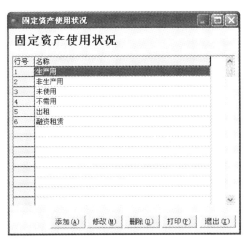

图 4 - 102 固定资产使用状况

自动生成的记账凭证科目，若有辅助核算的，还要对科目核算项目进行设置。在记账凭证界面中，单击"辅助核算"图标，便可对选中的科目进行核算项目的设置。

（2）固定资产减少。在固定资产减少操作前，必须对减少的固定资产进行计提折旧操作。

菜单操作：固定资产—业务处理—固定资产减少，进入"固定资产减少"界面，如图

4－103 所示。

图 4－103　固定资产减少

选择要减少的固定资产编号，录入减少日期、减少方式、清理原因。填写完毕，单击"保存"按钮，系统将自动生成会计凭证，可单击"记账凭证"按钮进行查看。在"固定资产减少"列表界面，显示已减少的固定资产清单，用户可添加、修改和删除固定资产的减少。

（3）固定资产变更。凡不属于增加和减少的固定资产变动均可在固定资产变更中处理，例如原值增加或减少、部门转移、使用状况变动、折旧方法调整、使用年限调整、累计折旧调整、工作量、净残值、类别等变动。

菜单操作：固定资产—业务处理—固定资产变更，进入"固定资产变更"界面，如图4－104 所示。

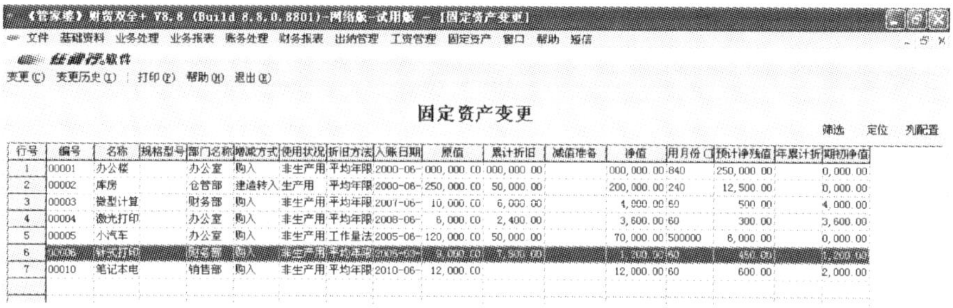

图 4－104　固定资产变更

选中需变更的固定资产，单击"变更"按钮，在固定资产卡片界面内，对相应栏目进行修改，包括：所属部门、非生产用、入账原值、预计净残值率、预计净残值、折旧方法、预计使用月份和对应折旧科目等。如图4－105 所示。

设置完毕，单击"保存"按钮，固定资产变更完成并将此变更记录在"固定资产变更记录"表中。

①变更历史：可以查看指定固定资产的历次变更记录、查看变更后系统自动生成的记账凭证、同时也可删除变更记录，若固定资产金额发生变更，固定资产在变更的同时软件将自动生成一张相应的记账凭证。

②定位：在固定资产较多的情况下，使用该键能方便地录入与查看信息。先将光标放在需要录入与查看的栏，再单击该按钮，光标则只在该栏所在的列移动。

③筛选：可以按列名设置筛选条件，只显示用户需要的固定资产信息。

④列配置：可以对固定资产变更表显示的列进行设置。

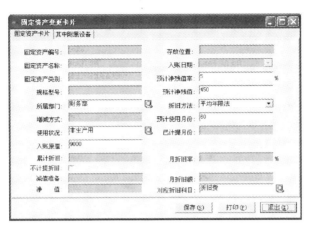

图 4 - 105　固定资产变更卡片

3. 固定资产减值准备

用户在计提固定资产减值准备前，必须要对需计提减值准备的固定资产进行计提折旧。

菜单操作：固定资产—业务处理—固定资产减值准备，进入"固定资产减值准备"界面，如图 4 - 106 所示。

图 4 - 106　固定资产减值准备

选中需减值准备的固定资产，单击"减值"按钮，在固定资产卡片界面内，输入计提的减值准备金额，单击"保存"按钮即可。固定资产减值准备记录在"减值准备变更记录"表中（单击"减值历史"按钮），如图 4 - 107 所示。同时，系统自动生成一张固定资产减值准备记账凭证。

4. 工作量录入

菜单操作：固定资产管理—业务处理—工作量录入，系统就会自动显示所有使用工作量法的固定资产，用户直接在"本期工作量"栏输入本月该固定资产的工作量，"退出"时系统提示保存数据，然后就可以进行计提折旧了。

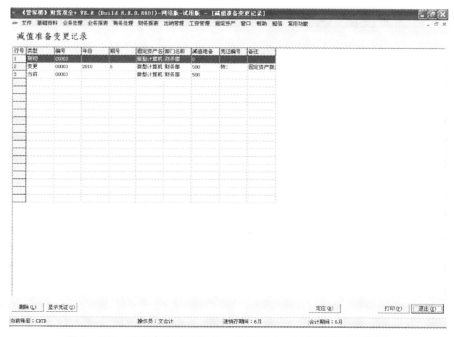

图 4 - 107   固定资产减值准备—减值历史—减值准备变更记录

5. 计提折旧

系统提供了平均年限法、年数总和法、双倍余额递减法和工作量法等折旧方法。

在一年内固定资产折旧方法不能修改。在各折旧方法中，当已提月份大于预计使用月份时，将不再进行折旧。本期增加的固定资产不提折旧，本期减少的固定资产要计提折旧。

菜单操作：固定资产—业务处理—计提折旧，进入如图 4 - 108 所示的固定资产计提折旧界面。在"折旧选择"栏，双击选择要参加本次折旧的固定资产。若想选中全部固定资产，可单击"全选"按钮。单击"折旧"按钮，系统将自动完成固定资产计提折旧工作并自动生成记账凭证。若想撤销计提折旧操作，可单击"反折旧"按钮即可。

图 4 - 108   固定资产计提折旧

6. 固定资产查询

系统提供了固定资产清单、固定资产折旧表和固定资产累计工作量查询。

（1）固定资产清单。不仅可查询全部固定资产卡片明细情况，也可对具体某个部门、某个时间进行固定资产详细资料清单查询。

菜单操作：固定资产—固定资产查询—固定资产清单，选择所属部门、会计期间后，进入固定资产清单界面，选中某一固定资产，单击"卡片"，可以查看固定资产卡片详细内容。

（2）固定资产折旧表。查询具体某个时间的固定资产折旧明细情况。

菜单操作：固定资产—固定资产查询—固定资产折旧表，选择所属会计期间后，查看固定资产折旧表。

（3）固定资产累计工作量查询。查询采用工作量法的固定资产累计折旧情况。

菜单操作：固定资产—固定资产查询—固定资产累计工作量查询，选择资产类别和所属会计期间后，查看固定资产累计工作量。

第四节　业务报表和财务报表

一、业务报表

1. 单据查找

单据查找提供了按往来单位、经办人、商品、仓库、单据编号、单据类型和查询日期范围等多个查询条件，用户可根据实际情况进行组合查询，以方便、快捷地查询到自己需要的单据。

菜单操作：业务报表—单据查找，在如图 4－109 所示的对话框中选择查询条件"确定"后，进入如图 4－110 所示的界面。

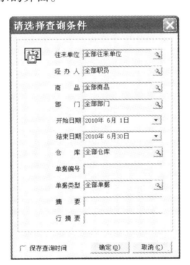

图 4－109　单据查找—查询条件

（1）查看：调阅出具体的单据进行查看。

（2）红冲：对选中的单据进行红冲。如果没有所选单据的红冲权限，则不能进行红冲。

（3）复制：将选中的单据复制到草稿中。

（4）查询条件：在输入某一或某组查询条件后，按"确认"按钮，就会查到所有符合查询条件的单据。所列查询条件并非必须输入，若不输入，系统查到的将是指定时间内的

《管家婆》财贸双全+ V8.8（Build 8.8.0.8801）-网络版-试用版 - [单据查找]

文件 基础资料 业务处理 业务报表 账务处理 财务报表 出纳管理 工资管理 固定资产 窗口 帮助 短信 常用功能

查看 红冲 复制 查询条件 帮助 打印 关闭

单据查找

☑ 显示红冲单据　　单据类型 全部单据

2010-06-01～2010-06-30　　　　　　　　　　　　　　　　　　　　　　　　导出报表 筛选 定位 列配置

行号	日期	单据编号	单据类型	金额	摘要	经办人	制单人	往来单位	部门全名
1	2010-06-01	JD-2010-06-01-00001	进货订单	1,444.95	采购订货	李采购	李采购	四川文具开发有限 采购部
2	2010-06-03	FK-2010-06-03-00001	付款单	1,000.00	预付购货款	张会计	张会计	四川森太教具制造 财务部
3	2010-06-05	FK-2010-06-05-00002	付款单	50,000.00	预付购货款	张会计	张会计	四川长虹电器股份 财务部
4	2010-06-06	JD-2010-06-06-00002	进货订单	4,621.50	采购订货	李采购	李采购	四川长虹电器股份 采购部
5	2010-06-07	JD-2010-06-07-00003	进货订单	48,555.00	采购订货	李采购	李采购	四川长虹电器股份 采购部
6	2010-06-08	GR-2010-06-08-00001	估价入库单	3,950.00	订单号：【JD-2010-06-06-（ 李采购	李采购	四川森太教具制造 采购部
7	2010-06-08	SD-2010-06-08-00001	销售订单	9,184.50	销售订货	黄销售	黄销售	超凡百货销售公司 销售部
8	2010-06-09	FK-2010-06-09-00003	付款单	4,621.50	预付采购货款	张会计	张会计	四川森太教具制造 财务部
9	2010-06-10	JD-2010-06-10-00002	进货单	1,435.59	订单号：【JD-2010-06-01-（ 李采购	李采购	四川文具开发有限 采购部
10	2010-06-11	SK-2010-06-11-00001	收款单	500.00	预收购货款	张会计	张会计	超凡百货销售公司 销售部
11	2010-06-12	XS-2010-06-12-00001	销售单	9,180.00	订单号：【SD-2010-06-08-（ 黄销售	黄销售	超凡百货销售公司 销售部
12	2010-06-13	JT-2010-06-13-00001	进货退货单	7.90	进货退货【绘图铅笔】等给 李采购	李采购	四川文具开发有限 采购部
13	2010-06-14	SK-2010-06-14-00003	收款单	10,380.00	收到销售货款	张会计	张会计	超凡百货销售公司 销售部
14	2010-06-15	XT-2010-06-15-00001	销售退货单	175.50	销售退回	黄销售	黄销售	超凡百货销售公司 销售部
15	2010-06-16	WF-2010-06-16-00001	委托发货单	3,525.00	委托代销商品	黄销售	黄销售	四川久久公用 销售部
16	2010-06-17	JH-2010-06-17-00004	进货单	48,555.00	订单号：【JD-2010-06-07-（ 李采购	李采购	四川长虹电器股份 采购部
17	2010-06-17	JH-2010-06-17-00005	进货单	4,621.50	四川森太教具制造有限公 李采购	李采购	四川森太教具制造 采购部
18	2010-06-19	FK-2010-06-19-00004	付款单	2,927.69	支付购货款	张会计	张会计	四川文具开发有限 采购部
19	2010-06-20	CZ-2010-06-20-00001	组装与拆分单	350.00	组装签字笔套装	秋保管	秋保管	仓储部
20	2010-06-21	DB-2010-06-21-00001	调拨单	291,500.00	检修库	秋保管	秋保管	仓储部
21	2010-06-22	QTS-2010-06-22-00001	其他收款业务	11.20	卖废品收入	冉行政	张会计	行政部
22	2010-06-23	WFJ-2010-06-23-00001	委托结算【长屋天】等	2,400.00	委托结算【长屋天】等【四 黄销售	黄销售	四川久久公用 销售部
23	2010-06-24	QTF-2010-06-24-00002	其他付款业务	200.00	报销业务招待费	冉行政	张会计	销售部
24	2010-06-25	QTC-2010-06-25-00001	其他出库单	50.95	领取办公用品	冉行政	张会计	行政部
25	2010-06-25	WT-2010-06-25-00002	委托调价单	2,750.00	委托代销商品调价	黄销售	黄销售	四川久久公用 销售部
26	2010-06-27	SD-2010-06-27-00002	销售订单	93,600.00	销售器具电视机	黄销售	黄销售	四川七彩电器有限 销售部
27	2010-06-27	GR-2010-06-27-00001	估价红冲	3,950.00	红字反冲：订单号：【JD-20 黄销售	黄销售	四川森太教具制造 采购部
28	2010-06-30	XS-2010-06-30-00003	销售单	93,600.00	订单号：【SD-2010-06-27-（ 黄销售	黄销售	四川七彩电器有限 销售部
29	2010-06-30	BS-2010-06-30-00001	报损单	25.00	意外商品一批	秋保管	秋保管	仓储部

当前账套：成都新天地有限公司　　　　操作员：会计主管　　　　进销存期间：6月　　　　会计期间：6月

图 4-110　单据查找

所有单据。

（5）单据类型：可过滤查看某一类型的单据。

2. 单据统计

单据统计为各类型的单据统计提供了一个统一查询的入口，通过单据统计，可查询到该类型已审核过账单据的商品数量、金额等。

统计的单据类型包括：进货单、进货退货单、销售单、销售退货单、报损单、报溢单、调拨单、组装与拆分单、其他入库单、其他出库单、调价单。

菜单操作：业务报表—单据统计，在如图 4-111 所示的单据选择界面，选定某种单据"确定"后，再设置查询条件后，就进入所选单据统计界面，如图 4-112 所示。

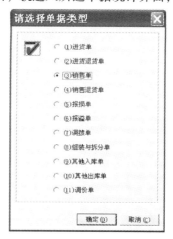

请选择单据类型

- ○（1）进货单
- ○（2）进货退货单
- ●（3）销售单
- ○（4）销售退货单
- ○（5）报损单
- ○（6）报溢单
- ○（7）调拨单
- ○（8）组装与拆分单
- ○（9）其他入库单
- ○（10）其他出库单
- ○（11）调价单

确定(O)　取消(C)

图 4-111　单据统计—单据类型选择

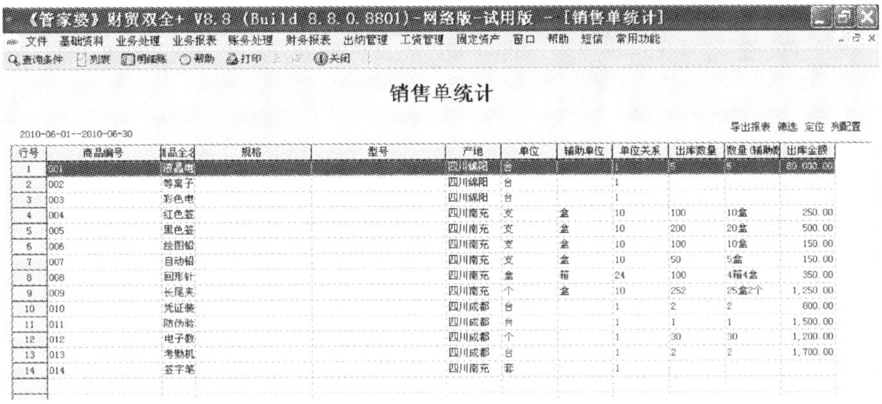

行号	商品编号	商品全名	规格	型号	产地	单位	辅助单位	单位关系	出库数量	数量(辅助数	出库金额
1	001	液晶电			四川绵阳	台		1	5	5	60,000.00
2	002	等离子			四川绵阳	台		1			
3	003	彩色电			四川绵阳	台		1			
4	004	红色签			四川南充	支	盒	10	100	10盒	250.00
5	005	黑色签			四川南充	支	盒	10	200	20盒	500.00
6	006	绘图铅			四川南充	支	盒	10	100	10盒	150.00
7	007	自动铅			四川南充	支	盒	10	50	5盒	150.00
8	008	回形针			四川南充	盒	箱	24	100	4箱4盒	350.00
9	009	长尾夹			四川南充	个	盒	10	252	25盒2个	1,250.00
10	010	凭证装			四川成都	台		1	2	2	800.00
11	011	防伪验			四川成都	台		1	1	1	1,500.00
12	012	电子数			四川成都	个		1	30	30	1,200.00
13	013	考勤机			四川成都	台		1	2	2	1,700.00
14	014	签字笔			四川南充	套		1			

图 4－112　单据统计—销售单统计

（1）明细账：查询该商品或该类商品在这段日期里的所有进货单据。

（2）列表：将所有或某一类商品的所有子类商品的进货情况列示出来。

（3）查询条件：分别按公司职员、存货仓库进行进货统计。

（4）导出报表：将报表导出到 Excel 系统中，可进行数据编辑、统计；用户可选择导出报表的保存目录，便于查看。

（5）筛选：可以按照表体中每列的内容进行过滤。

（6）定位：可以按照表体中每列的内容进行定位。

（7）列配置：可以自定义在查询列表中显示的列表内容。

3. 流水账

流水账分为时间段流水账、客户流水账、供应商流水账、仓库流水账、部门流水账、职员流水账六种。

菜单操作：业务报表—流水账。

4. 数据中心

数据中心将企业发生的进销存业务所取得的数据高度整合汇集在一起，使用户能够以简便、直观的方式迅速查找到所需的数据。数据中心包括：客户数据中心、客户明细数据中心、供应商数据中心、供应商明细数据中心。

菜单操作：业务报表—数据中心。

二、财务报表

1. 账簿查询

账簿查询包含了日记账、明细分类账、总分类账、多栏账、科目汇总表、辅助核算等会计人员需要的账簿。下面以总分类账查询为例。

菜单操作：账务报表—总分类账，弹出“总分类账条件选择”窗口，进行条件的选择，如图 4－113 所示。选择科目的起止编号，可同时查询所有的总账或者是部分总账科目。

总账显示方式的选择：在“科目级次”选择显示的科目级次的起始数据，则在总账查询先显示一级科目，再显示下级科目；如不需要查看总账数据，只需要查看所有科目的最明细科目数据，则在“只显示末级科目”前的方框内打上“√”。

单击“确定”按钮，查看查询的结果，如图 4－114 所示。

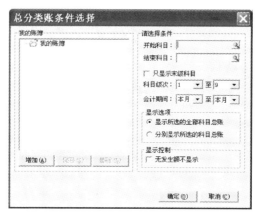

图 4-113　总分类账查询条件

图 4-114　总分类账查询结果

2. 报表系统

Grasp Report System 是报表事务处理的工具，利用 Grasp Report System 既可编制对外报表，也可以编制企业各种内部报表。它的主要任务是设计报表的格式和编制公式，把从总账系统或其他业务系统中取得的有关会计信息编制各种会计报表，对报表进行运算，并按设计格式输出各种会计报表。

Grasp Report System 报表设计操作与 Excel 相似，操作简单，易学易用。

（1）主要功能。

①文件管理。对报表文件的创建、打开、保存和备份进行管理。支持多窗口同时显示和处理，可同时打开多个文件窗口。报表文件能够保存为 Excel 格式。

②格式管理。提供了丰富而简单的格式设计功能，如合并单元格、边框线条（包括斜

线）、调整行高列宽、设置字体及颜色、分页预览等等。可以制作各式各样的报表。

③数据处理。Grasp Report System 以固定格式来管理不同的数据表页，一个报表文件中最多数据表页可达 255 页。提供了丰富的财务公式，可以方便快速地定义公式；通过连接账套，可以在任我行财务系列产品的总账中提取数据，生成财务报表。

④打印功能。Grasp Report System 提供了强大的打印及打印预览功能。能够打印表头、打印选择区域、设置页眉页脚、打印数据居中、数据缩放至一页、设置打印背景等功能，满足所有的打印功能。

（2）资产负债表。菜单操作：财务报表—资产负债表。系统提供导航式、自定义式两种方式生成报表，如图 4－115 所示。

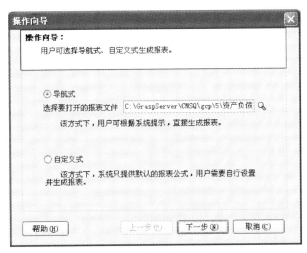

图 4－115 资产负债表—操作向导—生成报表方式选择

①导航式。导航方式下，报表的公式、格式都是系统定义好的，用户只需要根据提示，选择要生成报表的时间，即可直接生成报表。

在图 4－115 中单击"浏览"按钮，选择要打开的报表文件，系统默认为安装目录下的相应报表。单击"下一步"，弹出报表选择页操作向导，如图 4－116 所示。

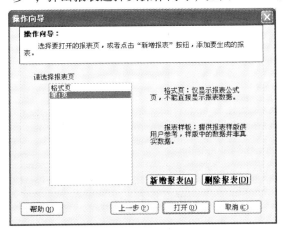

图 4－116 资产负债表—操作向导—选择表页

单击“新增报表”按钮，选择要生成报表的月份，录入报表名称，单击“确定”，可以看到报表选择页中已经添加了该报表的名称。

单击“打开”按钮，系统提示：“是否生成报表?”，单击“是”，系统开始计算报表数据，计算完毕后，显示资产负债表，如图 4 - 117 所示。

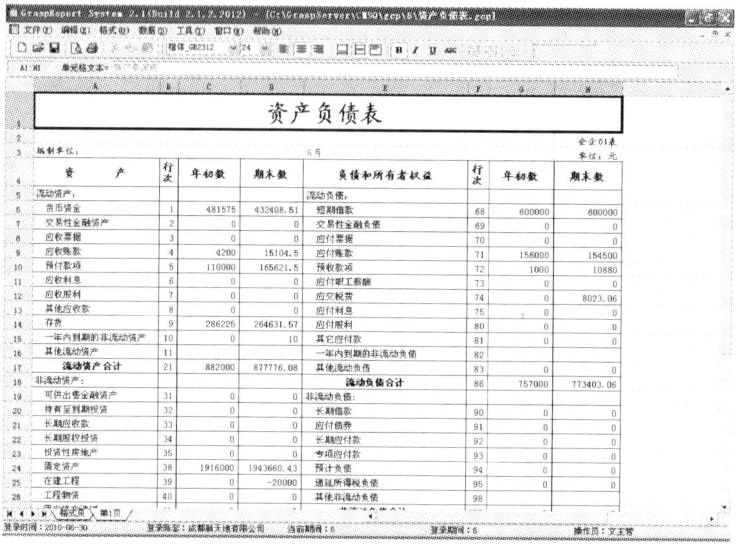

资产负债表

编制单位：　　　6月　　　会企01表　单位：元

资　　产	行次	年初数	期末数	负债和所有者权益	行次	年初数	期末数
流动资产：				流动负债：			
货币资金	1	481576	432408.51	短期借款	68	600000	600000
交易性金融资产	2	0	0	交易性金融负债	69	0	0
应收票据	3	0	0	应付票据	70	0	0
应收账款	4	4200	15104.5	应付账款	71	156000	154500
预付款项	5	110000	165621.5	预收款项	72	1000	10880
应收利息	6	0	0	应付职工薪酬	73	0	0
应收股利	7	0	0	应交税费	74	0	8023.06
其他应收款	8	0	0	应付利息	75	0	0
存货	9	286225	264631.57	应付股利	80	0	0
一年内到期的非流动资产	10	0	10	其它应付款	81	0	0
其他流动资产	11			一年内到期的非流动负债	82		
流动资产合计	21	882000	877776.08	其他流动负债	83	0	0
非流动资产：				流动负债合计	86	757000	773403.06
可供出售金融资产	31	0	0	非流动负债：			
持有至到期投资	32	0	0	长期借款	90	0	0
长期应收款	33	0	0	应付债券	91	0	0
长期股权投资	34	0	0	长期应付款	92	0	0
投资性房地产	35	0	0	专项应付款	93	0	0
固定资产	38	1916000	1943660.43	预计负债	94	0	0
在建工程	39	0	-20000	递延所得税负债	95	0	0
工程物资	40	0	0	其他非流动负债	98		

图 4 - 117　资产负债表

②自定义方式。表页分为格式页和数据页。格式页是对资产负债表进行设置的页面。数据页是根据格式页的格式，对账套的数据进行运算并得到具体的报表数据。

在格式页状态下，单击鼠标右键，选择“插入数据页”，可以插入数据页。一般地，如果每月要出一个资产负债表，可以设置 12 个数据页，每页代表一个月份。

在格式页状态下，设置报表格式、公式和关键字等，在数据页状态下，录入关键字，进行整表重算或表页重算，就可以得到相应的资产负债表。

（3）利润表。菜单操作：财务报表—利润表，操作方法与资产负债表相似。生成的利润表如图 4 - 118 所示。

（4）报表公式。

①函数类型。财务函数，如表 4 - 2 所示。

表 4 - 2　　管家婆财贸双全 + 财务函数

函数名	金额	数量	外币金额
期初	QC	SQC	WQC
期末	QM	SQM	WQM
发生	FS	SFS	WFS
累计发生	LFS	SLFS	WLFS
净额	JE	SJE	WJE
累计净额	LJE	SLJE	WLJE
汇率	HL		
现金流量	XJLL		

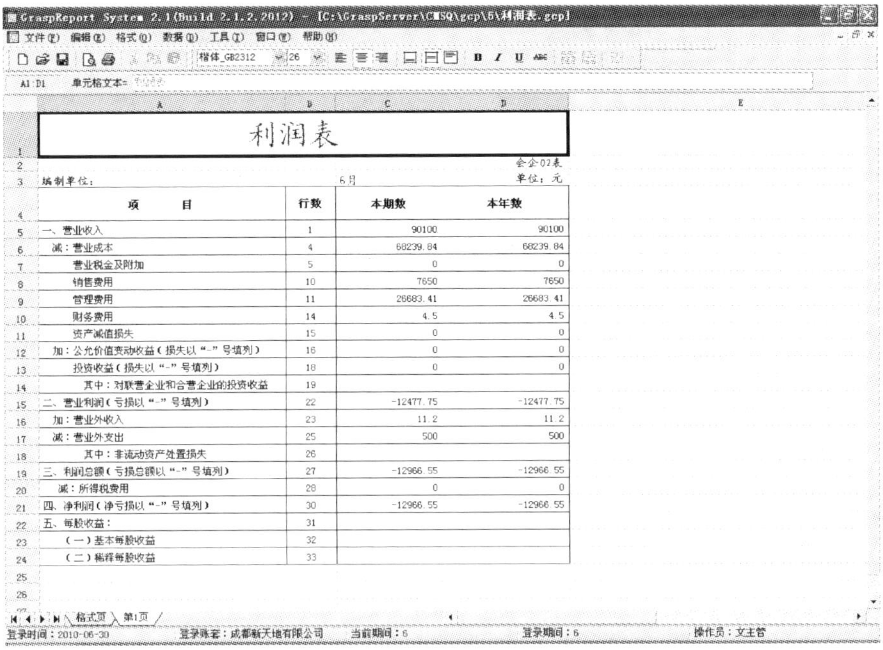

利润表

会企02表

编制单位：　　　　6月　　　　单位：元

项　　目	行数	本期数	本年数
一、营业收入	1	90100	90100
减：营业成本	4	68239.84	68239.84
营业税金及附加	5	0	0
销售费用	10	7650	7650
管理费用	11	26683.41	26683.41
财务费用	14	4.5	4.5
资产减值损失	15	0	0
加：公允价值变动收益（损失以"-"号填列）	16	0	0
投资收益（损失以"-"号填列）	18	0	0
其中：对联营企业和合营企业的投资收益	19		
二、营业利润（亏损以"-"号填列）	22	-12477.75	-12477.75
加：营业外收入	23	11.2	11.2
减：营业外支出	25	500	500
其中：非流动资产处置损失	26		
三、利润总额（亏损总额以"-"号填列）	27	-12966.55	-12966.55
减：所得税费用	28	0	0
四、净利润（净亏损以"-"号填列）	30	-12966.55	-12966.55
五、每股收益：	31		
（一）基本每股收益	32		
（二）稀释每股收益	33		

图 4－118　**利润表**

其他函数，包括数学函数、统计函数、条件函数、表操作函数、日期函数和文件取数函数。

②定义公式的步骤。

第一，在报表格式状态下，选中要设置为公式的单元格。

第二，单击"数据"菜单下的"编辑公式"命令，打开如图 4－119 所示的对话框。

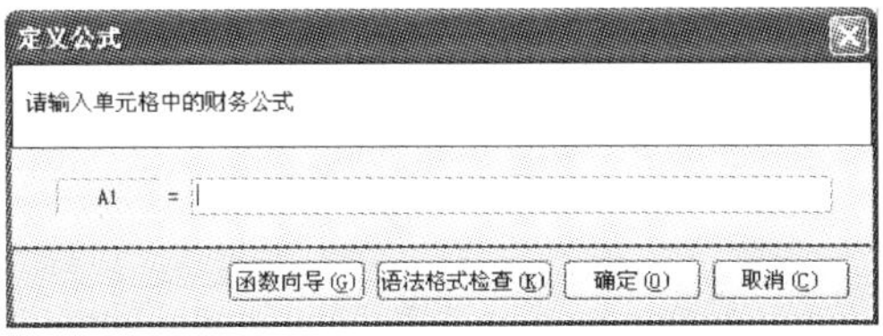

图 4－119　**定义公式**

第三，单击"函数向导"按钮，打开如图 4－120 所示的"函数向导"对话框。

第四，选择需要的函数类别和名称。

第五，单击"下一步"按钮，进入如图 4－121 所示的"输入财务公式"对话框。

第六，在"函数录入"处按照函数的格式录入，也可以单击"参考"按钮，进入"财务函数参数设置"对话框，如图 4－122 所示，选择函数参数属性。

第七，单击"确定"按钮，返回如图 4－121 界面中，此时"函数录入"文本框中显示用户设置好的公式。

第八，单击"确定"按钮，返回如图 4－119 界面中，此时单元格后的文本框中显示用户设置好的公式。

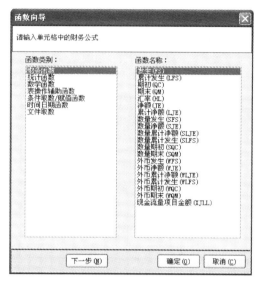

图 4 - 120   函数向导

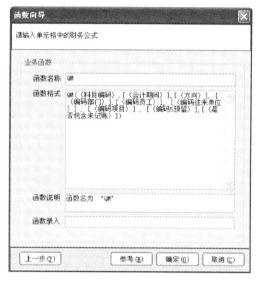

图 4 - 121   输入财务公式

第九，单击"确定"按钮，返回报表格式状态界面中，当前单元格变为公式单元格，显示为"公式单元"。在单元格文本处显示单元格的公式。

（5）关键字。关键字用作表页条件来查询数据。关键字的显示位置在格式状态下设置，关键字的值则在数据状态下录入，每个报表可定义多个关键字，同一种关键字只能定义一个。关键字有单位名称、单位编号、年、月、日、季。表页取数时与关键字有关的公式设置为关键字时要把关键字作为条件取数。关键字单元不能被编辑，包括复制及粘贴。

①定义关键字。在格式页状态下，选择要设置关键字的单元格。单击"数据"菜单下的"关键字"子菜单下的"设置"命令，进入如图 4 - 123 所示的界面。

选择要设置的关键字类型，单击"确定"按钮。

图 4 - 122　财务函数参数设置

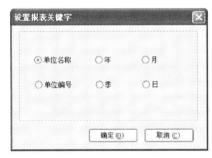

图 4 - 123　设置关键字

在一个报表文件中，同一类型的关键字只能定义一个，不能重复定义，定义了新的关键字后原有关键字会去掉。

②录入关键字。在数据页状态下，单击"数据"菜单下的"关键字"子菜单下的"录入"命令，进入如图 4 - 124 所示的界面。在对应的文本框中输入关键字的值，单击"确定"按钮。

月关键字只能输入 1 - 12；日关键字只能输入 1 - 31；季关键字只能输入 1 - 4。

图 4 - 124　录入关键字

（6）报表模板。

①自定义报表模板。

第一，在格式状态下，单击"格式"菜单下的"自定义模板"命令，进入如图 4 - 125 所示的界面，在此可以进行行业名称的增加、修改和删除。

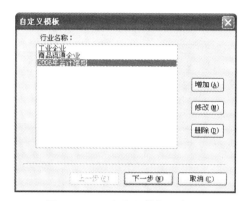

图4-125　自定义模板—行业

第二，选择一个行业，单击"下一步"按钮，进入如图4-126所示的界面，可以进行报表模板的增加、修改和删除。

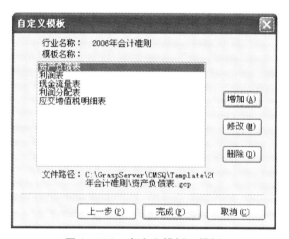

图4-126　自定义模板—模板

第三，单击"增加"按钮，进入如图4-127所示的界面。

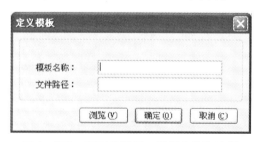

图4-127　自定义模板—模板名称和路径

第四，在模板名称处输入模板的名称，单击"浏览"按钮，找到对应的文件。

第五，单击"确定"按钮，返回"完成"即可。系统自动将模板文件复制到安装目录的Template目录相对应的行业名称下，文件名改为模板名。同一行业不允许添加相同名称的模板。

②生成行业常用报表。在格式状态下，单击"格式"菜单下的"生成常用报表"命令，系统提示"是否生成某行业下的所有报表?"，单击"是"按钮，系统将自动生成账套对应行业的所有模板报表。

③选择模板生成报表。

第一，在格式状态下，单击"格式"菜单下"报表模板"命令，打开如图 4 – 128 的对话框。

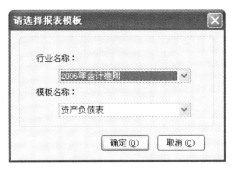

图 4 – 128　选择报表模板

第二，在行业名称处选择一个行业，在模板名称处选择相对应的模板。

第三，单击"确定"按钮，打开如图 4 – 129 所示的界面，生成一张报表。

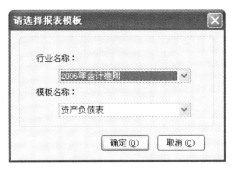

图 4 – 129　通过报表模板生成的报表

用模板新建的报表文件只有格式页，格式为模板格式。

第五章　金算盘 eERP‐B V6.22 的应用

金算盘软件有限公司主要致力于通过互联网和移动通信网向用户提供集 ERP 功能和电子商务功能于一体的全程电子商务服务，主要由 eERP（扩展的、支持电子商务的 ERP 软件）、ePortal（客户进行网络营销和网上贸易的电子商务门户）、eTools（帮助客户实现内、外业务协同和网上贸易的工具和服务）三部分构成。其目标是通过互联网、移动通信等先进 IT 技术，帮助成长型和成熟型中小企业优化业务流程、创新经营模式，从而提升整体运营效率和竞争能力。

鉴于实际应用与教学的需要，本教材采用金算盘 eERP‐B V6.22 为基础进行操作介绍。

第一节　系统的安装与启动

一、系统特色

金算盘 eERP‐B 是针对成长型中小企业的、可扩展的、支持电子商务的 ERP 系统，是构建全程电子商务最为核心和基础的组成部分。它继承了传统 ERP 系统所有的功能和优点，覆盖了行政事业单位等行业的各种应用，能够帮助企业管理采购、销售、库存、客户、供应商、财务等。它不仅帮助企业提高内部业务的管理与运营效率，同时还将企业与上下游合作伙伴之间的业务管理与协同进行有效整合，帮助企业构建内部业务与外部协同的一体化管理体系。

二、运行环境

1. 硬件环境

（1）工作站：586/166 以上微机，128M 以上内存，VGA 以上显示器，500M 以上硬盘剩余空间。

（2）服务器：Intel P4 微机或专用服务器，256M 以上内存，VGA 以上显示器，1G 以上硬盘剩余空间。

（3）打印机：中、英文 WindowsNT \ 2000 \ XP 操作系统支持的各种打印机。

2. 软件环境

（1）工作站：中、英文 Windows 2000 及以上操作系统，IE6.0 及以上浏览器，Microsoft office access 2003。

（2）服务器：中、英文 Windows 2000 操作系统支持的各种网络操作系统，Microsoft office access 2003，如 Windows NT/2000/XP 等。

如果用户使用的是财务专业版或业务专业版，则服务器和工作站都需进行 Microsoft SQL Server 2000 的安装。

三、系统的安装

将光盘放入驱动器，安装程序自动运行（也可运行光盘根目录下的 Setup. exe 文件），出现"安装金算盘软件"窗口，其中包括安装软件、查看光盘、访问 WEB 站点、联系金算盘、产品及部分荣誉、退出六个功能按钮。

1. 选择"安装软件"后，系统提供向导式安装方式，出现"欢迎"界面，单击"下一步"，出现"服务协议"对话框，如图 5 - 1 所示。

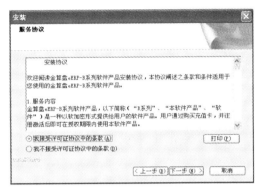

图 5 - 1　金算盘 eERP - B V6.22 服务协议

用户若不同意，选择"我不接受许可证协议中的条款"，退出安装；若同意，选择"我接受许可证协议中的条款"，继续安装。

如果用户没有安装 Microsoft . NET Framework 2.0，系统将自动先进行安装。

2. 单击"下一步"按钮，出现"客户信息"对话框，如图 5 - 2 所示，输入用户名和公司名称。

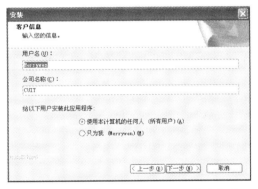

图 5 - 2　金算盘 eERP - B V6.22 客户信息

3. 单击"下一步"按钮，出现"选择安装类型"对话框，如图 5 - 3 所示。"全部"表示系统默认安装并安装所有程序功能。"定制"则选择要安装的程序功能。

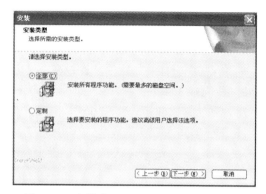

图 5 - 3　金算盘 eERP - B V6. 22 安装类型

4. 若要更换安装的路径，则选择"定制"。单击"下一步"，选择要安装的目的地位置，系统默认安装路径是 C：\ eabax，如图 5 - 4 所示。

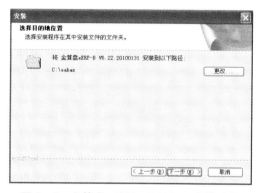

图 5 - 4　金算盘 eERP - B V6. 22 安装路径

5. 单击"下一步"按钮，出现"选择功能"对话框，如图 5 - 5 所示。

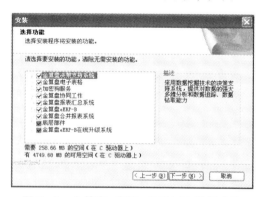

图 5 - 5　金算盘 eERP - B V6. 22 选择功能

6. 选定相应功能后，单击"下一步"按钮，出现"安装向导就绪"对话框，如图 5 - 6 所示。单击"安装"按钮，开始复制系统文件，直到完成全部安装。安装完成后，需要重启计算机。

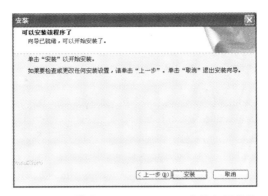

图 5-6 金算盘 eERP-B V6.22 安装向导就绪

网络用户的安装：服务器安装好后，只需在工作站上运行服务器共享出的一个 set-up. exe 文件即可完成工作站的安装。通过这种方式安装，系统会自动获取加密狗地址；在工作站上通过光盘安装也是可以的，只不过这种方式就需要手工添加加密狗地址，操作过程会麻烦一些。

四、系统启动与退出

1. 系统的启动

单击"开始—程序—金算盘软件—金算盘软件 eERP—金算盘 eERP－B"，或者双击桌面上的金算盘企业管理软件"金算盘 eERP－B"快捷方式图标，进入系统主界面，单击菜单"文件—打开账套"，打开如图 5-7 所示的对话框，用户可以新建账套或打开账套。

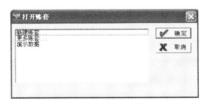

图 5-7 打开账套

2. 系统的退出

选择下面任何一种方法就可以退出金盘算 eERP－B。

（1）在系统主界面中，单击主窗口标题栏右边的窗口关闭按钮；

（2）单击主窗口中的"文件"菜单，选择"退出"菜单项；

（3）按快捷键 Alt + F4。

第二节　账套管理

一、新建账套

在金算盘 eERP－B 主界面，单击菜单"文件—新建账套"，出现"新建账套"向导窗口，如图 5-8 所示。

图 5-8 新建账套—账套名称

1. 账套名称

账套名称，一般以单位名称命名。在如图 5-8 所示界面的文本框中输入账套名称即可。eERP-B 新建账套的名称不能与已有的账套名称重复，如果重复，系统将询问是否覆盖以前同名账套。用户可以单击账套名称文本框右侧的按钮，进入"保存账套"窗口，进行更进一步的详细设置，如新建账套的存放路径等。账套名称不能超过 60 个字符。

2. 会计制度

单击"下一步"按钮（或单击"会计制度"标签），即可选择本账套所适用的会计制度，如图 5-9 所示。

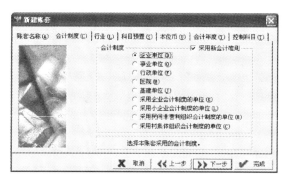

图 5-9 新建账套—会计制度

当选择"企业单位"或"采用企业会计制度的单位"时，可在"采用新会计准则"选项处打上"√"。

3. 行业

单击"下一步"按钮（或单击"行业"标签），可选择行业，如图 5-10 所示。

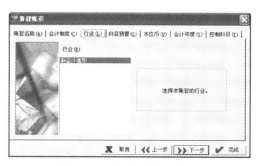

图 5-10 新建账套—行业

4. 科目预置

单击"下一步"按钮（或单击"科目预置"标签），可以进行系统预置科目的设置，如图 5 - 11 所示。

图 5 - 11 新建账套—科目预置

"生成预设科目"：系统根据用户所选择的行业生成标准一级科目及部分明细科目。单击"详细信息"按钮来查看生成的科目。如果用户不选择"生成预设科目"，则不生成该行业标准科目。

5. 本位币

单击"下一步"按钮（或单击"本位币"标签），可确定记账本位币，如图 5 - 12 所示。

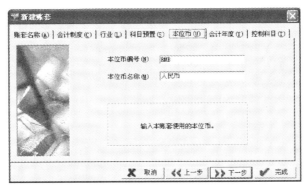

图 5 - 12 新建账套—本位币

系统默认本位币编码为 RMB，名称为人民币。如果人民币不是记账本位币，则需重新输入正确的记账本位币。

6. 会计年度

单击"下一步"按钮（或单击"会计年度"标签），可确定会计期间和会计年度，如图 5 - 13 所示。

（1）会计期间。系统提供了两种会计期间划分，一种是 12 个期间，另一种 13 个期间。选择前者，每个期间的起始日、结束日，默认为自然月的第一天和最后一天；选择后者，则每个期间都为 28 天（四周），系统依据本会计年度的起始日期和结束日期自动调整各个会计期间的起始和结束日期。

（2）会计年度。会计年度以建账日所在年为准。其年度的起始日、结束日分别默认为本年的第一天和最后一天。需要注意的是，如果企业是按照每月的 25 日结账，26 日为下一

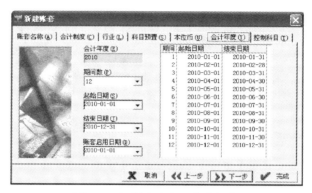

图 5-13　新建账套—会计年度

个会计期间，其会计年度的起始日期和结束日期仍然为1月1日和12月31日。

（3）账套启用日期。它指正式使用本系统的日期。如果启用日期为本会计年度的第一个会计期间，在输入科目期初余额时，仅需要输入年初数据；如果是其他的会计期间，还需要输入账套启用前各科目的借贷方累计数（包括原币、本位币、数量等）。

7. 控制科目

单击"下一步"按钮（或单击"控制科目"标签），可确定是否使用控制科目，如图5-14所示。

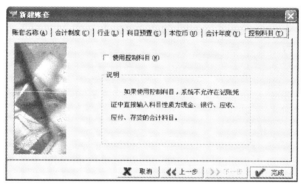

图 5-14　新建账套—控制科目

（1）如果使用控制科目，系统对于具有现金、银行、应收、应付和存货性质（在科目设置中确定）的会计科目不能直接在凭证中输入，需要填制相关的业务单据（如收付款单、采购/销售发票等），然后由系统根据业务单据自动产生记账凭证。

（2）如果不使用控制科目，系统允许在凭证中直接输入科目性质为现金、银行、应收、应付和存货的会计科目。

最后，单击"完成"按钮，则新建账套建立成功。

在单击"完成"按钮之前，用户可以通"上一步"、"下一步"按钮（或直接单击页标签）检查账套设置的每一个步骤。账套设置完成后，仍需重新注册方可进入系统。

二、打开和关闭账套

1. 打开账套

（1）如果用户只设置了一个账套，则每次启动系统并注册后，即可进入该账套。如果设置了多个账套，系统具有智能记忆功能，默认打开的账套是用户上次使用的账套。

（2）菜单操作：单击"文件—打开账套"，进入如图 5－7 所示的"打开账套"对话框，把光标移至用户需要的账套上，然后单击"确定"按钮，便打开该账套。

在列出的账套中，如没有用户所需要的账套，可把光标移至窗口中"更多账套"，然后再单击"确定"按钮，出现如图 5－15 所示的对话框。

图 5-15　打开账套—更多账套

系统已默认为金算盘账套文件所在路径和文件类型，其文件名后缀为"GDB"。用户只需在"文件列表框"中，首先定位到账套所在路径，并把光标移至需要的账套上，单击"打开"按钮，便打开该账套。

在打开一个新账套后系统将自动重新注册（也可单击菜单"文件—重新登录"），选择注册日期和操作员，输入相应口令后，单击"确定"按钮即可进行注册。

口令中的字符有大小写的区分，口令长度为 8 位字符。

注册后，进入金算盘 eERP－B 主界面，如图 5－16 所示。系统有流程图和菜单树两种界面形式，用户可通过"菜单树/流程图"按钮进行转换。

2. 关闭账套

当用户要打开另一账套，或者有事需要暂时中断当前操作时，应先关闭账套以保存当前系统数据。

菜单操作："文件—关闭账套"，出现关闭当前账套提示对话框，单击"确定"按钮即可关闭当前运行账套。以下几种情况下，系统自动关闭当前账套：

（1）打开另一账套或重新登录也可以将当前账套关闭。

（2）备份或恢复数据时，系统自动关闭当前打开的账套。

（3）退出本系统时，系统自动关闭当前打开的账套。

为了数据的安全性，账套不使用时，建议用户将打开的账套关闭。

图 5-16　金算盘 eERP-B 主界面—流程图

三、账套属性

用户可以集中对所有账套进行账套属性的设置，只需在账套列表中选中一账套后，再单击"账套"菜单或鼠标右键快捷菜单中的"账套属性"，即可进入账套属性界面。用户可以输入与账套相关的"用户档案"、"开户行"、"收发地址"、"会计期间"、"特殊科目"、"核算选项"、"备注"七部分信息。

1. 用户档案

在"用户档案"页面，直接编辑相关内容即可，如图 5-17 所示。

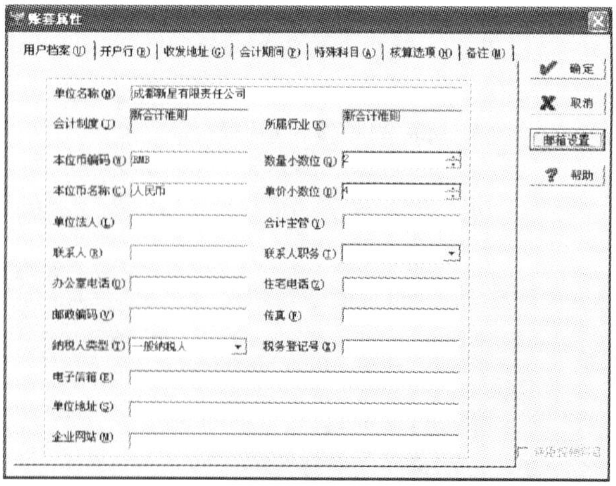

图 5-17　账套属性—用户档案

2. 开户行和收发地址

在"开户行"和"收发地址"中输入本单位的有关信息。

此部分信息在处理某些单据时可以打印在单据上，尤其在有多个收发地址时会方便使用。

3. 会计期间

如图 5－18 所示，用户可查看修改本单位的会计期间情况。

如果为演示版时，不允许新增、删除会计年度（已使用会计年度不允许删除）。

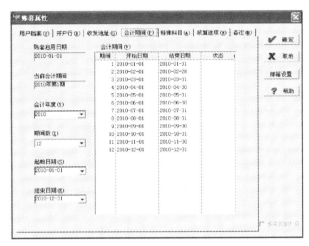

图 5－18　账套属性—会计期间

在会计期间列表中，每个具体的期间，有不同的结账状态。无论该期间是否已结账，用户都不能再修改该期间的开始或结束日期。

4. 特殊科目

如图 5－19 所示，用来指定系统自动生成凭证时所要采用的对应特定业务的会计科目。

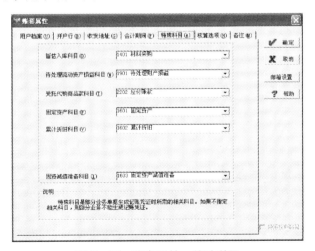

图 5－19　账套属性—特殊科目

5. 核算选项

如图 5－20 所示，确定系统的核算选项。核算选项属控制功能，影响一些功能的行为表现。

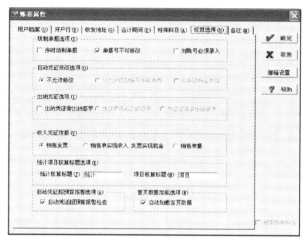

图 5-20 账套属性—核算选项

（1）填制单据选项。

①序时填制单据。它指按时间先后顺序填制单据，即单据编号遵循"日期在前则单据号在前"原则。此项控制可严格按事务的发生先后来记录信息。

②单据号不可修改。若选择此项，则表示各种单据的编号只能由系统自动编制，不允许手工改动；若不选择此项，则表示各种单据编号可由系统自动编制，也可手工改动。

③对账号必须录入。如果选中该条件，在凭证中输入具有应收应付性质的科目时，必须录入对账号，并且在进行往来核销时，系统强制只有相同对账号的应收应付数据才能进行核销。

（2）自动凭证修改选项。由各种业务单据自动生成的记账凭证可设置修改权限，系统提供"不允许修改"、"只允许修改编号和附单数"、"可修改所有内容"等三个选项。

只有当上述"单据号不可修改"选项未被选择时，才可以进行此组设置。否则在"自动凭证修改选项"中只能选择"不允许修改"，其他两项将无效，处于灰色状态。

（3）出纳凭证选项。如果选择"出纳凭证需由出纳签字"，应需要再选择出纳凭证签字方式是凭证复核前签字还是记账前签字，否则将不进行出纳凭证签字。

（4）收入凭证依据。收入凭证依据中包含：销售发票、销售单实现收入，发票实现税金、销售单据实现收入。作为生成收入凭证的依据，一旦系统生成过收入凭证，就不允许修改这个参数。

（5）统计项目核算标题选项。为统计项目和核算项目命名。

（6）自动凭证超预算报警选项。

（7）首页数据加载选项。当选中"自动加载首页数据"时，系统自动加载首页数据。未选中"自动加载首页数据"时，系统将不加载首页数据，首页中显示的各项数据均为空。

四、账套备份和恢复

1. 数据备份

菜单操作：单击"文件—数据备份"，打开"备份账套数据"对话框，如图 5-21 所示。

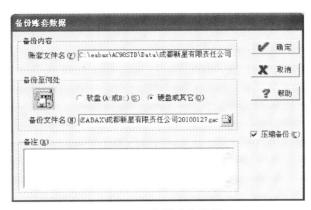

图 5 - 21　备份账套数据

（1）备份至何处：指定存放路径、文件名，即把账套的备份数据存放到何处，可以是软盘或硬盘，并给出备份文件的名字。

（2）如果需要，可在备注栏内注明此次备份的有关信息，以便在数据恢复时进行查阅。

（3）根据需要，可确定是否在备份时压缩数据。

（4）单击"确定"按钮，系统开始备份。

在系统执行备份时，会自动检查存放备份文件的磁盘空间大小。如果所剩空间不足以存储备份文件，系统会告诉用户将终止备份。如果备份到软盘上，系统也会及时提醒用户更换软盘。系统对备份文件名称支持长文件名，扩展名自动取为 gac。

2. 数据恢复

菜单操作：单击"文件—数据恢复"，打开"账套恢复"对话框，如图 5 - 22 所示。

图 5 - 22　账套恢复

（1）从本地硬盘上恢复。如果数据备份在本地硬盘上，那么，用户可在"账套恢复"对话框中看到该备份文件，然后指定恢复路径，即系统所在的路径，最后单击"确定"按钮即可将备份的数据恢复到系统中。

在账套恢复对话框中，系统详细列出了可供选择的备份文件，用户可以选择所需要恢复的数据；同时，系统将在右边的窗口内提示与该账套有关的详细信息，确保用户找到需要恢复的备份文件。

用户可以指定将备份的数据文件恢复到哪个目录下，系统对于数据文件的存放位置没有具体的限制。

（2）从其他路径恢复。如果数据备份在网络上，则：

①单击"账套恢复"对话框中的"其他账套",再单击"确定",进入备份文件查找对话框。

②在"恢复账套"的路径搜索窗中,找到需要恢复的备份文件,再单击"打开"按钮,进入"账套恢复确认"对话框;

③在"账套恢复确认"中,根据系统的提示信息,确认无误后单击"确定"即开始恢复数据。

五、账套删除、整理和结转

1. 账套删除

删除账套只需以删除文件的方式在账套所在目录下直接删除账套文件即可。

2. 账套整理

系统正在运行时可能会遇到一些特殊情况,比如突然停电,此时数据可能会产生混乱,系统提供账套整理功能,以保障用户的正常使用。

菜单操作:单击"文件—账套整理",实现对账套数据的整理,整个整理过程将会自动运行,不需要用户干预。

3. 账套结转

账套结转,是把一个账套中的数据(期末)转入另一个新建账套中(作为期初)。但这不是会计意义上的年终结转,而仅仅是为了加快系统的运行速度而设计的功能。

金算盘软件年终结转是自动的,不需要人工干预。

建议在保证全年数据完整的情况下方可使用本功能,简单地讲,就是不要在一年中间的某个时间使用本功能。

菜单操作:单击"文件—账套结转",进入"账套结转"对话框,如图5-23所示。

图5-23 账套结转

确定结转后的账套文件名称及存放路径;指定结转日期后,系统将结转日期后的数据转入新的账套文件,结转日期前的数据作为新账套的期初数据转入。

录入的结转日期,其所在的会计期间应已结账。

第三节 基础设置

在基础设置中,主要涉及系统设置、基础编码和期初数据三部分,在金算盘 eERP-B 流程图主界面中,单击"基础设置"即可进行相应操作。

基础设置主界面如图5-24所示。

图 5－24　基础设置主界面

一、系统设置

系统设置是对操作权限、单据格式、账套属性和邮箱设置等进行处理。

1. 操作权限

金算盘 eERP－B 系统建立了完善的权限管理机制，系统按照模块授权进行管理。用户可随时增加一个操作员，然后授予相应的权限。

单击菜单"工具—操作权限"，或在流程图界面单击"基础设置—操作权限"，进入"操作员权限列表"窗口，如图 5－25 所示，用户可单击"编辑"按钮（或单击鼠标右键），修改操作员、新增操作员及删除操作员。

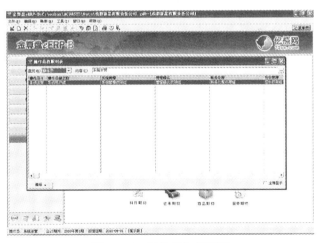

图 5－25　操作员权限列表

（1）新增操作员。

①在如图 5－26 所示的"新增操作员"窗口中，输入操作员的姓名，选择操作员所属的操作员组，在"操作仅限"页签中选中权限组，赋给操作员相应权限，然后输入并确认登陆系统的口令，最后单击"确定"或"新增"按钮，系统就会增加操作员。

②单击"账表权限"，可以设置操作员或操作员组对各子系统账表的创建、设置和查询

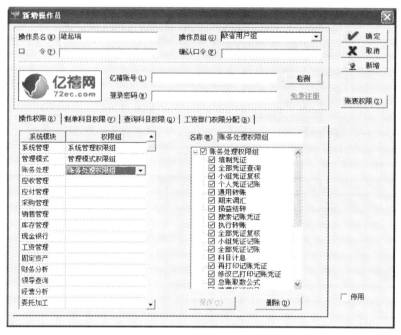

图 5 - 26　新增操作员

权限，如图 5 - 27 所示。

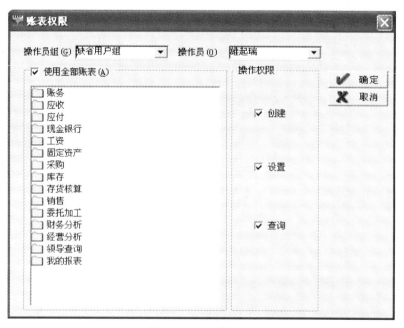

图 5 - 27　账表权限

（2）新增操作员组。在图 5 - 26 所示的界面中，单击"操作员组"栏右边的下拉按钮，选中"新增"，出现"增加操作员组"对话框，输入操作员组的名称，然后单击"确定"或"新增"按钮即可。

（3）新增权限组。在图 5 - 26 所示的界面中，单击"操作权限"页签，选中"系统模块"对应的"权限组"，在"名称"文本框中输入相应的权限组名，然后单击"保存"按钮即可为新增加的权限组命名，并设置具体的操作权限。

同一功能模块内的不同权限组不能重名。

2. 单据格式

（1）单击菜单"工具—单据格式"，或在流程图界面单击"基础设置—单据格式"，进入"单据模板"窗口，如图 5 - 28 所示。

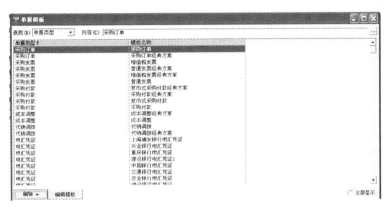

图 5 - 28 单据模板列表

（2）单击"编辑"按钮（或单击鼠标右键），选中"新增"，打开"新增模板"对话框，如图 5 - 29 所示，可进行单据模板的定义，包括单据模板名称、单据头、单据体、单据尾、显示颜色、字体和纸张，设置完成后，单击"确定"按钮保存，或"新增"按钮保存模板后继续增加模板。

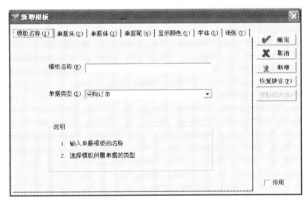

图 5 - 29 新增单据模板

在如图 5 - 28 所示的界面中，选中单据类型和单据模板，单击"编辑"按钮（或单击鼠标右键），可以对已定义的单据模板进行修改或删除。

（3）单击"编辑模板"，可以对已经定义的模板进行重新设计，如图 5 - 30 所示。

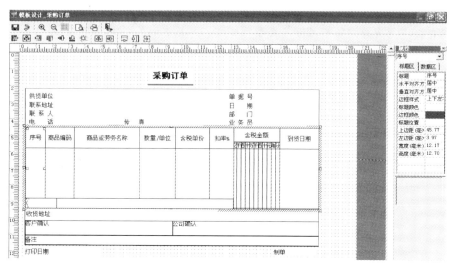

图 5-30　模板设计

二、基础编码

基础编码包括设置会计科目、统计项目、现金项目、部门职员、往来单位、商品劳务、固资编码和币种汇率等内容。

1. 会计科目

在流程图界面中选择"基础设置—会计科目"或在树状菜单中双击"管理模式—会计科目"就可进入会计科目列表窗口，如图 5-31 所示。

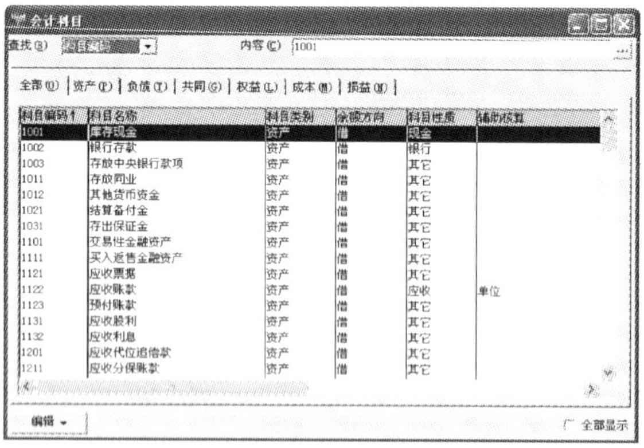

图 5-31　基础设置—会计科目

在该窗口中，系统除所有的科目列示外，还按照科目类别进行划分，如资产、负债、权益、成本、损益等。单击分类标签，如资产，系统将仅列出资产类科目。以上科目都是在建立账套时，系统根据用户所选择的行业按照国家有关规定自动产生，用户可以根据实际情况在此基础上进行增加、修改，以满足本单位核算的需要。

（1）增加会计科目。

①在如图 5-31 所示的科目列表窗口中单击"编辑"按钮（或单击鼠标右键），在弹出菜单中选择"新增"，或直接按键盘快捷键 Ctrl＋N，或单击工具栏上的"新增"图标，

都将出现"新增会计科目"对话框，如图 5 – 32 所示。

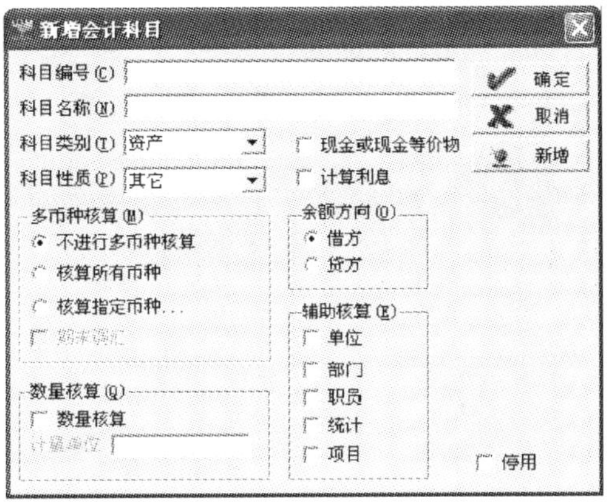

图 5 – 32　基础设置—会计科目—新增

②输入科目编号、名称，并选择科目类别和科目性质；可根据核算和管理的要求，选择其他选项。

科目编号：当前科目的编号，可以进行分级管理，级与级之间系统以连字符（－）作为分级标志，编号总长度为 16 位（连字符包含在内）。对于级次数量和每一级编号的长度，系统没有统一限制，各个不同的科目可以单独进行设置。

科目名称：科目的具体名称（比如 A 材料），允许输入 40 个字符（20 个汉字）。

科目类别：根据选择的不同会计制度，系统默认的科目类别有所不同。当选择企业会计制度时，会计科目分为资产类、负债类、所有者权益类、成本类、损益类五大类会计科目；为事业或行政单位会计制度时，会计科目分为资产类、负债类、净资产类、收入类、支出类等。

科目性质：系统约定科目性质分为：现金、银行、应收、应付、其他五种属性。事实上，现金科目必须设为"现金"属性，才可能产生现金日记账。银行科目必须设为"银行"属性，才可能产生银行日记账和进行银行对账。应收（应付）科目设为应收（应付）属性，才可能对往来账进行核销。

期末调汇：选定期末调汇后，系统将在期末按照指定的汇率自动进行调整并产生汇兑损益凭证。

数量核算：如果需要账册上反映某个科目所涉及的数量时，可以选择数量核算，并确定数量的计量单位。

辅助核算：系统共设置了单位、部门、职员、统计、项目共五个辅助核算属性。

计算利息：选中此标志后，系统可以自动按照余额积数进行利息计算，并自动生成凭证。

可以在已经使用的科目下增加明细科目，系统自动将原科目中的所有数据，转入新增加的明细科目中，包括科目的期初数据、已经填制的凭证中的有关数据、已经记账的有关数据等。

③如果要继续新增加，单击"新增"按钮；如果确定新增加的科目并退出新增会计科目功能，单击"确定"按钮。

（2）删除会计科目。在科目列表中选择要删除的科目，然后单击"编辑"按钮（或单击鼠标右键），在弹出菜单中选择"删除"，或直接按键盘快捷键 Ctrl + D，或单击工具栏上的"删除"图标，均可删除当前科目。

已经使用的科目不能被删除，只能修改或停用。

（3）修改会计科目。在科目列表中选择要修改的科目，然后单击"编辑"按钮（或单击鼠标右键），在弹出菜单中选择"修改"，或直接按键盘快捷键 Ctrl + E，或直接用鼠标双击该科目，都可以进入"修改会计科目"窗口，然后根据需要修改。

对于已经使用的科目，可以修改其编码、名称等内容，系统将根据所做的修改自动调整已有的数据。

（4）复制会计科目。系统提供了对明细科目进行复制的功能，方便用户快速输入经常重复的明细科目。在科目列表中单击"编辑"按钮（或单击鼠标右键），选择"科目复制"，出现"科目复制"对话框，如图 5 - 33 所示。

图 5 - 33 基础设置—会计科目—复制

确定来源科目（必须是非明细科目）和目标科目（可以是明细科目或非明细科目），并且可以指定复制的级次，然后选择是否复制科目性质、多币种核算、数量核算及辅助核算，再单击"确定"按钮。

除了以上的选择外，对于科目的类别（资产、负债等）系统会自动判断，科目性质（如现金、银行、应收、应付、其他）和"现金或现金等价物"属性将同源科目保持一致。

2. 币种汇率

（1）新增币种汇率。

①选择流程图菜单中的"基础设置—币种汇率"，或在树状菜单中双击"管理模式—币种汇率"，出现"币种汇率列表"窗口，如图 5 - 34 所示。

图 5 - 34 基础设置—币种汇率

②单击"编辑"按钮（或单击鼠标右键），在弹出菜单中选择"新增"菜单项，出现"新增币种"窗口，如图 5 - 35 所示。

③输入币种编号、币种名称，确定币种小数位数、汇率小数位数，选择汇率匹配方式、折算方式，并单击"确定"按钮即可。

图 5 - 35 基础设置—币种汇率—新增

币种编号：外币的代码，长度为 4 位。

币种名称：外币的称谓，长度为 10 个字符，即 5 个汉字。

币种编号和币种名称不允许重复。

汇率的匹配方式：选择汇率的方法。

当日：系统根据单据的日期自动选择当天的汇率。

向前：系统根据单据的日期自动查找当天的汇率，如果没有找到，系统将选择小于该日期的最近日期的汇率。

向后：系统根据单据的日期自动查找当天的汇率，如果没有找到，系统将选择大于该日期的最近日期的汇率。

在新增币种窗口内，选定会计年度（系统默认为当前年度）和会计周期（系统默认为进入系统时的会计周期）后，录入每天的汇率。

（2）修改或删除币种汇率。在"币种汇率列表"中选择需要修改或删除的币种，然后单击"编辑"按钮（或单击鼠标右键），在弹出菜单中选择"修改或删除"，或按键盘快捷键 Ctrl + E 或 Ctrl + D，或单击工具栏上的"修改或删除"图标，就可以修改或删除当前币种。

已经使用的币种不允许被删除，只能修改或停用。

（3）清除过时汇率。可以根据实际情况成批删除不需要的汇率。在"币种汇率列表"中单击"编辑"按钮（或单击鼠标右键），在弹出菜单中选择"清除过时汇率"，出现"清除过时汇率"对话框，如图 5 - 36 所示。

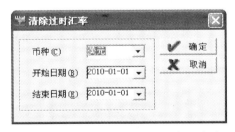

图 5 - 36 基础设置—币种汇率—清除过时汇率

选择需要清除汇率的币种，确定开始日期和结束日期，然后单击"确定"按钮，系统将清除该币种在此期间的所有汇率。

3. 部门职员

部门职员包括部门、职员、个人所得税税率和扣税标准。

（1）部门。选择流程图菜单下的"基础设置—部门职员"，或双击树状菜单中"管理模式—部门或职员"，系统将进入"部门职员"列表窗口，如图5-37所示。

图5-37　基础设置—部门

选择"部门"页标签，即可增加、删除、修改部门。部门可以进行级次管理，各级之间仍然用连字符"－"连接。同级部门的编码、名称不能重复。部门编码长度为16位，部门名称为30位，即15个汉字。

在已经使用的末级部门下新增明细部门，系统会自动将原来部门的所有数据转入新的明细部门中。已经使用的部门不允许被删除，只能修改或停用。

（2）职员。在如图5-37所示的"部门职员列表"中单击"职员"标签，出现"职员"页，如图5-38所示，可进行职员的增加、修改和删除。

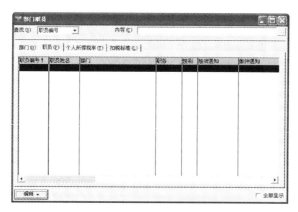

图5-38　基础设置—职员

单击"编辑"按钮（或单击鼠标右键），在弹出菜单中选择"新增"，或直接按键盘快捷键Ctrl＋N，或单击工具栏上的"新增"图标，出现"增加职员"对话框，如图5-39所示。

①基本信息。用户可以根据需要输入有关的内容，其中"职员编号"、"姓名"、"性别"、"所属部门"、"职员类型"是必须要录入的。职员编号是区分不同职员的唯一标识，不允许重复。所属部门必须指定到最末一级部门。职员类别除了对职员进行分类管理外，系统将按职员类别计提工资。

②辅助信息。如果要详细记载某个职员的信息，以及该职员涉及个人所得税及银行代发，还应在"辅助信息"页确定更多的信息，如图5-40所示。已经使用的职员不能被删除，只能修改或停用。

（3）个人所得税率。在如图5-37所示的"部门职员列表"中单击"个人所得税率"标签，出现"个人所得税率"页，如图5-41所示，可根据国家有关规定增加新的级次或

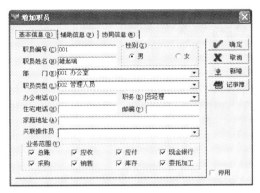

图 5－39 基础设置—职员—新增—基本信息

图 5－40 基础设置—职员—新增—辅助信息

修改现有级次的应税额及税率。

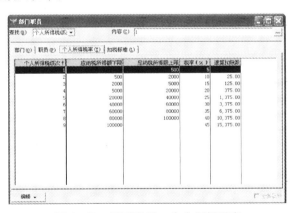

图 5－41 基础设置—个人所得税率

（4）扣税标准。在如图 5－37 所示的"部门职员列表"中单击"扣税标准"标签，出现"扣税标准"页，如图 5－42 所示，系统已经预置了两类扣税标准，用户可以根据需要修改或增加新的扣税标准。

扣除金额不能小于起征金额。

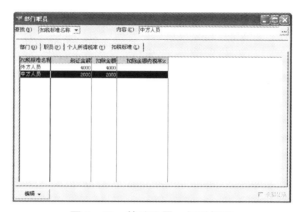

图 5-42　基础设置—扣税标准

4. 往来单位

选择流程图菜单中的"基础设置—往来单位",或双击树状菜单中的"管理模式—往来单位",出现"往来单位列表"窗口,如图 5-43 所示。在该窗口中,可以对往来单位进行分类,录入往来单位基本情况。

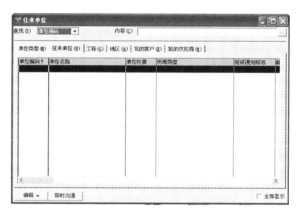

图 5-43　基础设置—往来单位

在"往来单位列表"的"往来单位"页中,单击"编辑"按钮(或单击鼠标右键),在弹出菜单中选择"新增",或按键盘快捷键 Ctrl + N,系统进入新增往来单位对话框,其中包含有五页信息,用户根据需要录入后单击"确定"或"新增"按钮即可。

(1) 基本信息。如图 5-44 所示。

①单位编码。区分往来单位的唯一标识,长度 12 位,不允许重复。

②单位名称。一般为往来单位的全称。

③所属类型。参照所定义的单位类型对新增单位进行划分。

④单位性质。用于表明该单位与本企业间的业务往来关系,系统提供供应商、客户、供销、其他四种单位性质供选。

⑤付款条件。即支付货款的条件。系统预置了七类付款条件,可从中选择,也可增加和修改。

如要修改付款条件,选择该付款条件,再单击下拉按钮,并选择"修改",出现"修

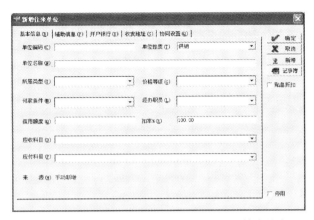

图 5 - 44 基础设置—往来单位—新增—基本信息

改付款条件"对话框,如图 5 - 45 所示。

图 5 - 45 基础设置—往来单位—新增—基本信息—付款条件

⑥信用额度。与往来单位之间的最大信任度。在填制销售单据时,系统在应收账款超过信用额度时会自动报警(需要打开自动报警开关)。

⑦扣率。确定折扣率后,就可以确定采购或销售的折扣。系统在输入采购单或销售单时,采购(销售)金额 = 数量 × 单价 × 折扣率。

⑧应收科目和应付科目。根据单位性质,填入应收科目和应付科目。所填入的科目必须具有应收和应付属性,系统将根据这里填制的科目自动生成相关的记账凭证。

⑨来源。往来单位的来源包含了两部分(手工新增、亿禧网下载)。

(2)辅助信息。单击"辅助信息"标签,出现"辅助信息"页,如图 5 - 46 所示。

(3)开户银行。单击"开户银行"标签,可输入该单位的开户银行信息。

(4)收发地址。单击"收发地址"标签,可输入该单位的收发货地址、联系人、联系电话等信息。

(5)协同设置。往来单位之间发生业务时,相互间的信息沟通,及时传递至关重要,系统提供了协同支持。在"协同设置"中包含了协同方式设置和协同消息类型设置。

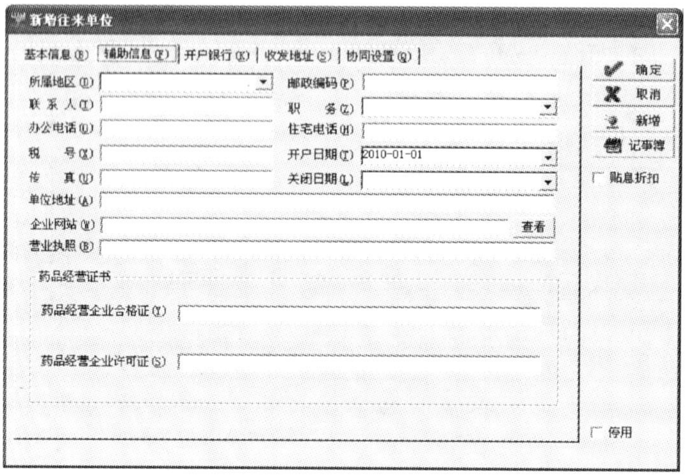

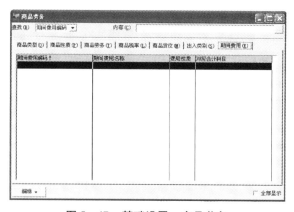

图 5-46　基础设置—往来单位—新增—辅助信息

5. 商品劳务

在"商品劳务"中涉及商品的许多内容，包括商品类型、成本计算方法、各个对应的科目（收入、成本、存货等）。同时，使用控制科目时才涉及商品劳务，而不使用控制科目则不涉及商品劳务、应收/应付和现金银行。

选择流程图菜单中的"基础设置—商品劳务"，或双击树状菜单中"管理模式—商品劳务"，出现"商品劳务列表"窗口，如图 5-47 所示，用户可在窗口中定义商品类型、商品性质、商品劳务、商品税率、商品货位、出入类别、期间费用等信息。

图 5-47　基础设置—商品劳务

（1）商品性质。设置商品性质，包括定义商品税率、销售科目、采购科目等。在新增商品时，录入商品对应的商品性质，也就确定了该商品在采购、销售时，应记入的科目。

在图 5-47 中单击"商品性质"选项卡，再单击"编辑"按钮（或单击鼠标右键），在弹出菜单中选择"新增"，或按键盘快捷键 Ctrl + N，出现"新增商品性质"对话框，如图 5-48 所示，输入商品性质名称，选择税率、销售科目及采购科目，然后单击"确定"或"新增"按钮即可。

（2）商品劳务。系统对企业中的商品和劳务按不同的类别进行管理，因此，应当将具

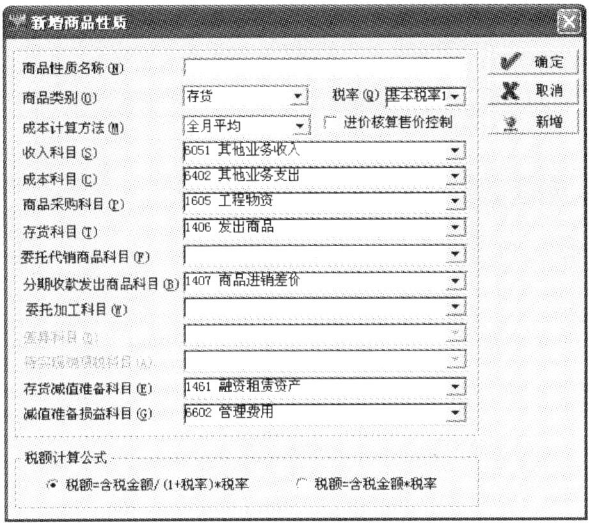

图 5－48 基础设置—商品劳务—商品性质—新增

体的商品和劳务分别录入到系统中。

在图 5－47 中单击"商品劳务"选项卡，再单击"编辑"按钮（或单击鼠标右键），在弹出菜单中选择"新增"，或按键盘快捷键 Ctrl＋N，出现"新增商品劳务"对话框，如图 5－49 所示，在"基本信息"页中，录入商品编码、商品名称、所属类型、规格型号、商品性质、基本计量单位等。在"辅助"页中，录入商品产地、采购信息、销售信息、存货信息等。在"单位"页中录入常用计量单位，在"部件"页中录入条件商品，然后单击"确定"按钮即可。

图 5－49 基础设置—商品劳务—商品劳务—新增

其中商品编码长度为 16 位，商品名称长度为 30 位，规格型号为 20 位。商品编码不能重复，同一商品名称下同样规格的商品也不允许重复。

6. 固资编码

固定资产的初始设置主要包括"固资类别"、"固资变动方式"等内容。

（1）固资类别。选择流程图菜单下的"基础设置—固资编码"，或双击树状菜单中"管理模式—固资类别"，出现"固定资产编码列表"窗口，如图5-50所示。

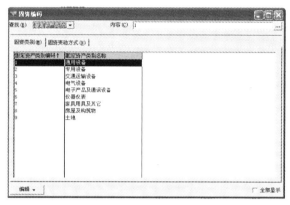

图5-50　基础设置—固资编码—固资类别

系统已经预置了九个类别，可根据需要增加、修改、删除。单击"编辑"按钮（或单击鼠标右键），在弹出菜单中选择"新增"，或按键盘快捷键Ctrl+N，出现"新增固资类别"对话框，如图5-51所示。

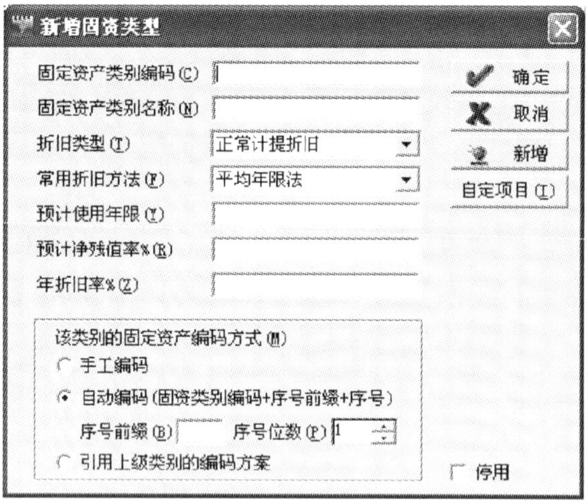

图5-51　基础设置—固资编码—固资类别—新增

根据实际需要输入固资类型的编码、名称、预计使用年限和预计净残值率、年折旧率，并选择折旧类型、折旧方法，然后单击"确定"按钮即可。

选择折旧类型时，正常计提折旧是按照通常的规定进行的计提折旧，受使用状态的影响；永不计提折旧是指土地等不计提折旧的固定资产；永远计提折旧是指房屋、建筑物等始终计提折旧的固定资产。

在选择常用折旧方法时，系统提供了不计提折旧、平均年限法、工作量法、双倍余额递减法、年数总和法等，用户只需选择合适的折旧方法即可。

（2）固资变动方式。在如图5-50所示中，单击"变动方式"标签，出现"变动方式"页，如图5-52所示。

固定资产增加和减少的方式,系统已经预置了十二个类型,用户可调整。

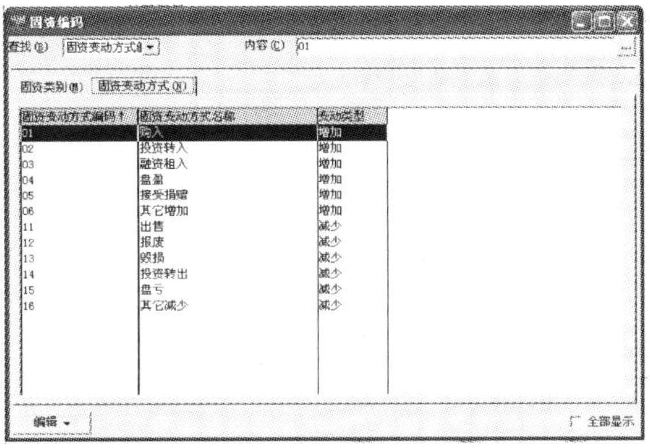

图 5 - 52 基础设置—固资编码—固资变动方式

单击"编辑"按钮(或单击鼠标右键),在弹出菜单中选择"新增",或按键盘快捷键 Ctrl + N,出现"新增固资变动方式"对话框,如图 5 - 53 所示。

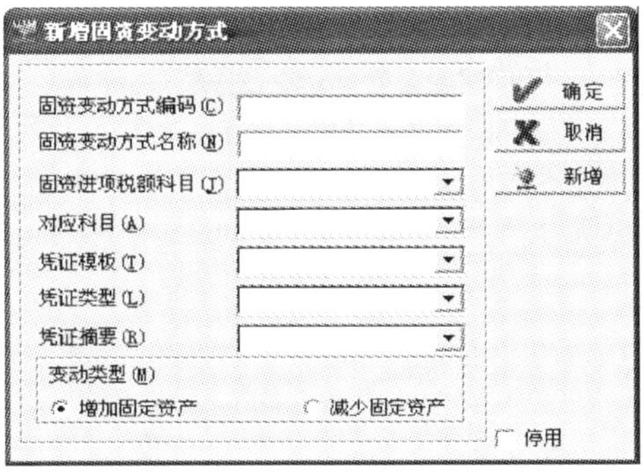

图 5 - 53 基础设置—固资编码—固资变动方式—新增

输入固资变动方式编码、名称(其中编码长度 12 位,名称长度 30 位),并选择对应科目、凭证模板、凭证类型、凭证摘要及变动类型,单击"确定"即可保存。

7. 统计项目

如果科目设置了统计或项目属性,表示要进行统计和项目核算。

(1)统计核算。凡是需要统计的数据均可通过统计辅助核算来完成,而且可以简化科目设置。假设"生产成本"科目结构为"生产成本——车间—A 产品—直接人工",则利用统计核算项目,可把"产品"设为统计项目,即可简化生产成本科目为"生产成本——车间—直接人工",从而能达到详细核算工厂成本的目的。

选择流程图菜单中的"基础设置—统计项目"或双击树状菜单中"管理模式—统计",出现"统计项目列表"窗口,如图 5 - 54 所示。

单击"编辑"按钮(或单击鼠标右键),在弹出菜单中选择"新增",或按键盘快捷键 Ctrl + N,或单击工具栏上的"新增"按钮,出现"新增统计"对话框,如图 5 - 55 所示。

在窗口中输入统计编码和统计名称即可。统计编码可以是层次编码,各级统计编码仍然用连字符"-"进行区别。统计编码长度为 16,统计名称长度为 30。统计编码和统计名称不能重复。如果录入的编码,其上级为一个已使用的末级编码。那么,系统会把原末级

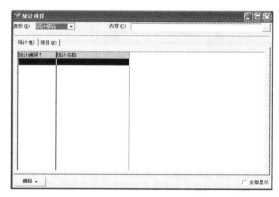

图 5 - 54 基础设置—统计项目—统计

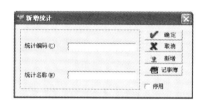

图 5 - 55 基础设置—统计项目—统计—新增

编码的数据，转入新增编码。原末级编码变为非末级编码，新增编码为末级编码。

（2）项目核算。项目与统计的作用大致相同，可以简化科目体系并增加查询数据的口径。操作也与统计相似。

8. 凭证类型

系统预设了四种常见的类型供用户选择，当然，用户也可根据自身的需要定义。

第一次填制凭证时，若没有设置凭证类型，系统将智能地检测到，并会弹出"记账凭证类型"对话框，如图 5 - 56 所示，（也可通过树状菜单"管理模式—凭证类型"）。

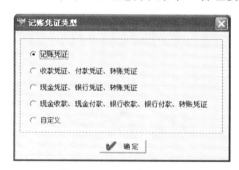

图 5 - 56 记账凭证类型

用户可选择一种合适的分类。

如果用户要根据自身的需要设置凭证类型，选择"自定义"选项，单击"确定"按钮，进入"凭证类型列表"对话框，如图 5 - 57 所示，然后可新增、修改及删除凭证类型。

单击"编辑"按钮（或鼠标右键），选择"新增"菜单项，或直接按键盘快捷键 Ctrl + N，出现"新增凭证类型"窗口，如图 5 - 58 所示。

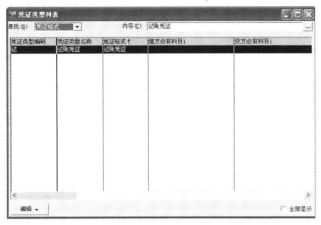

图 5 – 57　凭证类型列表

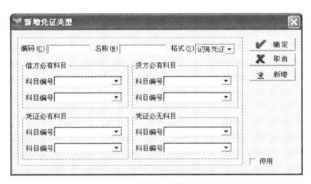

图 5 – 58　凭证类型新增

输入凭证类型编码、名称、格式，然后单击"确定"或"新增"按钮即可。

如果用户需要在录入凭证时检查对应科目的合法性，还可以选择借贷方必有、必无科目，以及凭证必有、必无科目。如果要停用该凭证类型，可选择"停用"标志。

三、期初数据

主要对科目、往来、商品和固资的期初数据进行处理。

1. 科目期初

选择流程图菜单下的"基础设置—科目期初"，或在树状菜单中双击"系统初始化—科目期初"，出现"科目期初余额"窗口，如图 5 – 59 所示。

（1）白色。为末级且没有辅助核算性质的科目所显示出的颜色，用户可在该行中直接录入数据。如果某个科目所在行为白色，但是没有外币和数量核算，在原币和数量栏内就有一短横线，表明不能输入数据。

（2）黄色。有辅助核算性质的科目所显示出来的颜色，其中的数据，用户不能直接填入，双击该行，系统弹出新的输入窗口，按照辅助核算项目进行期初数据输入。

（3）蓝色。非末级科目，其数据由系统自动汇总计算填写。

（4）对于有辅助核算属性的科目，系统不允许直接输入期初数据，需要在该科目上双击鼠标，待出现"科目期初明细"窗口后录入明细数据，如图 5 – 60 所示。

图 5 - 59　科目期初余额

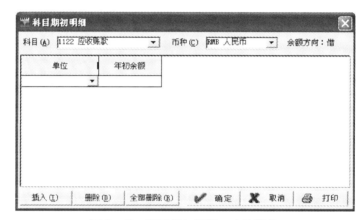

图 5 - 60　科目期初明细—应收账款

单击"插入"按钮，新增一个单位的年初余额。用"删除"或"全部删除"按钮，可删除当前数据或所有数据。

（5）如果选择"编辑列锁定"，则按回车键时光标向下移动（表示在一个列中连续录入）；否则，按回车键时光标向右移动（表示在一个行中连续录入）。

（6）试算平衡。输入完期初余额后，可单击"试算平衡"按钮，来检查录入的数据是否平衡。如果系统显示期初余额不平衡，需要重新修改。理论上，结账以前均可修改期初余额。

2. 往来期初

在科目期初中录入的应收科目、应付科目的余额只是各个往来单位一个总数。系统在进行应收核销、应付核销时，为了保证数据的完整，往来账期初的每笔明细也应输入系统，所以需要在"往来单位期初"中，录入单位尚未核销的每笔发生额。

（1）选择流程图菜单下的"基础设置—往来期初"，或在树状菜单中双击"系统初始化—往来期初"，出现"往来单位期初余额"窗口，如图 5 - 61 所示。

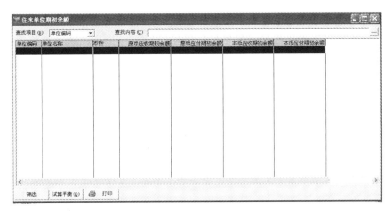

图 5 - 61　往来单位期初余额

（2）该窗口中列出了在科目期初数据输入时已经录入的数据。用鼠标双击需要输入往来明细的单位，出现"往来单位期初明细"对话框，如图 5 - 62 所示。

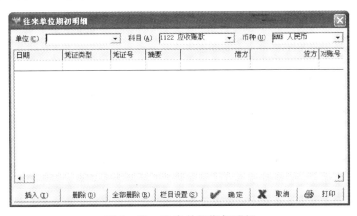

图 5 - 62　往来单位期初明细

①在"单位"栏内选择需要输入往来明细的单位，然后在"科目"栏内选择需要输入的应收或应付科目，再根据该科目的外币核算属性，选择对应的币种。

②单击窗口下部的"插入"按钮，在窗口中间将新增一行记录，用鼠标依次双击该行记录的各个栏目，如日期、凭证类型等，系统将允许用户输入数据或在下拉菜单中进行选择，直到最终输入整行数据。

各个期初数据的日期，必须小于系统的启用日期；可通过栏目设置增加"付款条件"、"开票日期"、"到期日期"等几个栏目；如果科目具有外币核算属性，系统自动提供所核算的各个币种，同时数据输入栏目将增加原币、汇率项，用户可以通过"币种"栏进行选择并输入往来期初数据；如果单位对应多个应收（或应付）属性的科目，该单位的应收（或应付）余额为所有应收（或应付）属性科目余额之和；如果该单位同时对应应收和应付属性的科目，该单位最终的性质为应收（应收属性科目余额之和大于应付属性科目余额之和）或应付（应收属性科目余额之和小于应付属性科目余额之和），金额为各个科目抵减后的余额。

（3）往来期初数据平衡检查。在往来单位期初余额窗口中，单击"试算平衡"按钮，进入如图 5－63 所示的"往来期初平衡检查"窗口，系统自动按照科目和单位的分类分别汇总往来期初数据，并与科目列表中所输入的各个应收应付科目的期初数据核对，即总账期初与明细账的期初数据进行核对，并报告检查结果。

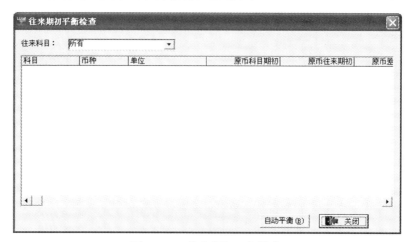

图 5－63　往来期初平衡检查

自动平衡：系统自动将往来期初中的各个单位的数据汇总，作为科目期初的相关数据，如果没有输入往来科目期初的明细数据，就自动生成；如果已经输入，就自动替换为往来期初的数据。使用这一功能，需要保证往来期初的数据输入正确，否则，就失去了一个校验数据正确性的手段。

3. 商品期初

（1）选择流程图菜单下的"基础设置—商品期初"，或在树状菜单中双击"系统初始化—商品期初"，出现"商品劳务期初"窗口，如图 5－64 所示。

图 5－64　商品劳务期初

（2）选中"库存期初"选项卡，单击"编辑"按钮（或鼠标右键），选择"新增"菜单项，或直接按键盘快捷键 Ctrl＋N，出现"库存期初"窗口，如图 5－65 所示。

（3）选择商品或劳务名称、货位、计量单位，依次输入数量、单价、金额、差异/差价等信息，单击"确定"保存即可。

运用同样的方法可以输入受托期初、委托期初、分期期初、直运期初、加工期初和暂估期初等数据。

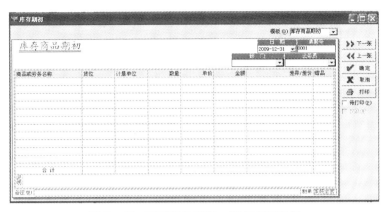

图 5 - 65　商品劳务期初—库存商品期初

4. 固资期初

对于在启用日期前购入的固定资产必须作为期初数据输入到系统中。

（1）在流程图菜单中选择"基础设置—固资期初"，或双击树状菜单中"系统初始化—固资期初"，出现"固定资产期初"列表窗口，如图 5 - 66 所示。

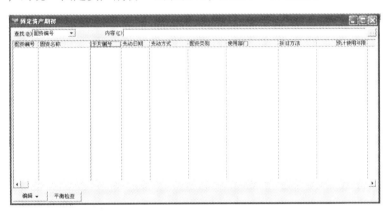

图 5 - 66　固定资产期初

（2）单击"编辑"按钮（或单击鼠标右键），在弹出菜单中选择"新增"，或按键盘快捷键 Ctrl + N，或单击工具栏上的"新增"按钮，出现"增加固定资产期初"对话框，如图 5 - 67 所示。

（3）在"基本资料"页中，用户可根据需要输入有关的数据，如卡片编号、固资编码、固资名称、规格型号、固资类别等。此外，还需要确定以下项目：

①使用状态：系统提供了"使用中"、"未使用"、"不需用"、"租出"等四种使用状态。如果该固定资产折旧类型属于正常计提折旧，使用状态就成为是否计提折旧的依据。

折旧类型为"正常计提折旧"且使用状态为"未使用"或"不需用"的固定资产，将不计提折旧。

②增加日期：固定资产增加的具体日期，该日期必须小于账套的启用日期。

③使用部门：固定资产的具体使用部门。可以指定为单个部门，也可以指定为多个部门。

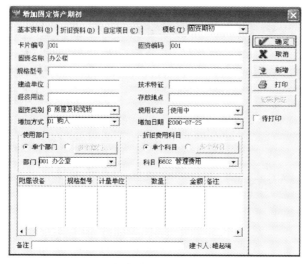

图 5-67　固定资产期初—新增—基本资料

④折旧费用科目：指定折旧费用科目。设置多个科目的需要输入多个具体的科目并设置相关的分摊比例。

（4）单击"折旧资料"标签，出现"折旧资料"页，如图 5-68 所示，输入原值、折旧信息等内容。

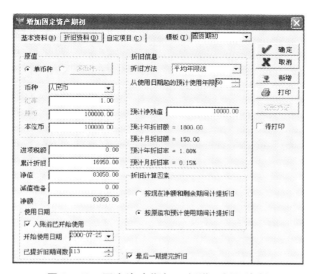

图 5-68　固定资产期初—新增—折旧资料

（5）输完相关信息后，单击"确定"或"新增"按钮即可。

（6）在如图 5-66 所示的"固定资产期初列表"窗口中单击"平衡检查"按钮，系统自动对已经录入的固定资产数据（原值、累计折旧）与科目期初中的固定资产、累计折旧科目数据进行核对，检查双方是否平衡，并给出检查报告。

第四节　财务管理

一、总账管理

如果在建立账套时选择了使用控制科目，用户只需填制少量的凭证就可以了，因为大量的记账凭证是由采购、销售、库存、固定资产、工资核算、应收账款、应付账款、现金银行等模块有关单据自动生成的，而且复核凭证、记账、结账和查询打印账证表均可由系统自动完成。

总账管理流程如图 5－69 所示。

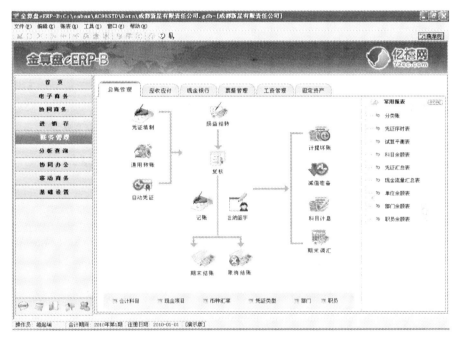

图 5－69　总账管理流程

1. 填制凭证

（1）增加凭证。

①在流程图中单击"账务管理—总账管理—凭证填制"，或单击树状菜单中"账务管理—日常业务—凭证填制"，出现"记账凭证"窗口，如图 5－70 所示。

②选择模板、凭证字号及日期，然后输入摘要、科目及金额，再单击"确定"按钮或"下一张"按钮即可。

（2）快速录入增加凭证。

①复制、粘贴分录。选定要复制的分录，单击鼠标右键，选择"复制分录"；选定需要输入分录的栏目，单击鼠标右键，并在编辑菜单中选择"粘贴分录"即可。

②复制、粘贴凭证。在凭证头内，单击鼠标右键，选择"复制凭证"菜单项；在一张空白凭证的凭证头内单击鼠标右键，选择"粘贴凭证"即可。

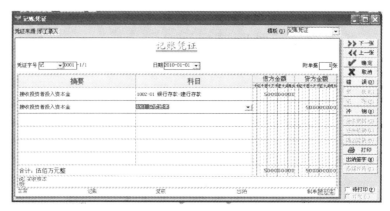

图 5-70   记账凭证

（3）修改凭证。在如图 5-70 所示的"记账凭证"表单头单击鼠标右键，选择"凭证列表"，进入如图 5-71 所示的凭证列表窗口，选择需要修改的凭证，单击"编辑"按钮（或单击鼠标右键），选择"修改"菜单项，进入凭证填制窗口，将光标移至需修改处，直接修改即可。

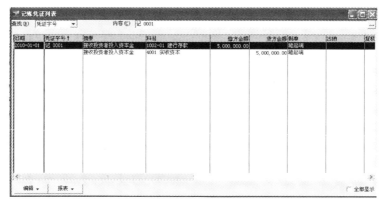

图 5-71   凭证列表

只能修改手工录入的凭证，由业务单据生成的凭证不允许修改。如果要修改业务单据所生成的凭证，只能先将该凭证删除，并调整业务单据，然后再重新生成新的凭证。

（4）删除凭证。在如图 5-71 所示的凭证列表窗口，选择需要删除的凭证，单击"编辑"按钮（或单击鼠标右键），选择"删除"菜单项即可。

只能修改或删除自己填制的凭证，而不能修改或删除他人填制的凭证。已复核的凭证不允许修改或删除。确需修改或删除时，必须由复核人取消复核后，制单人才可修改或删除。

（5）冲销记账凭证。通常情况下，在填制凭证时可以随意修改凭证。但复核、记账或结账之后，要修改凭证应当逐一取消结账、记账和复核方可修改。系统提供冲销记账凭证的功能，自动生成指定记账凭证的红字凭证。

在凭证输入窗口中单击"冲销"按钮，出现"冲销凭证"对话框，如图 5-72 所示。

图 5-72　冲销凭证

用户可以指定需要冲销的已记账凭证（包括确定会计年度、会计期间、凭证类型和凭证编号），单击"确定"后，系统在当前会计期间自动生成一张与所指定记账凭证对应的红字冲销凭证。只能冲销手工录入、并且已经记账的凭证。

（6）作废记账凭证。在填制凭证的过程中，难免会出错，对于错误的凭证，系统提供"作废"功能。在如图 5-71 所示的凭证列表窗口，选择需要作废的凭证，进入该凭证的修改状态，在"作废"复选框处打上标志"√"即可。

也可在如图 5-71 所示的凭证列表窗口，在"全部显示"复选框处做上标志"√"，列表中将显示"作废"栏，然后选择需要作废的凭证，单击对应的"作废"栏并做上标志"√"，可将该张凭证作废。

已作废的凭证不能取消作废，若要保留原凭证，只能重新输入，因此，需慎用此功能。不能作废他人填制的凭证。不能作废已经复核或记账的凭证。

2. 复核凭证

（1）单张复核。在流程图中单击"账务管理—总账管理—记账凭证"，在凭证窗口中找到需要复核的凭证，单击"复核"按钮复核当前凭证。或者在流程图中单击"账务管理—总账管理—复核"，或双击树状菜单中"账务管理—日常业务—凭证复核"，出现"记账凭证列表"，选择需要复核的凭证，单击"编辑"按钮（或单击鼠标右键），选择"复核"菜单项即可复核该张凭证。

（2）多张复核。

①在"凭证列表"中单击"编辑"按钮（或单击鼠标右键），选择"多张复核"菜单项，出现"多张凭证复核"窗口，如图 5-73 所示。

图 5-73　多张凭证复核

②单击"全部选择"按钮，系统会在"选定"栏中做上标志"√"，然后单击"复核"按钮将所有凭证复核。

③若要选择某些凭证进行复核，需单击"条件选择"按钮，选择符合条件的凭证，然后单击"复核"按钮即可。

对于选择性复核，除上述操作外，还可在多张复核窗口中直接选择需要复核的凭证。

将光标移至需要复核的凭证处，在"选定"栏中单击鼠标，做上标志"√"，然后单击"复核"按钮。

不能复核本人填制的凭证。有"错误"标志或有"作废"标志的凭证，都不能复核。

（3）凭证标错。在复核时，对错误的凭证可注明错误信息。待填制凭证的操作员修改凭证后，可清除错误标记，使之成为正确的凭证。

在记账凭证界面中单击"错误"按钮，系统进入"记账凭证错误信息"对话框，如图5-74所示，输入有关的错误信息，单击"确定"按钮即可。

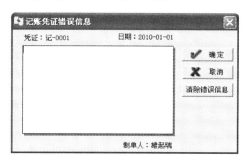

图5-74 记账凭证错误信息

制单人一旦根据错误信息修改凭证后，复核人员可以再次进行检查，如果没有错误，可以重新进入"记账凭证错误信息"对话框，并单击"清除错误信息"按钮，这样，该凭证将不再被打上"错误"标记。

有"错误"标志或有"作废"标志的凭证，都不能复核、记账；都不能参加账册、报表的数据统计。

有"错误"标志或有"作废"标志的凭证，不能进行冲销。但是有"冲销"标志的凭证可以有"错误"标志或"作废"标志。若为"错误"标志，系统自动将对应的红字冲销凭证也作上"错误"标志；若为"作废"标志，系统自动将对应的红字冲销凭证删除！

3. 记账

凭证复核后，用户可将记账凭证登记到相关账册。记账有单张记账和多张记账，操作方法与复核凭证的方法类似。

如果记账后发现凭证有误，用户可以在凭证列表中单击"编辑"按钮，选择"多张取消"来取消记账，待将凭证修改后再重新记账。或者在凭证界面，单击"取消记账"，取消当前已经记账的凭证。

4. 通用转账

"通用转账"也称自动转账，主要用于数据来源有一定规律、在一定时期重复使用的转账凭证的制作。系统根据用户定义的数据来源、转账方向、计提或分摊的比例等内容自动生成会计凭证。

（1）定义通用转账凭证。

①在流程图界面单击"账务管理—总账管理—通用转账"或双击树状菜单中"账务管理—期末业务—通用转账"菜单项，出现"通用转账列表"窗口，如图5-75所示。

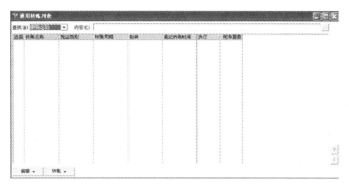

图 5 - 75　通用转账列表

②单击"编辑"按钮（或单击鼠标右键），选择"新增"菜单项，出现"通用转账凭证"窗口，如图 5 - 76 所示。

图 5 - 76　通用转账凭证定义

③在"转账名称"处输入通用转账名称，选择执行周期，根据币种选择凭证模板，根据转账业务内容选择凭证类型，在"附单据"处输入附件张数。

执行周期：系统分为每月一次、每年一次和转账不受期间限制（执行周期为空）。

④在"摘要"处输入该张通用转账凭证摘要内容，选择科目；确定生成凭证时该笔分录的数据方向和科目性质；选择本次取数公式的币种（若科目无外币核算，系统默认为本位币且不能选择币种）。

科目：根据转账业务的经济内容来确定通用转账凭证的转出、转入科目。转出科目即源数据科目，转入科目即目标数据科目。

系统允许转出科目是一个非末级的科目；如果转入科目是一个非末级科目时，用户应当检查转入科目的结构与转出科目的结构是否完全相同，如果不是完全相同，应当将该笔转账业务拆分为多个分录来实现数据结转，否则系统无法实现两个非末级科目的子目及明细科目的自动转账。

若转出和转入科目均为非末级科目，系统要求两个科目的结构必须相同。即这两个科目的辅助核算相同，并且下级科目的个数、层数、编码、辅助核算也相同。

方向：指通用转账凭证分录的数据方向，用户应当根据科目的转账内容设置；若为借方，则生成转账凭证时此笔分录的数据在借方。

性质：系统分为转出、转入两类，决定数据的来源及去向，也决定了系统取数的先后顺序和公式定义位置：系统先将性质为转出的分录的数据取出，然后将取出的数据转到性质为转入的分录。

系统要求一张通用转账凭证必须有转出、转入分录；一张通用转账凭证可以有多笔转出分录，但只能有一笔转入分录。如果性质为"转入"的分录中的科目是非末级科目时，系统只允许有一笔性质为"转出"的分录。

⑤根据科目辅助核算属性，将光标移至需定义公式栏目（原币公式、本币公式、数量公式）。一个取数公式主要包括取数模块、取数条件、数据类型、币别和数据项目：

第一，单击"本币公式"栏后的"参照"按钮，出现"取数公式"对话框，如图5-77所示。

图5-77 取数公式

第二，选择公式取数模块（总账、明细账、应收账款、应付账款、现金银行、工资、固定资产、电子表），若从总账中取数，用鼠标单击"总账"处即可。

取数公式对话框中所列出的总账、明细账不是通常意义上的含义，实际上，在"总账"中根据所指定的科目，可以取出任意级次科目的账册上的有关数据（包括期初、期末余额），而在"明细账"中，系统专门针对凭证进行取数，即只能取出凭证中涉及的借方或贷方的发生额数据，并且可以根据摘要的内容进行筛选。

第三，定义取数公式基本条件，指定取数日期。用鼠标单击"可选项目"中的"日期"，在"条件设置"中通过下拉按钮选择取数数据日期，若为本期，用鼠标单击"本期"，在"已选条件"处显示出取数日期条件。

如果将取数日期定为本期，系统将会按照当前进入系统时的会计周期来确定提取数据的具体日期，这样，在系统进入下一个会计周期时，就会自动按照新的日期来提取数据。

第四，定义取数公式基本条件，确定数据来源科目。

系统默认为"当前科目"，即通用转账凭证中定义的当前分录的科目，也可通过下拉按钮重新选择，可用鼠标选择其中一个科目；选择"所有"则表示取本套账中所有科目的数据；选择"选择科目"，系统弹出"选择科目"对话框，如图5-78所示，用户可选择所需科目，系统在"已选科目"处显示出所选科目。

第五，在数据区域选择本次取数类型，通过下拉按钮选择"金额"或者"数量"。

第六，在"币别"处选择取数币种，是"折本位币"还是"原币"。

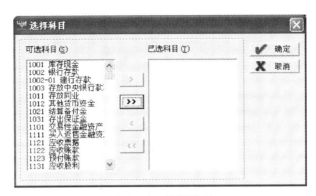

图 5 - 78　选择科目

第七，选择本次取数项目（期初余额等）。

第八，将设置的条件、数据项目等添加到公式编辑框。单击"加入公式"按钮，系统将所定义取数条件、类型及币种、数据项目等内容以公式形式添加至公式编辑框，如图 5 - 79 所示。

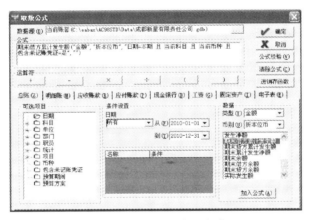

图 5 - 79　取数公式—完成

第九，若已定义公式还需与其他公式或表达式发生四则运算，用鼠标单击"运算符"中所需四则运算符，然后输入表达式或继续定义取数公式。

第十，公式定义完毕，单击"公式校验"按钮校验公式，系统给出校验报告，若公式有错或为空，则不能存盘退出；需清除错误公式重新定义公式时，单击"清除公式"按钮，系统将原定义公式全部清除；校验公式无误后，单击"确定"存盘退出"取数公式"框。

⑥单击"确定"按钮保存。

⑦单击"预览凭证"按钮，在有数据的情况下，可以即时查看本张通用转账凭证生成的记账凭证。

（2）执行通用转账凭证。定义通用转账凭证后，应根据转账周期进行执行有关的转账操作，才能得到所需凭证。

①在"通用转账列表"中选择所需进行执行转账的通用转账凭证，可用鼠标直接单击所需通用转账凭证前的"选择"栏，作上选中标志"√"；或单击"转账"按钮，选择"全部选择"项，将所有通用转账凭证作上选中标志"√"，如图 5 - 80 所示。

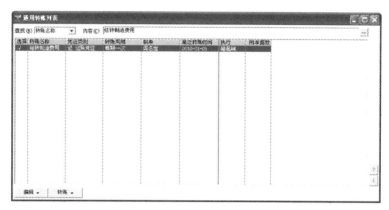

图 5-80   选择通用转账列表中的凭证

②单击"通用转账列表"左下角的"转账"按钮，选择"执行转账"菜单项，在系统提示信息下确定是否确实需要执行转账。

③如果用户在提示信息对话框中选择了"是"，系统自动根据通用转账凭证所定义的项目和公式生成记账凭证，并在通用转账列表的"最近转账时间"及"执行"栏填入当前执行转账的时间及执行转账的操作员。

如果需要执行转账的通用转账凭证的执行周期是每期一次或每年一次时，系统将检查该通用转账凭证在本期是否已经执行过转账。如果已经执行转账并且生成的记账凭证已经复核或记账时，系统将提示并退出转账操作；如果生成的记账凭证没有复核，再次生成的凭证将覆盖原有凭证。

从通用转账生成的记账凭证不能直接修改，只能修改通用转账凭证项目或公式后，再重新生成凭证。

如果有多个通用转账凭证，全部选择并同时执行转账时，各转账业务之间可能存在有转账先后顺序，需要对转账凭证的执行顺序进行调整。

如果通过通用转账凭证生成的记账凭证已经复核或已经记账时，系统无法取消转账。

5. 期末结账

系统提供期末结账向导，用户可按向导的提示一步一步操作，轻松结账。

（1）结账。

①单击"账务管理—总账管理—期末结账"，或双击树状菜单中"账务管理—期末业务—期末结账"，出现结账向导窗口，如图 5-81 所示。

②将光标移至需结账的期间，选定待结账的月份。

③单击"下一步"（或单击"结账报告"页标签），进入结账报告窗口，如图 5-82 所示。

从结账报告中，可查询到本期为止企业的资产总数，负债及权益总数，还可及时看到企业在本期的经营结果是盈利还是亏损。除此之外，报告中还统计本期凭证的总张数。

如果出现以下情况时，系统会自动给予提示：本期损益类科目没有转平；期末未计提折旧；期末未进行期末调汇（有外币核算时）；凭证编号不连续；在本期有未执行的通用转账凭证。

④如果用户确信当前会计期间内的经济业务已处理完毕，单击"下一步"（或单击

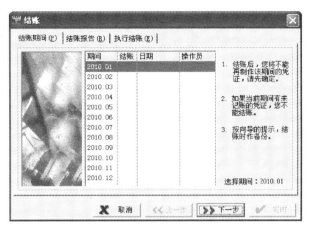

图 5-81 期末结账—结账期间

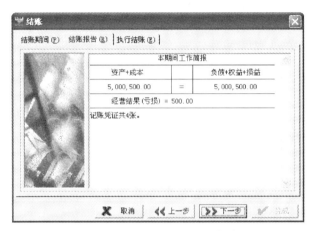

图 5-82 期末结账—结账报告

"执行结账"页标签），如图 5-83 所示，然后单击"完成"按钮完成结账工作，并根据系统提示进行数据备份。

除非是在年末，否则，即使系统给予提示，用户也可自行选择是否继续执行结账。

从系统启用日期算起，上月未结账，本月不允许结账；本期有未记账凭证，本月不允许结账；结账后，在本会计期间内不允许再填制凭证；期初余额未平衡，不允许结账；本期有错误凭证未修改，不允许结账；如有固定资产变动卡片未生成相应凭证（在固定资产增加窗口中没有选择"不生成凭证"选项时除外），不允许结账；如果当期固定资产未计提折旧，不允许结账。

（2）取消结账。

①单击"账务管理—总账管理—取消结账"，或双击树状菜单中"账务管理—期末业务—取消结账"，出现取消结账向导窗口，如图 5-84 所示。

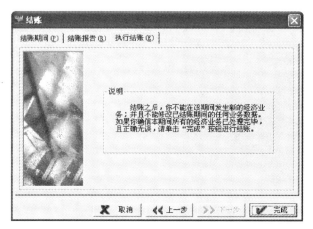

图 5-83　期末结账—执行结账

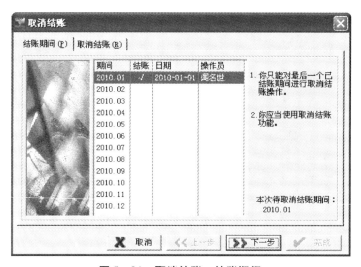

图 5-84　取消结账—结账期间

②单击需要取消结账的月份，然后单击"下一步"按钮，系统提示是否继续取消结账操作，单击"完成"即可取消指定月份的结账状态，如图5-85所示。

6. 查询账表

金算盘 eERP-B 系统具有强大的查询功能，即可查询一些常见的账表，也可以根据用户的需要在查询时生成新的账表。生成的新报表可以另存为其他报表。同时，用户可通过多种途径查询所需要的账表。

（1）在列表中查询。系统的很多列表中都有报表查询按钮，如图5-71所示，用户可单击"报表"按钮查询与该列表相关的报表。

（2）在业务流程图中查询。直接单击账表栏中的账表名称即可查询及打印相关账表。

（3）在树状菜单查询。在树状菜单中，每一个模块的"账册报表"下都有自己的常见账表，用户可直接双击账表名称查询和打印各种相关账表。

（4）在账表资源管理器中查询。单击系统主菜单"账表—我的报表"，或者在流程图界面单击"常用报表—更多"按钮，出现"账表资源管理器"窗口，如图5-86所示。

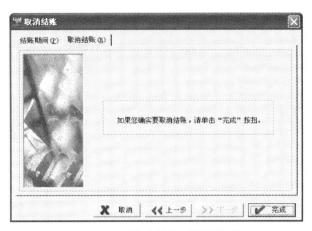

图 5 – 85　取消结账—取消结账

图 5 – 86　账表资源管理器

账表资源管理器左边是由账表文件夹组成的账表树，有"＋"号的文件夹可以展开。账表资源管理器右边是账表文件，双击账表名称即可打开相应的账表。

二、现金银行

使用控制科目时，具有"现金"、"银行"性质的科目不能直接填制凭证，必须先填制收、付款单，然后再由收、付款单自动生成记账凭证；若不使用控制科目，自动生成和手工填制记账凭证均可，不影响查询现金、银行日记账以及进行银行对账。

金算盘 eERP – B 的现金银行流程图，如图 5 – 87 所示。

（1）现金银行模块主要处理有关现金、银行存款业务，生成现金银行凭证，并进行银行对账。

（2）在现金银行模块中提供的"销售收款"、"采购付款"模块，用于在与进销存模块一起使用时，通过销售单、采购单所形成的收款单和付款单，其实，"其他收款"、"其他付款"同样可以处理销售和采购业务所形成的收付款。仅仅就财务核算系统而言，只涉及其他收款和其他付款，对于销售收款和采购付款，则在进销存管理进行相应处理，这里就不详细介绍了。

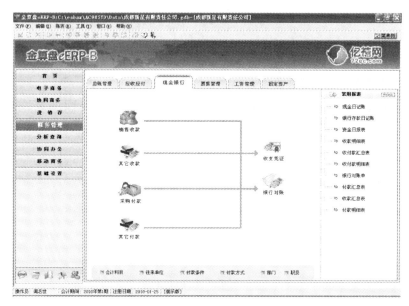

图 5 - 87　现金银行流程

三、工资管理

工资核算一般是先编制工资发放表，再填写数据，然后查询及打印工资表、发放条，编制银行代发工资。

金算盘 eERP - B 工资管理流程如图 5 - 88 所示。

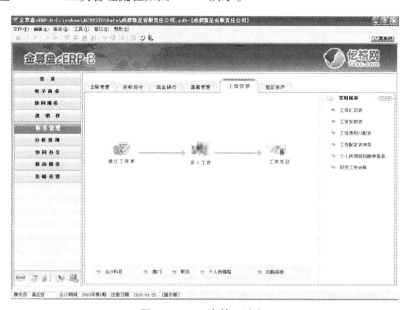

图 5 - 88　工资管理流程

1. 建立工资表

（1）在流程图中单击"账务管理—工资管理—建立工资表"，或单击树状菜单中"工资管理—日常业务—建立工资表",进入"新增工资表"向导对话框,如图 5-89 所示,输入工资表名称及建立日期。

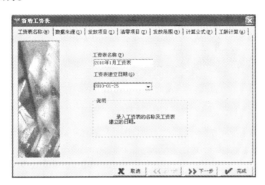

图 5-89 新增工资表—工资表名称

工资表名称不允许重复;工资表建立时间不能为已结账期间。

(2)单击"下一步"按钮(或单击"数据来源"页标签),可选择本次工资发放的数据来源,如图 5-90 所示。

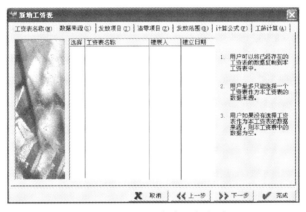

图 5-90 新增工资表—数据来源

如果本次工资的发放项目与以前某一工资表的项目相同(或部分相同)时,用户可将已存在的工资数据复制到本工资表中,减少数据的重复录入,从而提高工作效率。

如果没有选择数据来源,则本工资表中的数据为空。最多只能选择一个工资表作为本工资表的数据来源。系统默认最近一次工资表为新增工资表的数据来源,用户可按需要修改。

(3)单击"下一步"按钮(或"发放项目"页标签),设置本次工资发放的项目,如图 5-91 所示。

用户可对可选择的工资项目进行新增、修改或删除操作。

如果在"数据来源"中选择了本张工资表的数据来源,则在"本次发放的工资项目"栏中将列示出与数据来源工资表相同的工资项目(允许修改);如果在"数据来源"中没有选择数据来源,则"本次发放的工资项目"栏为空。

(4)单击"下一步"按钮(或"清零项目"页标签),设置清零项目标志,如图 5-92 所示。

选择需要清零的项目,并用鼠标在"清零"栏作上清零标志"√"即可。本次工资表

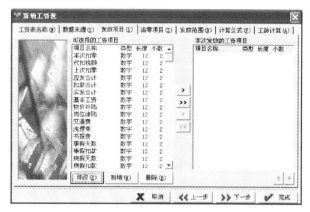

图 5-91　新增工资表—发放项目

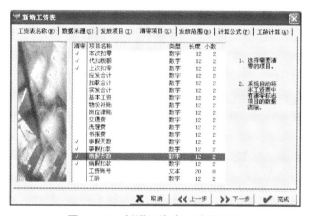

图 5-92　新增工资表—清零项目

设置完成后，再次修改该工资表时，清零项目将不允许修改，即在工资表修改时，系统不再显示"清零项目"页标签。

（5）单击"下一步"按钮（或单击"发放范围"页标签），选择本次工资发放的人员，如图 5-93 所示。

如果选择了数据来源，系统默认本次发放范围与数据来源表的范围相同；如果没有选择数据来源，系统自动默认发放范围为所有职员。用户可以根据需要对发放范围进行修改。

系统提供两种设置方法：逐一选择和批量选择。

①逐一选择：直接在列表中将所选职员作上"√"标志。

②批量选择：可通过"全部选择"或"条件选择"功能快速选择；单击"条件选择"按钮，出现"条件选择"对话框，如图 5-94 所示。

用户可以按工资项目设置发放条件，也可以根据职员和部门的信息来设置发放范围。

（6）单击"下一步"按钮（或单击"计算公式"页标签），设置本次工资发放的计算公式，如图 5-95 所示。

如果选择了数据来源，系统默认计算公式与数据来源表的计算公式相同。若本次发放表中用户所需要的计算公式与来源表中的计算公式有所不同，可以随时修改计算公式。

①单击"新增公式"按钮，在"计算项目"栏中选择需要计算的项目（如"应发合

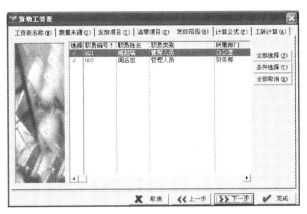

图 5 - 93　新增工资表—发放范围

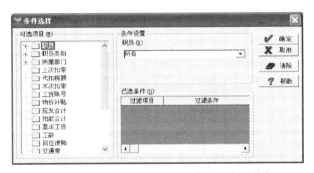

图 5 - 94　新增工资表—发放范围—条件选择

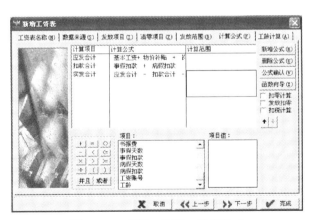

图 5 - 95　新增工资表—计算公式

计"、"实发合计"等)。

②在"计算公式"栏中定义计算表达式。如果表达式中涉及工资表项目,需在"项目"列表框中进行选择;如果涉及非工资表内容,用户可以直接在计算公式栏中输入,并用四则运算符(加、减、乘、除)串联。

用户可通过函数向导在计算公式中自动生成求人数、求合计、求最大数、求最小数、求平均数的表达式。单击"函数向导"按钮,出现"计算函数"对话框,如图5-96所示。

图 5 - 96　新增工资表—函数向导—计算函数

定义完函数的各参数后，单击"确定"按钮，系统自动生成相应的函数。

③在"计算范围"中确定本公式的适用范围，在"项目"栏中选择相应的条件名称，并用逻辑运算符（除四则运算符以外的符号）串联。如果涉及有详细内容的项目，如"员工姓名"，系统会将对应的内容在"值"列表框中显示出来，用户可以进行更具体的选择。

④如果需要进行扣零处理，需在"扣零计算"处作上选择标志，出现"扣零设置"对话框，选择"扣零标准"和"扣零项目"，系统根据该设置自动列出"本次扣零"的计算公式。

如果本次工资发放需要加入以前的扣零金额，则需在"发放扣零"处作上选择标志，并选择扣零发放项目（如实发合计），系统会自动列出对应公式，将上次扣零的余额计入本次扣零中，并且将扣零累计的整数部分（即达到扣零标准的部分）加入本次扣零发放项目（如实发合计）中。

⑤如果需要进行扣税计算，则需在"扣税计算"处作上选择标志，并在系统弹出的窗口内选择对应的扣税项目。

（7）单击"下一步"按钮（或单击"工龄计算"页标签），设置本次工资发放的工龄计算公式，如图 5 - 97 所示。

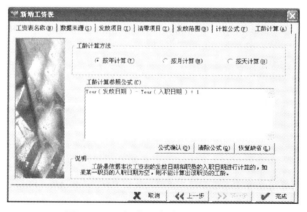

图 5 - 97　新增工资表—工龄计算

用户可以指定工龄计算的方法，系统已经预置了三种计算方法：按年计算、按月计算、按天计算，并设置了相应的计算公式。

"公式确认"用于进行公式合法性的检查；"清除公式"用于删除设置好的公式；"恢复缺省"用于重新将公式内容设置成为系统预置的公式。

计算公式以发放日期和职员的入职日期为准，只有这两个日期正确，工龄计算才会正确。

（8）单击"完成"按钮，系统将自动进入工资录入窗口。

2. 工资录入

在流程图中单击"账务管理—工资管理—录入工资"，或单击树状菜单中"工资管理—日常业务—工资录入"，进入"工资数据录入"窗口，如图 5-98 所示。

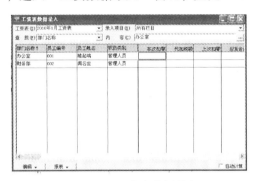

图 5-98　工资表数据录入

系统列出了当前工资表的名称及具体的工资项目，用户可以选择需要录入的工资表，然后在对应的工资栏目中录入相应的工资数据即可。

如果该窗口中的"自动计算"栏没有打上标记，在输入基础数据后，系统不会自动按照预先定义的计算公式算出其他项目的数据，需要单击"编辑"按钮（或单击鼠标右键），选择"重新计算"才能得到计算结果。如果在"自动计算"栏打上标记，一旦输入了基本项目的数据后，系统会及时计算出被计算项目的数据。

系统除提供基本的录入方法外，为了提高数据的录入速度，系统提供了批量修改、锁定、栏目设置等快速录入方法。

3. 工资配款表

工资配款表是用来计算发放工资所需的不同面值的钞票的数量。

（1）在工资发放目录窗口中单击"报表"按钮，选择"配款表向导"，出现"工资配款表向导"对话框，如图 5-99 所示，确定报表名称和数据来源，包括工资表名、配款项目（例如，实发工资）和配款标准（例如，按照部门或职员配款）。

（2）单击"下一步"按钮（或"查询项目"标签），设置查询项目，如图 5-100 所示，确定需要查询的内容。

（3）单击"下一步"按钮（或"查询条件"标签），设置报表查询条件，如图 5-101 所示。

（4）单击"下一步"按钮（或"表头栏目"标签），选择表头栏目内容，如图 5-102 所示。

（5）最后单击"完成"按钮，系统会自动根据选定的工资表和设置条件计算出详细的

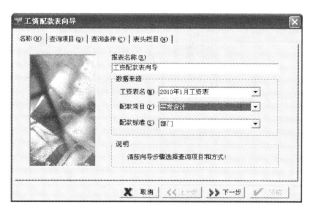

图 5-99　工资配款表—名称

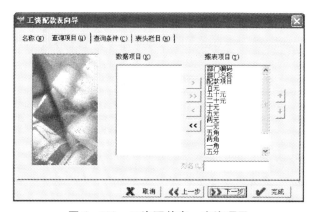

图 5-100　工资配款表—查询项目

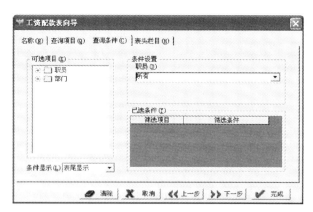

图 5-101　工资配款表—查询项目

配款数据，如图 5-103 所示。

4. 银行代发工资

（1）在工资表数据录入界面中，单击"报表"按钮，选择"银行代发文件"，进入"银行代发格式设置"对话框，如图 5-104 所示。

①在"代发银行"的下拉菜单中列出了所有职员卡片中涉及的银行名称，用户可根据

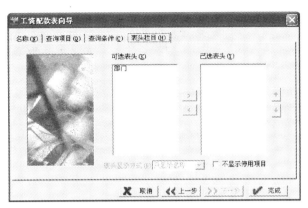

图 5 - 102　工资配款表—表头栏目

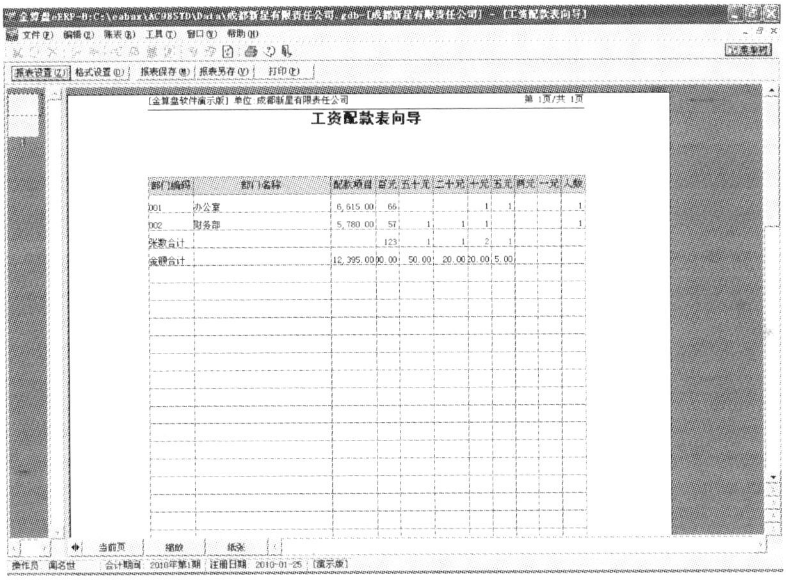

图 5 - 103　工资配款表

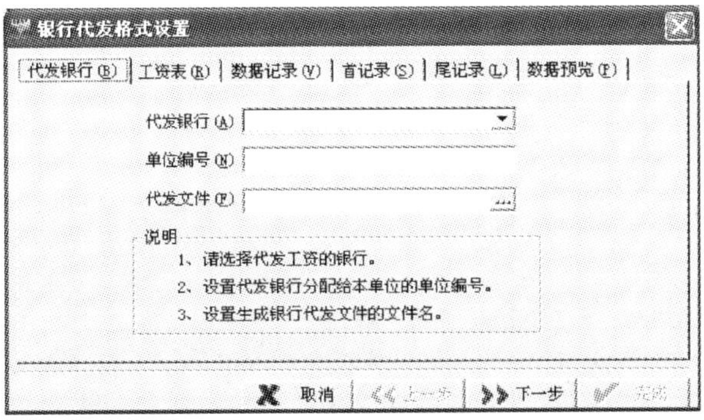

图 5 - 104　银行代发格式设置—代发银行

需要进行选择。

②单位编号是指代发银行分配给本单位的一个编号，由银行确定，而不是由单位内部确定。

③代发文件是指银行代发文件名，由银行确定。单击该栏的浏览按钮，可以指定生成代发文件的路径，如果不指明路径，自动默认为系统所在的路径。

（2）单击"下一步"按钮（或单击"工资表"页标签），选择需要生成代发文件的工资表，如图5－105所示。

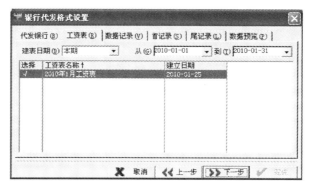

图5－105　银行代发格式设置—工资表

（3）单击"下一步"按钮（或单击"数据记录"页标签），设置代发文件数据记录的格式，如图5－106所示。

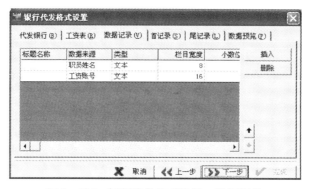

图5－106　银行代发格式设置—数据记录

①标题名称，指生成文件后的标题栏名称，可以是任意字符，也可为空；

②数据来源，指该栏目的取数依据，系统除提供了所有的工资项目外，还提供有单位名称、职员姓名、银行账号等信息；

③类型，包括数字、日期、文本三种类型，如果类型为数字型，用户可以指定小数位数；

④栏目宽度，由银行指定各栏目所需长度；

⑤输出小数点，指生成的银行代发文件是否需要小数点。若选择"否"，在银行代发文件中的金额栏无小数点，系统默认最后两位为小数位；若选择"是"，银行代发文件中的金额栏有小数点；

⑤补齐字符，根据代发银行的要求输入相应字符；

⑥补齐方式，指数据宽度小于栏目宽度时，用补齐字符填充的方式，系统提供三种补

齐方式：左、右、两边，根据银行要求选择。

（4）单击"下一步"按钮（或单击"首记录"页标签），设置首记录格式，如图 5–107 所示。

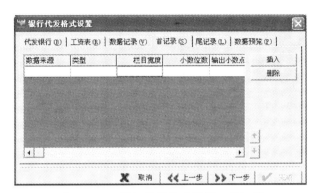

图 5–107　银行代发格式设置—首记录

用户可以根据银行的具体规定对代发文件的首记录进行设置。

在"数据来源"栏目中，用户可以选择系统提供的工资项目、当前年度、当前月份、当前日期、求人数函数、求合计函数、单位编号等项目作为数据来源，也可直接录入任意字符作为数据来源。

尾记录的定义方式与此类似。

（5）单击"下一步"按钮（或单击"数据预览"页标签），进入数据预览窗口，可查看系统根据前面各个步骤的设置所生成的银行代发文件内容，以便确定是否符合银行的具体规定。

（6）单击"完成"按钮，系统根据设计的格式生成代发文件名，并保存该代发银行的工资代发格式。

5. 查询工资表

录入工资数据之后，便可查阅各种工资报表并将它们打印输出。包括工资发放表、工资发放条、工资汇总表、工资配款表、个人所得税扣缴申报表等。

系统提供了三种途径进行工资表查询：

（1）在"工资发放目录"列表中，单击"报表"按钮，可查询相应的工资表。

（2）在树状菜单中可直接查询到工资发放表、工资汇总表、银行代发工资表、个人所得税扣缴申报表、职员工资台账等工资表。

（3）在"账表"菜单中单击"工资"，进入"账表资源管理器"，也可查询到相应的工资表。

6. 工资凭证

工资发放之后，应当将工资费用分摊到相应的成本、费用中。通过本系统，用户可以生成与工资有关的凭证，如工资费用分摊、福利费的计提、工会经费的计提以及职工教育经费的计提等。

（1）在流程图中单击"账务管理—工资管理—工资凭证"，或单击树状菜单中"工资管理—期末业务—工资凭证"，进入"工资凭证向导"窗口，如图 5–108 所示。

确定需生成凭证的工资表的会计期间，即需将哪年哪月的工资表生成凭证，在选中的

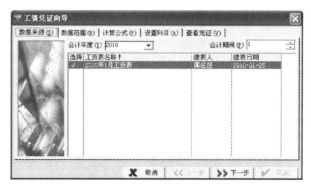

图 5 - 108　工资凭证向导—数据来源

工资表前打上选择标志。

（2）单击"下一步"按钮（或"数据范围"页标签），筛选本张凭证的过滤条件，如图 5 - 109 所示。

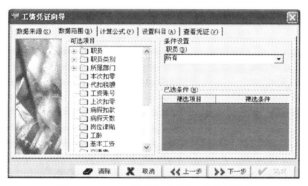

图 5 - 109　工资凭证向导—数据范围

（3）单击"下一步"按钮（或单击"计算公式"页标签），设置工资凭证的结转名称及计算公式，如图 5 - 110 所示。

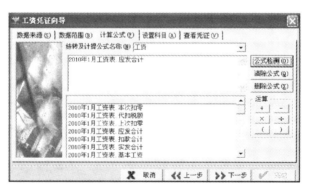

图 5 - 110　工资凭证向导—计算公式

（4）单击"下一步"按钮（或"设置科目"标签），设置对应科目，如图 5 - 111 所示。

（5）单击"下一步"按钮（或单击"查看凭证"页标签），可查看根据需要设置的凭

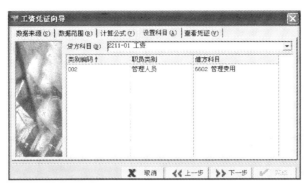

图 5 - 111　工资凭证向导—设置科目

证列表；同时，用户还可以选择本张凭证的模板及类型，录入凭证摘要，如图 5 - 112 所示。

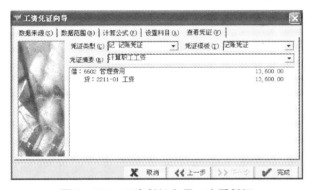

图 5 - 112　工资凭证向导—查看凭证

（6）单击"完成"按钮，就可产生一张凭证了。

四、固定资产管理

固定资产核算和管理主要是通过固定资产的增减变动，对固定资产实施卡片及账表管理，并由计算机系统完成固定资产的计提折旧。

金算盘 eERP - B 固定资产管理流程如图 5 - 113 所示。

1. 固定资产增加

（1）增加固定资产。在流程图界面中单击"账务管理—固定资产—固资增加"，或者双击树形菜单"固定资产—日常业务—固资增加"，进入"固定资产列表（变动资料）"窗口，如图 5 - 114 所示。

单击"编辑"按钮（或单击鼠标右键），选择"增加固定资产"，出现"固定资产增加"对话框。录入基本资料和折旧资料，然后单击"确定"或"新增"按钮即可。

其具体操作与固定资产期初输入完全相同。

（2）快速录入固定资产卡片。在"固定资产列表（变动资料）"中选择需要复制的固定资产，单击"编辑"按钮（或单击鼠标右键），选择"复制卡片"，进入"固定资产增加"窗口，单击鼠标右键，选择"粘贴卡片"。可根据需要对所复制的卡片进行修改。

（3）修改固定资产。在"固定资产列表（变动资料）"窗口，选择需要修改的固定资

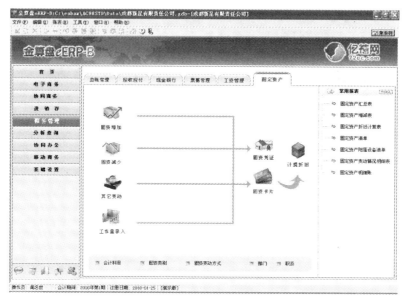

图 5-113   固定资产管理流程

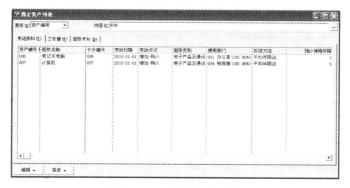

图 5-114   固定资产列表

产，单击"编辑"按钮（或单击鼠标右键），选择"修改"，进入固定资产卡片，直接修改即可。

已生成凭证的固定资产不允许修改。若需修改，必须先删除对应凭证，然后再修改。

当月已经结账，下月才发现固资有误时，不能直接修改固资项目，只能通过"其他变动"处理。

（4）删除固定资产。在"固定资产列表（变动资料）"窗口，选择需要删除的固定资产，单击"编辑"按钮（或单击鼠标右键），选择"删除"即可。已生成凭证的固定资产不允许删除。本月已结账，不允许删除固定资产。

2. 固定资产减少

（1）减少固定资产。在流程图界面中单击"账务管理—固定资产—固资减少"，或者双击树形菜单"固定资产—日常业务—固资减少"，进入"固定资产列表（变动资料）"窗口，单击"编辑"按钮（或单击鼠标右键），选择"减少固定资产"，出现"固定资产减少"对话框，如图 5-115 所示。

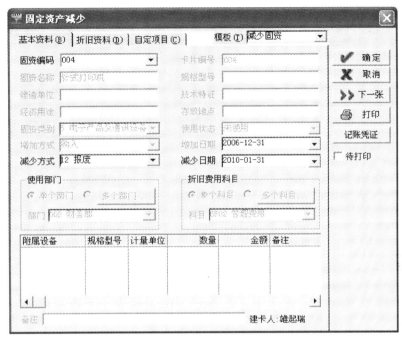

图 5 - 115　固定资产减少

①选择要减少的固定资产编码。选择了固定资产编码后，系统将显示该固定资产的原有信息。需要注意的是，卡片中的置灰项目是不允许改动的。

②选择固定资产减少方式。

③确定固资减少日期。系统默认为系统注册日期，用户可根据实际修改。

④单击"确定"按钮，存盘退出。

当月计提折旧后，才能减少固资。当月已发生其他变动的固资，不能减少。固资减少不允许减少"折旧资料"中的项目。

（2）恢复减少的固定资产。若因误操作，将不需减少的固定资产作了减少处理，系统提供恢复减少固定资产功能，只需将已生成的固定资产减少卡片删除即可。

在流程图界面中单击"账务管理—固定资产—固资卡片"，或者双击树形菜单"固定资产—日常业务—固资卡片"，进入"固定资产列表（变动资料）"窗口，在"变动资料"页中选择需要恢复的已减少固定资产（其变动方式为"减少—＊＊"），单击"编辑"按钮（或单击鼠标右键），选择"删除"，即可将该固定资产恢复。

3. 其他变动

可处理固定资产内部调动、原值增减、补提折旧等卡片内容变更。固定资产必须先计提折旧，才能进行变动。

在流程图界面中单击"账务管理—固定资产—其他变动"，或者双击树形菜单"固定资产—日常业务—其他变动"，进入"固定资产列表（变动资料）"窗口，单击"编辑"按钮（或单击鼠标右键），选择"其他变动"，出现"固定资产其他变动"对话框，录入变动项目，然后单击"确定"或"新增"按钮即可。

（1）基本资料。选择"基本资料"标签，如图 5 - 116 所示，可对固定资产基本资料进行变动。选择需要变动的固资编码。选择了固资编码后，系统将显示该固定资产的原有信息，在需要变动处录入新的信息即可。

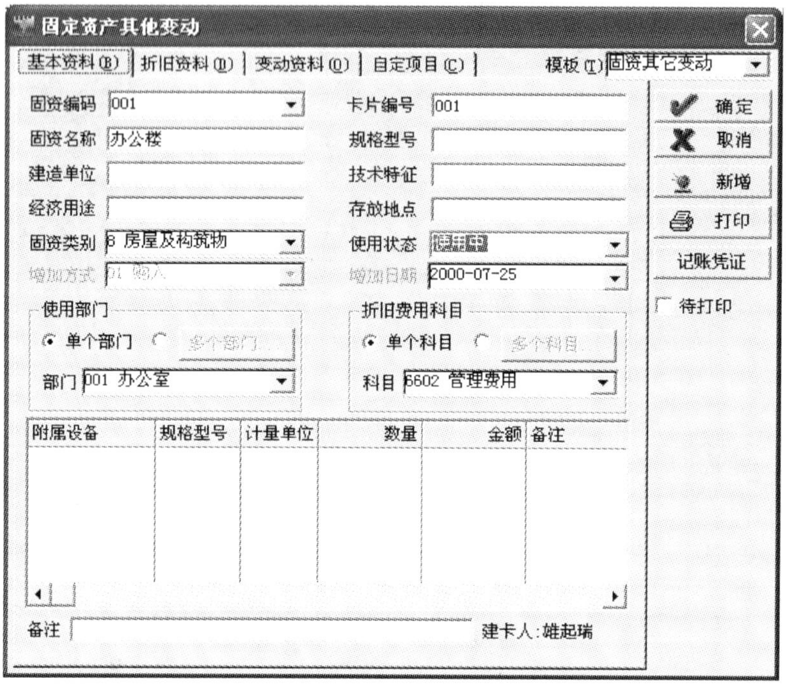

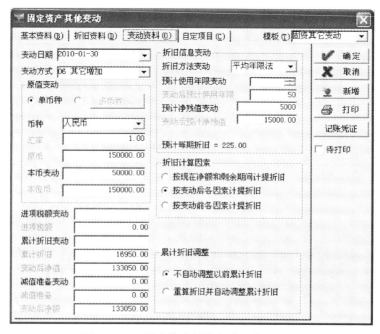

图5-116　固定资产其他变动—基本资料

卡片中的置灰项目是不允许变动的。

（2）变动资料。选择"变动资料"标签，如图5-117所示。

图5-117　固定资产其他变动—变动资料

①变动日期：系统默认为注册日期，用户可根据实际修改。

②变动方式：系统提供 12 种变动方式供选，还可根据需要增加新的变动方式。

③原值变动信息：若为多币种，需确定币种名称、汇率及原币金额；输入本位币变动金额，系统将自动计算变动后的本位币。

④输入累计折旧变动额（输入正数为补提折旧，输入负数为减少折旧），系统将自动计算变动后的累计折旧及变动后的净额。

⑤折旧信息变动。可重新选择折旧方法，输入使用年限变动额、预计净残值变动额，系统将自动计算变动后的使用年限及预计净残值。

⑥选择折旧计算因素，变动后的固定资产计提折旧的依据。

按现在净值和剩余期间计提折旧：指将现在净值作为原值，剩余期间作为预计使用年限计提折旧。

按变动后各因素计提折旧：从下一个会计期间开始，根据变动后的固定资产计提折旧。

按变动前各因素计提折旧：仍然按照变动以前的方法和相关因素计提折旧，即计提折旧时不考虑本次所有的变动情况。

⑦选择是否调整累计折旧，即是否按变动后的折旧资料自动折算并调整以前的累计折旧。

当月增加的固定资产，或当月已进行固定资产减少处理的固资，不允许作其他变动。

4. 工作量录入

采用"工作量法"计提折旧的固定资产，在计提折旧之前，可通过本功能录入本期工作量。

(1) 直接输入工作量。在流程图界面中单击"账务管理—固定资产—工作量录入"，或者双击树形菜单"固定资产—日常业务—工作量录入"，进入"固定资产列表（工作量）"窗口，如图 5 - 118 所示。

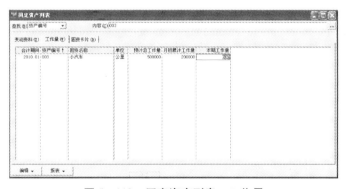

图 5 - 118　固定资产列表—工作量

在"本期工作量"栏目中输入本期实际工作量即可。当月增加的固定资产不计提折旧，因此，在录入工作量时不能看到当月增加的固定资产。

(2) 复制工作量。若以前会计期间已输入工作量，可复制以前期间的工作量。

在"固定资产列表（工作量）"窗口，单击"编辑"按钮（或单击鼠标右键），选择"复制工作量"，出现"复制工作量"对话框，选择来源会计年度和会计期间，然后单击"确定"，即可将所选会计年度及会计期间的工作量复制到本期。

5. 固资凭证

固资凭证生成方式分两种：单张生成和通过凭证向导批量生成。

（1）单张生成。用户在进行固定资产增加、固定资产减少和其他变动处理时，或在"固定资产列表（变动资料）"窗口，选择需生成凭证的固资卡片，单击"编辑"按钮（或单击鼠标右键），选择"修改"，进入固定资产卡片窗口，单击"记账凭证"按钮，系统将自动生成当前固定资产的凭证。这种生成方式是一张卡片生成一张凭证。

（2）批量生成。

①在流程图界面中单击"账务管理—固定资产—固资凭证"，或者双击树形菜单"固定资产—期末业务—固资凭证"，进入"固资凭证向导"窗口，如图5-119所示。

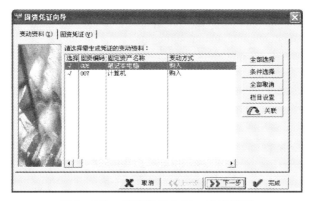

图5-119　固资凭证向导—变动资料

选择需生成凭证的固定资产（已生成凭证的固资变动不在此列表显示出来）。

单击"关联"按钮可直接查询固定资产卡片。

②单击"下一步"或"固资凭证"页，进入"固资凭证"窗口，如图5-120所示，可以浏览系统生成的固资凭证。

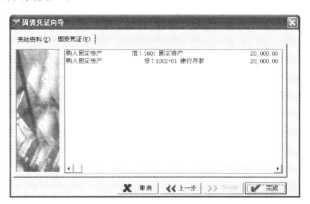

图5-120　固资凭证向导—固资凭证

③单击"完成"按钮，正式生成凭证。生成固定资产凭证时，必须先在"固资编码"列表窗口中选择不同变动方式生成凭证时的对应科目及凭证类型。

6. 计提折旧

系统提供折旧向导，根据固定资产有关信息，快速准确地计算折旧并记入有关成本费用科目，自动生成相应的折旧凭证。

（1）在流程图界面中单击"账务管理—固定资产—计提折旧"，或者双击树形菜单"固定资产—期末业务—计提折旧"，进入"计提折旧"向导窗口，如图 5 – 121 所示。

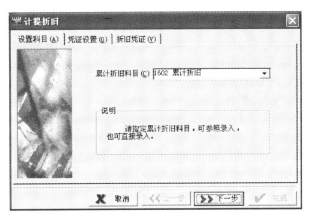

图 5 – 121　计提折旧—设置科目

选择累计折旧科目。系统自动保存最近一次指定的累计折旧科目。

（2）单击"下一步"（或单击"凭证设置"页标签），进入"凭证设置"窗口，如图 5 – 122 所示。

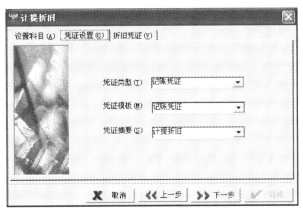

图 5 – 122　计提折旧—凭证设置

选择凭证模板、凭证类型，设置凭证摘要，系统自动保存最近一次指定的信息。

（3）在"折旧凭证"窗口中，可浏览所生成的折旧凭证，如图 5 – 123 所示。

（4）单击"完成"按钮，正式生成折旧凭证。

本期增加的固定资产不计提折旧，本期减少的固定资产仍需计提折旧；当期已经计提折旧，需重新计提折旧时，必须删除计提折旧凭证后，再计提折旧；如果本期没有计提折旧，在下个期间计提折旧时，系统自动计提两个期间的折旧费用。

固定资产符合以下条件之一，系统将停止对该固定资产计提折旧：①净值小于或等于预计净残值；②已提折旧期间等于预计使用期间或已提折旧累计工作量等于预计总工作量；③折旧类型为"永不计提折旧"的固定资产；④折旧类型为"正常计提折旧"且使用状态为"未使用"或"不需用"的固定资产。

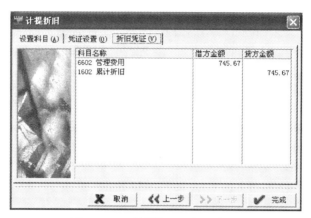

图 5 – 123 计提折旧—折旧凭证

7. 查询与打印

（1）固定资产列表。在流程图界面中单击"账务管理—固定资产—固资卡片"，或者双击树形菜单"固定资产—日常业务—固资卡片"，进入"固定资产列表"窗口，系统罗列了本期的变动资料（包含本期固定资产增减变动和其他变动）。单击"编辑"按钮（或鼠标右键），选择筛选，可按向导设置查询条件。

按以上方法进入固定资产列表，单击"编辑"按钮（或鼠标右键），选择"打印"，即可打印出当前固资列表。

（2）固定资产卡片。进入"固定资产列表"窗口，单击"变动资料"或"固资卡片"页标签，选择需查询固定资产卡片，单击"编辑"按钮（或鼠标右键），选择"卡片查阅"（或双击需查询的固定资产），即可进入固定资产卡片查阅窗口。通过"上一张"、"下一张"、"最前"或"最后"按钮可翻阅其他卡片。

在录入或查询固定资产卡片过程中，可以随时打印固定资产卡片，也可在录入时将其作上"待打印"标志进行批量打印。

（3）固定资产报表。系统提供了三种途径进入固定资产报表查询：

①在固资变动列表中单击"报表"按钮，可查询相应的固定资产清单、固定资产汇总表、固定资产变动情况明细表、固定资产折旧计算表、固定资产及累计折旧明细账。

②在树状菜单中可直接查询到固定资产各种账册和报表。

③在"账表"菜单中单击"固定资产"项，进入"账表资源管理器"，在此可查询各种账册和报表。

五、分析查询

1. 财务分析

财务分析报表主要分为四大类：账务分析、往来分析、工资分析、固定资产分析。利用财务分析，可以生成各种数据分析报表。同时，所有的分析表提供图形分析功能，使分析数据更为直观；分析图形类型繁多，能够满足不同用户的要求。

（1）财务分析。账务分析主要对单位财务状况进行总体分析和预算执行情况的分析。

如财务状况结构分析表主要是分析各科目所占同类科目的比例和各类科目所占所有科目的比例；财务状况比较分析表主要是分析本月与上月的增长额和增长率。

在流程图界面中单击"分析查询—财务分析—财务分析",或者双击树形菜单"财务分析—财务分析",选择相应的分析表即可进入相应的分析报表,查看相应分析的结果。

(2)往来分析。往来分析主要是对各种应收、应付款项的余额和账龄的分析,根据这些分析数据,进行催收或催付款和提取坏账准备。从应收、应付账龄分析表,用户可以查看各时间段应收、应付款项的比例。

(3)工资分析。工资分析主要是对各工资项目所占比重、一定时间段的工资汇总数据和各工资项目的增长情况的分析。如工资项目增长情况表主要是判断比较期与分析期相比的增长额和平均增长额。

(4)固定资产分析。固定资产分析主要对固定资产的使用、变动和构成等情况进行分析,根据固定资产分析数据有利于合理利用固资,避免购置不需用固定资产,减少闲置固定资产,合理计提折旧。如固定资产使用情况分析表主要分析各种使用情况的固定资产所占比例。

2. 领导查询

在"财务分工"中,将具有"领导查询"权限的操作员赋予领导查询权限,只有具有此权限的操作员才可以进行领导查询。单位负责人可以根据所查询到的数据,作出决策,确定工作重点。

领导查询与一般的查询不同,它更多的是供企业领导查询一些重要的财务账册、报表,以及对财务进行适当的稽查。

3. 报表

(1)金算盘电子表格。在金算盘企业管理信息系统中,提供了嵌入式通用电子表系统,该系统可使用户在不需要任何软件设计人员的帮助下,利用强大而适用的制表工具和取数工具生成会计工作中所需的各种会计报表,结合与金算盘企业管理信息系统的完美集成,金算盘电子表极大地改善了会计报表的工作流程,使企业会计报表更精确、更及时、更方便、更快捷。

①在流程图界面中单击"分析查询—报表—电子表格",或者双击树形菜单"报表管理—电子报表",进入"金盘算电子表格"窗口,如图 5 - 124 所示。

②在没有启动金算盘软件的时候,可以通过开始菜单启动金算盘电子表系统,单击菜单"开始—程序—金算盘软件—金算盘 eERP—金算盘电子表格"即可。或者直接双击桌面上的"金算盘电子表格"图标,也能启动金算盘电子表系统。

③基本操作与 EXCEL 电子表格软件相似。

(2)资产负债表的自动生成。

①在流程图界面中单击"分析查询—报表—资产负债表",或者双击树形菜单"报表管理—资产负债表",或者启动金算盘电子表后,单击菜单"加强库—资产负债表生成向导",自动弹出"资产负债表生成向导"窗口,如图 5 - 125 所示。

②账套注册。

账套:指报表数据来源的套账名称,用户可以使用右边的浏览按钮进行选择。

日期:指报表表头上所显示的日期,系统默认为计算机当前日期,用户可以根据实际情况进行修改。

操作员:指由谁来生成这张报表,操作员只能与前面指定账套中所注册的操作员相对应。

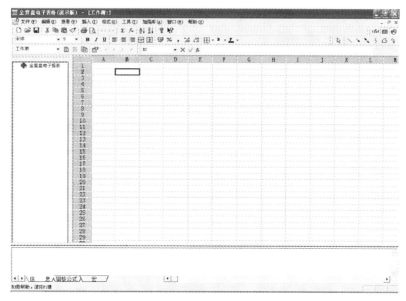

图 5-124　金算盘电子表格

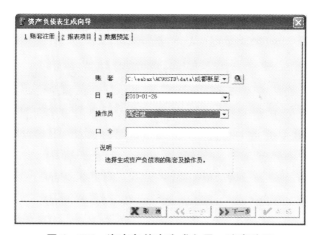

图 5-125　资产负债表生成向导—账套注册

口令：指操作员的口令。

③报表项目。单击"下一步"按钮，进入"报表项目"页面，如图 5-126 所示。

页面内显示的是报表项目、行次、取数公式和取数类型四列数据，所有这些数据都是根据相应标准而预先设置的，一般情况下可不需要修改。

插入一行：移动光标到需要插入行的下面一行，单击鼠标右键，选择"插入行"功能即可。

删除一行：移动光标到需要删除的行，单击鼠标右键，选择"删除行"功能即可。

修改报表项目或行次：移动光标到需要修改的报表项目或行次处，双击鼠标左键，当该处颜色发生变化时，即可修改报表项目或行次。

修改数据来源：移动光标到需要修改的数据来源处，双击鼠标左键，当该处颜色发生变化时，单击右面的"参照"按钮，系统弹出如图 5-127 所示的"定义数据来源"对话框。

图 5 - 126　资产负债表生成向导—报表项目

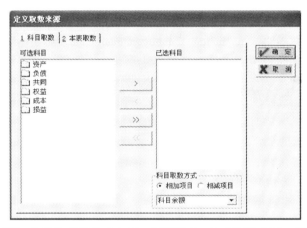

图 5 - 127　资产负债表生成向导—报表项目—定义取数来源—科目取数

在"科目取数"页，用户可根据具体情况来展开可选科目类别，并选择具体的科目，已选的科目在"已选科目"框中列出，如果数据来源是多个科目加减得来的，则在选择相减科目时，应先单击"科目取数方式"下的"相减项目"，作上选取标记；同理，相加科目也需先标记"相加项目"。

另外，报表中各个单元的数据并不都是直接从科目的加减而得来的，有些单元的数据需要通过表中多个单元进行加减得来。

在如图 5 - 127 所示的"定义数据来源"窗口，单击"本表取数"页签，进入"本表取数"页面，如图 5 - 128 所示。

页面左边是"报表项目"框，列出了资产负债表的所有项目，中间是移动按钮，右边是"已选项目"框，右下面是"本表取数方式"框。

首先选择"相加项目"或"相减项目"；将鼠标移动到"报表项目"框内需要加减的

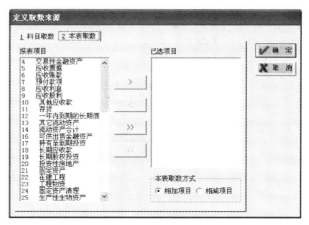

图5-128　资产负债表生成向导—报表项目—定义取数来源—本表取数

项目处；单击移动按钮；重复上述操作，直到"已选项目"框中列出了所有需要的项目，单击"确定"按钮，则该单元的本表取数公式便定义完毕。

④数据预览。设置完报表项目之后，单击"下一步"按钮进入"数据预览"页面，如图5-129所示。此时系统将根据用户指定的账套、日期和标准公式自动计算报表各项数据，稍等一会，数据便会呈现在用户的面前。如果用户认为数据有误，或有必要重新计算数据，需单击在"资产负债表生成向导"窗口右上角的"重新计算"选项，为其作上选取标志，稍等，系统重新自动计算，生成报表数据。

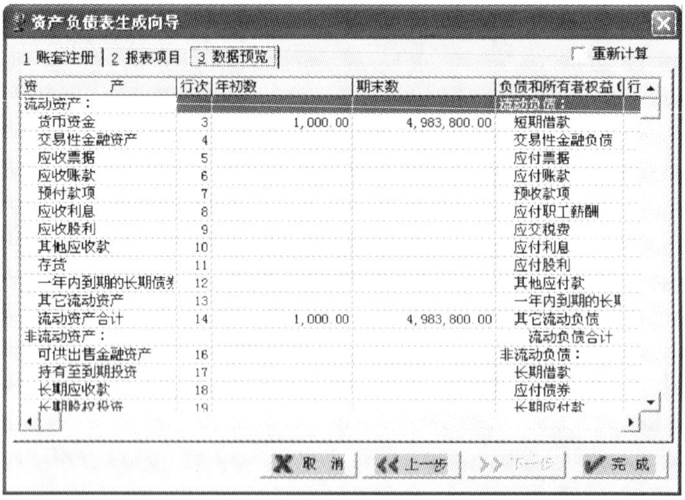

图5-129　资产负债表生成向导—数据预览

⑤确认完成。若确认数据正确，单击"完成"按钮，系统给出"是否将公式保存入电子表格？"的提示。

如果选择"是"，则将公式保存到电子报表中的单元格中，这样在账套数据发生变化后，可以在该电子报表中进行重新计算后得到新的数据，到下一个月，用户只需打开这张报表，选择"工具"菜单下的"重新计算"功能，则可生成最新数据的报表。

如果选择了"否"，则生成的资产负债表中的数据便是固定的，只有数字，而没有保留公式，当然到下一个月用户如果要生成一张利润表，就需要从操作向导的第一步开始。

不管用户选择的是"是"或"否"，一张资产负债表都自动生成了，如图5-130所示。

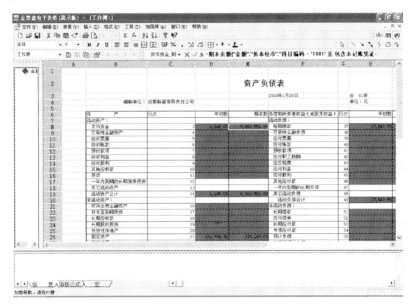

图5-130 利用向导生成的资产负债表

同样，运用相应生成向导方法还可以自动生成利润表、现金流量表、所有者权益变动表。

第六章 典型财务软件的比较与系统维护

第一节 典型财务软件的比较

对财务软件的比较并非易事，这里仅对前已述及的面向中小企业应用的财务软件，在功能、应用领域、用户及市场特点等方面作一简单对比。

一、功能比较

1. 金蝶 KIS 专业版

金蝶 KIS 专业版功能如下：

（1）支持新会计准则。金蝶 KIS 财务软件全面支持新会计准则，为广大实施新会计准则的用户提供运行平台。

（2）账务处理。账务处理是核心模块，主要包括凭证处理、账簿、期末处理等。

（3）报表与分析。报表处理提供了资产负债表、损益表以及功能强大的自定义报表等。自定义报表中提供了报表转化功能和数十种取数公式，可以从账务系统取数，可以自行编制出满足各种需求的会计及管理报表。报表分析可对资产负债、利润、财务指标、自定义报表等进行财务数据分析，各分析报表均可采用结构分析、比较分析、趋势分析等方法，分析结果既可以用表格方式输出，也可以图形的方式输出。

（4）工资管理。工资管理中提供了简便易行的计算公式、灵活多变的项目设置，帮助企业进行工资的计算，准确及时的分配工资费用。同时，利用系统提供的多张工资报表，企业可及时掌握企业人员的薪资和人工成本。

（5）固定资产管理。系统提供固定资产管理功能，帮助企业进行固定资产的全面管理：可自动处理有关固定资产的购入、报废、变动等业务，并进行相应的账务处理；自动按照固定资产的使用情况计提折旧，并进行折旧费用的分配；支持固定资产卡片的引入引出，方便用户多账套管理时进行数据交换。还提供了各种固定资产管理报表，帮助企业全面掌握固定资产的使用情况。

（6）出纳管理。系统提供了企业出纳人员所需要的现金和银行日记账、资金日报表、与银行对账、支票管理等功能，极大简化出纳人员的工作。出纳系统与账务系统功能分离但数据却可紧密联结共享，合理的数据共享模式可使得会计与出纳人员更能高效的独立工作。

（7）往来管理。往来管理功能可以进行往来业务的核算和管理；按照自定义条件查阅、浏览往来对账单；利用账龄分析表对往来款项的账龄结构进行分析等。

（8）引入引出，集团应用。金蝶 KIS 提供标准格式凭证、报表、摘要、工资核算方法、凭证等的引入引出，简化用户的数据处理。并且可实现与金蝶 K/3 系统的集成应用，例如上级集团使用金蝶 K/3 系统，则可以利用集团应用功能，向上级集团上报报表或凭证等账务数据，供集团编制合并报表或进行账务数据查询，满足集团应用的需要。

2. 速达 7000 SaaS 工业版

速达 7000 SaaS 工业版功能如下：

（1）供应链管理。供应链管理由采购系统、销售系统、仓库系统、POS 系统组成。其采购系统包括采购计划、采购订单、采购开单、估价入库、采购费用分摊五大功能模块；销售系统包括销售计划、销售订单、销售开单、委托代销、发出商品等功能模块；仓库系统包括出入库单、领料单、调拨单、调价单、组装单、拆卸单、盘点单、报损单、其他收货单、其他发货单等功能模块；POS 系统包括 POS 销售单、POS 日结单、POS 出入库功能模块。

（2）生产管理。生产管理包括生产系统、委托加工、工序管理、MRP Ⅱ 运算等功能模块。其委托加工包括主生产计划、委托加工单、加工领料单、加工验收单、加工费用单、加工费用分摊、加工成本计算单等功能模块；工序管理包括工序计划单、开工记录、工序流程卡、调度表、产品交接单五大功能模块。

（3）资金管理。资金管理由应收应付与现金银行两大系统组成。应收应付包括应收款单、应付款单、往来账核销三大功能模块，处理各种费用开支、其他收支业务、随时了解资金运转状况；提供业务单据与收款活动的灵活选择。现金银行包括费用开支、其他收入、银行存取款三大功能模块，为现金日常收付、银行转账业务提供便利，记录银行存取款和控制资金流动情况，减少资金风险；通过日记账、明细账反映期间内收入支出、收付款及费用开支情况。

（4）财务管理。财务管理包括账务管理、出纳管理、固定资产、工资管理、预算管理、合并报表等子系统。

（5）集团管理。集团管理包括分支机构、办公管理、客户关系、日常工作等功能模块。

（6）其他功能。其他功能包括人力资源、网络商务、系统维护、报表中心、网络服务等子系统。

3. 浪潮 myGS pSeries 管理软件

浪潮 myGS pSeriesV9.0 常用功能如下：

（1）财务会计。财务会计由总账、辅助管理、报表系统、固定资产和工资管理组成。其总账系统主要进行账务管理，包括建账、凭证管理、出纳业务、账表查询、外币核算、月末处理等业务处理；辅助管理包括个人往来、部门管理、专项核算、单位往来、台账管理等功能模块；报表系统可进行表设计、公式定义、数据处理、打印以及图文并茂的报表分析等；固定资产子系统包含固定资产初始、日常业务处理、资产月末处理以及资产的查询、分析等功能；工资管理包含工资的发放、补发（包括多次发放的自动累计）、转账及所得税的计提等。

（2）采购系统。采购系统可进行采购订单、采购合同管理、供应商管理、收货处理、发票确认、付款及往来账核销、查询统计、期末结账等。

（3）库存系统。库存系统的主要功能包括：入库、出库、盘点、调拨、组装、拆卸、形态转换、限额、转储、账表查询、汇总分析、库存告警、期末结账等。

（4）存货核算。存货核算主要进行存货管理，包括建账、入库业务核算、出库业务核算、账表查询、月末处理等。

（5）销售系统。销售系统完成客户档案管理、产品管理、产品报价及折扣管理、销售计划管理、销售订单管理、销售合同管理、往来客户管理、客户信用额度检查、销售发货处理、销售发票及红冲发票处理、销售费用管理、客户退货管理、应收款管理等一系列销售管理事务。

（6）系统平台。系统平台包括运行平台和账套管理。

（7）应用程序服务器。应用程序服务器由维护工具和基础数据两部分组成。其中维护工具下可进行用户组管理、备份数据、恢复数据、历史数据管理、日志查询等操作；基础数据部分可设置机构信息、往来单位、物料信息、账务信息、结算方式、权限控制等。

4. 管家婆财贸双全＋

管家婆财贸双全＋V8.8 核心功能如下：

（1）采购管理。采购管理提供多种方便灵活的进货订单制定方式，实现货物快速周转，减少库存积压。进货单可根据进货订单自动生成或另行制作。采购退货业务的处理，根据进货单自动生成或另行手工录入生成。对未收到发票但已入库的货品，可做估价入库处理，发票到后，可自动红冲并生成进货单。

（2）销售管理。销售管理可对客户的折扣进行跟踪，记忆客户的上次折扣率，对不同的客户，可预设不同的批发价格，录单时自动弹出，支持双单位销售（如箱、瓶），并具有实用的销售抹零功能，当销售出现负库存时提示，帮助用户确定是否确认开单并及时备货；售价低于进价提示，提示用户在无利可图的情况下是否继续交易；销售价格低于最低售价时提示，以免以过低的价格销售产品，还可实现销售订单、销售单中对客户信用额度控制或提示。

（3）存货管理。存货管理支持分仓核算，支持多达五级的分仓库管理，支持商品的调拨，支持多部门领退料，多部门核算材料费用，产品直接材料的领用，并可计算产品的直接、辅助材料费用。存货管理还提供其他出入库功能，供用户发生非采购和销售货品收发时使用；提供生产组装单功能，支持简单组装与拆卸的业务处理；提供自动盘点功能，记录每一次盘点的数据记录，并可根据盈亏数量和库存成本自动生成报损单或报溢单。

（4）应收应付。应收应付提供按单结算管理、超期应收款管理、发票管理、账龄分析和往来对账管理。其中，按单结算管理按单据与往来单位进行往来核销；超期应收款管理对超过收款期限的应收账款进行查询、分析；发票管理对发票提供方便的管理；账龄分析对应收账款的期限进行查询、分析，加强对应收账款风险的关注；往来对账管理对每一张单据中的每一行货品进行往来核算。

（5）账务处理。账务处理提供强大的财务核算功能，能对部门、项目、业务伙伴、职员进行全方位的核算，采用先进的类 EXCEL 报表系统，提供各类财务报表，可以选择是否自动接受业务单据产生的凭证。

（6）固定资产。固定资产模块处理固定资产的增加、减少、变更、计提折旧等业务，并自动生成相应的凭证，提供完整的固定资产报表，以反映各种相关信息。

（7）最新特性。管家婆财贸双全＋V8.8 全面支持 2006 新会计准则和 Windows Vista。

5. 金算盘 eERP－B

金算盘 eERP－B 分为财务管理系统、协同商务管理系统、供应链管理系统、电子商务管理系统、分析决策系统和集成应用系统。各个系统之间，各系统的模块之间，各模块的管理功能之间，紧密联系、相辅相成，构成了一套完整的企业管理解决方案，真正体现了先进的企业管理思想。

（1）账务处理系统。账务处理系统提供填制记账凭证、自动凭证、通用转账、收支或损益结转、期末调汇、计提坏账、计提减值准备、科目计息、自动凭证等业务的管理。

（2）应收/应付管理。本模块完成应付借项、应付贷项、应收借项、应收贷项、应收计息以及往来业务凭证等业务的管理。

（3）存货核算系统。本模块完成入库成本、成本调整、商品调价、成本计算、跌价准备、成本结转等业务的处理及相关库存凭证等的管理。

（4）现金银行。现金银行完成收款、付款、银行对账、票据管理以及收支凭证等业务的管理。

（5）工资系统。工资系统中可建立工资表、定制工资计算公式、生成工资报表、生成银行代发工资文件等业务的管理。

（6）固定资产。本模块完成固定资产增加、减少、变动、工作量、卡片、计提折旧以及生成固定资产相关凭证等业务的管理。

（7）采购系统。采购系统可实现采购订单、商品采购、直运采购、受托代销、受托代销结算、采购费用分摊、采购发票以及生成采购凭证等业务的管理。

（8）库存系统。库存系统完成自制入库、入库成本、其他入库、领用出库、其他出库、商品盘点、商品调拨以及生成库存业务凭证等业务的管理。

（9）销售系统。本系统完成销售订单、商品销售、直运销售、委托代销、委托代销结算、分期收款发出商品、分期收款发出商品结算、委托调拨、销售发票以及生成销售凭证等业务的管理。

（10）协同商务系统。本模块提供供应商协同、客户协同、在线订单、在线发货收货、采购订单付款、销售订单收款。

（11）委托加工系统。本模块完成加工出库、加工入库、加工费用、费用分摊以及加工业务凭证等业务的管理。

（12）拆卸组装系统。本模块完成物品组装、物品拆卸等业务的管理。

（13）领导决策系统。经营分析、财务分析和领导查询系统可对整个企业的各种状况进行分析，并以账表和报表的方式将分析结果呈现出来，为领导提供决策依据。

（14）报表系统。除了为用户提供资产负债表、损益表、现金流量表等自动报表功能外，报表系统还可以生成任意复杂的会计和业务报表，系统可以直接从各个模块中提取数据，可以定义勾稽关系、自动追踪错误，进行图形分析，并提供报表汇总和合并报表功能；通过决策支持系统还可以任意组织各种数据进行全方位、多层次的分析，辅助企业决策。

（15）电子商务。电子商务包括客户管理、供应商管理、商品管理、企业网上商铺、协同商务管理等。

二、应用领域比较

1. 金蝶 KIS 专业版

金蝶 KIS 专业版是金蝶 KIS 品牌旗下一款面向中小型加工生产企业及工业贸易企业的管理软件，该产品专业应用于机械、五金、电子、化工、服装等生产加工行业，全面覆盖中小型企业管理的老板查询、财务管理、采购管理、销售管理、仓存管理五大关键环节，帮助企业决策者实现对企业运营数据的实时掌控和财务、业务一体化管理。

2. 速达 7000 SaaS 工业版

"速达 7000 SaaS" 是速达软件针对中高端市场开发的一款新型的 ERP 产品，它采用了速达新一代 3G 技术，将企业内部管理与互联网技术全面融合，为企业提供了一个集多方位管理于一体的电子商务平台，着重加强了工业企业生产管理和互联网集团应用等功能，充分利用互联网平台的优势，科学地帮助企业实现内部管理及品牌推广，同时采用"协同商务"模式，帮助企业实现与外部的信息交流与资源共享。该产品支持中大型企业集中管理，分散经营的业务运营模式，集供应链、生产、财务、人力资源、集团管理等为一体，是适合我国中大型企业使用的企业级 ERP 产品。

3. 浪潮 myGS pSeries 管理软件

浪潮 ERP/myGS PS 是浪潮结合多年来的项目管理和开发经验，采用先进的管理思想和先进的开发工具，鼎力向企业推出的一套 ERP 全面解决方案。浪潮 ERP/myGS PS 解决方案主要从企业比较关心的财务、物流、生产管理、人力资源等入手，以企业工作流程为基础，对企业工作流程中每个节点的质量、进度和成本进行有效管理和控制，使企业能够充分利用一切内部和外部资源来提高企业的销售收入和利润，增强企业的国际竞争力。

4. 管家婆财贸双全 +

管家婆财贸双全 + 是一套给财务人员使用的业务 + 标准财务一体化软件，适用于对财务核算的依赖程度比较高，高度重视进销存管理，并按专业会计标准进行账务处理的中小企业。该软件以进销存为基础，以财务核算为核心，集采购、销售、存货、账务、出纳、固定资产、人员工资等管理功能于一体，可有效实现对企业各项经营活动的掌控和跟踪，帮助中小企业实现全面的财务核算和业务管理。

5. 金算盘 eERP - B

金算盘 eERP - B 集金算盘十几年开发经验，针对国内广大中小企业提出全面的企业财务和供应链管理解决方案。功能覆盖商品库存、销售、采购、委托加工、财务、客户管理、设备、经营分析、财务分析和决策支持等一系列管理领域，目标是加强企业的商品、材料、库存管理，对企业的经营加以监督和控制，帮助企业达到资源成本最小化及利润最大化。

三、用户及市场情况比较

1. 金蝶 KIS 专业版

据 IDC 报告显示，2004 年金蝶 KIS 在小型企业管理软件应用市场上，市场占有率接近 14%，2005 年金蝶在小型企业管理软件应用市场上，市场占有率接近 21%，此后至 2007 年，IDC 连续四年在中小企业管理软件市场占有率具有明显的领先优势，成为 2008 年度小型企业管理软件首选品牌。

2. 速达 7000 SaaS 工业版

速达软件公司主要开发中小型企业财务进销存管理软件，是国内知名中小企业软件厂商，用户数量达 70 万。

3. 浪潮 myGS pSeries 管理软件

浪潮 ERP 拥有 17 个行业中众多的大中型企业用户。选择浪潮 ERP/myGS 系列的典型客户有中国石化、中国石油、中国海洋石油、中国航空集团、中国航天科技集团、中国储备粮集团、中国兵器装备集团、中国海运、东方航空、美的集团、济南钢铁集团、山东烟草集团、黑龙江烟草集团、韶关众力发电设备有限公司、大连新船重工集团、哈药集团、石药集团、恒瑞医药、华泰纸业、烟台张裕、北京红星、嘉陵工业、新汶矿业、湘财证券等。浪潮在国内烟草信息化领域的市场占有率处于首位，成为烟草行业信息化建设的领军者。

4. 管家婆财贸双全系列

我国中小企业已达到 1 000 万户，占全部注册企业数的 99%，任我行公司开发的管家婆财务软件是针对中小企业的"进销存、财务管理一体化"的软件，管家婆软件上市十年以来，已经拥有几十万的用户群。2006 年 12 月，管家婆软件荣获中国计算机用户协会"2006 年度中国信息产业中小企业市场占有率最高产品"称号。

5. 金算盘 eERP - B

金算盘软件股份有限公司创立于 1992 年 12 月，总部设于中国重庆市，在北京、上海、广州、成都、西安、沈阳、武汉等地拥有 40 多家分支机构，与近千家中外知名机构建立了战略合作关系，业务范围和服务能力可以覆盖世界各地。目前，金算盘的产品与服务已经成功得到超过 20 万家用户青睐。

第二节　系统软件维护

在使用财务软件的过程中，为了使计算机运行得更加顺畅，需要对计算机系统软件进行日常维护，以降低设备的损耗，延长计算机使用寿命。软件的系统维护主要包括开机启动项管理、关闭多余服务、加快关机速度、安装软件管理、基本优化设置、清理多余插件、手动删除垃圾、磁盘清理垃圾软件、全盘扫描木马、磁盘碎片整理等。

一、开机启动项管理

禁止不需要随机启动的程序可加快开机速度。禁止不需要随机启动的程序可通过操作系统维护或工具软件维护完成。

（1）取消多余的启动项—通过操作系统维护

有些软件在安装后会默认随系统的启动而运行，这会使系统启动速度变慢。禁止某软件随系统开机就运行可在"系统配置实用程序"里禁用。其具体操作如下：

①选择"开始—运行"命令，在打开的下拉列表框中输入"msconfig"后单击"确定"按钮，如图 6 - 1 所示。

图 6 - 1　运行

②在打开的"系统配置实用程序"对话框中，选择"启动"选项卡，如图 6 - 2 所示。
③在列出的随系统启动而自动运行的程序列表中，取消选中程序前面的复选框。设置完成后单击"确定"按钮。

图 6-2　系统配置实用程序

（2）取消多余的启动项—通过工具软件维护。

系统提供各类工具软件以实现系统的快速开机维护，360 安全卫士集成的开机加速功能为例来介绍禁止不需要随系统启动的程序。其具体操作如下：

①启动 360 安全卫士，在"常用"窗口中选择"高级工具"选项卡，如图 6-3 所示。

图 6-3　高级工具—开机加速

②单击"开机加速"，选择"启动项"选项卡。如图 6-4 所示。

图6-4　高级工具—开机加速—启动项

③单击软件右侧的"禁止启动"按钮可对选定的软件禁止其开机启动。注意有些开机启动软件是必需的，用户可根据软件系统的启动建议选择禁止开机启动的软件。

二、关闭多余的服务

一般 Windows XP 操作系统都加载了很多服务，这些服务在系统、网络中发挥了很大作用，但并不是每个用户都需要所有的这些服务，因此有必要将一些不需要或用不到的服务关闭，以节省内存资源。具体操作如下：

（1）选择"开始—控制面板"命令，在打开的控制面板窗口中双击"性能和维护—管理工具"选项，如图6-5所示。

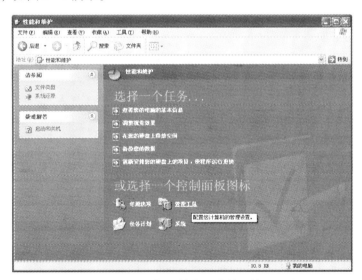

图6-5　控制面板—性能和维护—管理工具

（2）打开"管理工具"窗口，如图6-6所示。

图6-6 管理工具

（3）双击"服务"选项，新窗口中包含了 Windows 提供的各种服务，如图6-7所示。

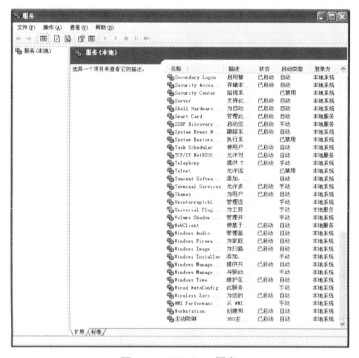

图6-7 Windows 服务

（4）双击要禁用的服务，如"themes"。在打开的对话框中的"启动类型"下拉列表框中选择"已禁用"选项，如图6-8所示。最后单击"确定"按钮即可关闭多余的服务。

图 6 - 8　启动/停止 Windows 服务

三、安装软件管理

为方便日后维护系统，在安装软件时需要注意以下事项：

1. 安装选项

安装软件时注意每一步骤的说明与选项，若发现某些附带插件不需要，应将插件选项的钩去掉再执行下一步安装，如图 6 - 9 所示。

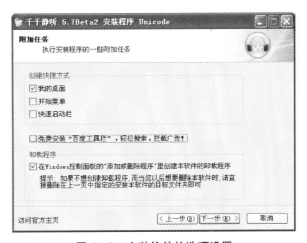

图 6 - 9　安装软件的选项设置

2. 安装目录

系统默认的软件安装路径是 C：\ Program Files，C 盘是系统盘，虚拟内存一般也是设置在 C 盘里的，若 C 盘没有足够的空间系统运行速度会变慢，建议用户将软件装在其他盘中，使 C 盘至少空出一半的空间。同时用户应养成良好的习惯将电脑中的文件分类存放，以便日后维护。

3. 软件设置。

软件安装时，同类的软件选择一个好用的进行安装即可，其他的都可删掉。如：网络电视软件，这类软件附带的插件较多，而且若设置不当，某些软件还会偷偷在后台隐藏执行传输数据，这会严重地影响系统性能及网速，可在安装软件时设置"退出时关闭网络传输服务"、"不允许开机时自动启动"、"软件关闭后不允许驻留"等。

4. 正确删除软件

删除软件应使用软件自带的卸载程序来删除，通常软件会在"开始—程序"菜单里有自己的卸载程序，若没有应执行"开始—设置—控制面板—添加或删除程序"，找到需卸载的程序来删除。如图 6 - 10 所示。

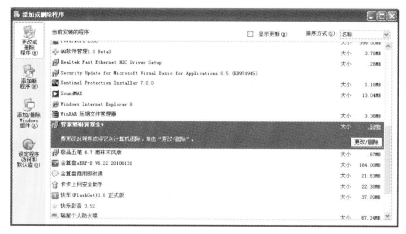

图 6 - 10　添加/删除程序

此外，绿色软件不用安装，解压出来就可使用，对这类软件及单个文件的软件删除可直接删除整个目录。

四、基本优化设置

关闭系统一些不会影响到稳定性的功能，可让系统运行更加顺畅。

1. 关闭自动更新

右击"我的电脑"，单击"属性—自动更新"，如图 6 - 11 所示，选中"关闭自动更新"单选按钮。

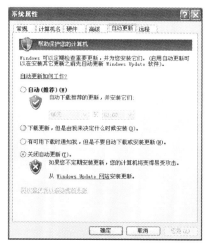

图 6 - 11　系统属性—自动更新

2. 关闭远程桌面

右击"我的电脑",单击"属性—远程",如图 6 - 12 所示。

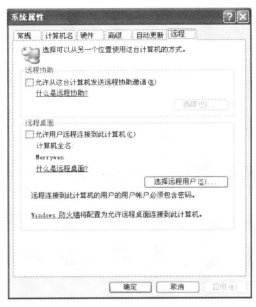

图 6 - 12　系统属性—远程

不选中"远程协助"下"允许从这台计算机发送远程协助邀请",同时也不选中"远程桌面"下"允许用户远程连接到此计算机"。

3. 关闭"自动发送错误报告"功能

右击"我的电脑",单击"属性—高级—错误报告",进入如图 6 - 13 所示界面,然后选中"禁用错误报告",下面的"但在发生严重错误时通知我"可以选中可以不选中,再单击"确定"。

图 6 - 13　错误汇报

4. 合理设置虚拟内存

右击"我的电脑",单击"属性—高级",再单击"性能"下"设置"按钮,单击"高级"选项卡,进入如图 6 - 14 所示界面。

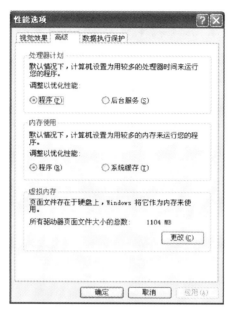

图 6-14　性能选项—高级

单击"更改"按钮，进入"虚拟内存"设置窗口，如图 6-15 所示。在自定义大小把"初始大小"与"最大值"设置成差不多即可，如最大值是：1944，初始大小就设置为：1900，单击"设置"，再单击"确定"即可。

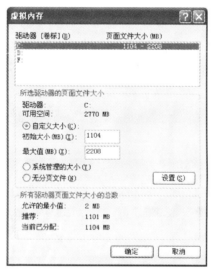

图 6-15　虚拟内存设置

5. 优化性能选项设置

右击"我的电脑"，单击"属性—高级"，再单击"性能"下"设置"按钮，进入如图 6-16 所示"视觉效果"界面。

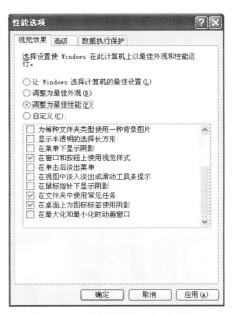

图 6-16　性能选项—视觉效果

选择"调整为最佳性能"单选按钮，然后在下面列表框内手动选中"在桌面上为图标标签使用阴影"、"在文件夹中使用常见任务"，"在窗口和按钮上使用视觉样式"，单击"确定"即可。

6. 关闭写入调试

右击"我的电脑"，单击"属性—高级"，再单击"启动和故障恢复"下"设置"按钮，进入如图 6-17 所示"启动和故障恢复"界面。

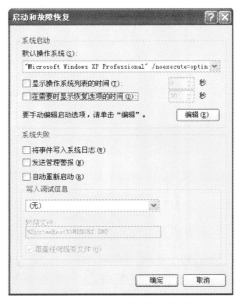

图 6-17　启动和故障恢复

在"写入调试信息"列表框选择为"无",同时不选中"显示操作系统列表的时间"和"在需要时恢复显示选项的时间"。

7. 关闭启用休眠

右键单击桌面空白处,选择"属性—屏幕保护程序—电源—休眠",不选中"启用休眠",再单击"确定"。如图 6-18 所示。

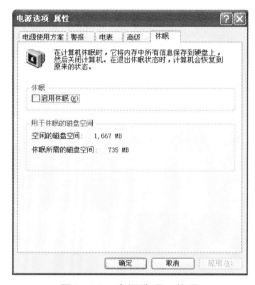

图 6-18　电源选项—休眠

8. 清理多余插件

插件太多会导致系统不稳定及运行速度降低,而且某些插件还会导致系统出现一些小问题,如果系统经常会弹出脚本错误这些提示,应该是某个插件引起的,只要清理了多余的插件,这些脚本错误提示一般都不会再出现了。

清理插件的软件有很多,较常用的有 360 安全卫士、金山卫士等。

9. 全盘扫描木马

木马查杀工具很多,使用很简单,下面以瑞星为例。

(1)启动"瑞星上网安全助手",在"常用"选项卡界面中,单击"查杀流行木马"按钮,进入如图 6-19 所示的界面。

(2)在"扫描对象"下,选中"全面扫描";单击"开始扫描"按钮,系统即开始进行木马扫描。

(3)如果扫描到木马,则单击"立即查杀"按钮即可。

10. 磁盘碎片整理

(1)打开"我的电脑",右击"C 盘",单击"属性—工具",进入如图 6-20 所示界面。

(2)单击"碎片整理"下"开始整理"按钮,进入磁盘碎片整理程序界面。

(3)选择需整理的硬盘,单击"碎片整理"按钮,系统即开始整理磁盘碎片。

在碎片整理前需关闭所有打开的软件,包括杀毒软件、防火墙、QQ、音乐播放器等。碎片整理需要一些时间,最好选择一个空闲的时间进行整理。整理碎片不需要天天进行,否则会对硬盘有损坏,大约两三个月整理一次即可。

图 6-19　查杀木马

图 6-20　本地磁盘属性—工具

（4）提示整理完成后，关闭窗口，需要重启电脑。

第三节　财务软件数据环境维护

由于财务软件运行的本质是专门程序对大量的财务数据进行安全可靠的数据处理，故各类财务软件均需在某一特定的数据库平台上才能正常运行。金蝶 KIS 专业版 V10.0、速达7000 SaaS 工业版 V3.6、管家婆财贸双全 V8.8、浪潮 myGS pSeriesV9.0 等软件数据库平台均为 SQL Server，因此这里主要介绍 SQL Server SQL 2000 一些基本的维护。

一、SQL Server 2000 的特性

Microsoft SQL Server 2000 由一系列相互协作的组件构成，不仅能够满足最大的数据处理系统和商业 Web 站点存储数据的需要，还能为个人或小企业提供易于使用的数据存储服务。

1. Internet 集成

SQL Server 2000 数据库引擎提供完整的 XML 支持。它还具有构成最大的 Web 站点的数据存储组件所需的可伸缩性、可用性和安全功能。SQL Server 2000 程序设计模型与 Windows DNA 构架集成，用以开发 Web 应用程序，并且 SQL Server 2000 支持 English Query 和 Microsoft 搜索服务等功能，在 Web 应用程序中包含了用户友好的查询和强大的搜索功能。

2. 可伸缩性和可用性

同一个数据库引擎可以在不同的平台上使用，从运行 Microsoft Windows 98 的便携式电脑，到运行 Microsoft Windows 2000 数据中心版的大型多处理器服务器。SQL Server 2000 企业版支持联合服务器、索引视图和大型内存支持等功能，使其得以升级到最大 Web 站点所需的性能级别。

3. 企业级数据库功能

SQL Server 2000 关系数据库引擎支持当今苛刻的数据处理环境所需的功能。数据库引擎充分保护数据完整性，同时将管理上千个并发修改数据库的用户的开销减到最小。SQL Server 2000 分布式查询使用户可引用来自不同数据源的数据，就好像这些数据是 SQL Server 2000 数据库的一部分，同时分布式事务支持充分保护任何分布式数据更新的完整性。复制功能用以维护多个数据复本，同时确保单独的数据复本保持同步。也可将一组数据复制到多个移动的脱机用户，使这些用户自主地工作，然后将他们所做的修改合并回发布服务器。

4. 易于安装、部署和使用

SQL Server 2000 中包括一系列管理和开发工具，这些工具可改进在多个站点上安装、部署、管理和使用 SQL Server 的过程。SQL Server 2000 还支持基于标准的、与 Windows DNA 集成的程序设计模型，使 SQL Server 数据库和数据仓库的使用成为生成强大的可伸缩系统的无缝部分。这些功能使用户得以快速交付 SQL Server 应用程序，使客户只需最少的安装和管理开销即可实现这些应用程序。

5. 数据仓库

SQL Server 2000 中包括析取和分析汇总数据以进行联机分析处理（OLAP）的工具。SQL Server 中还提供工具用以直观地设计数据库并通过 English Query 来分析数据。

二、管理 SQL Server 2000

SQL Server 2000 管理应用程序及其随附的服务旨在协助系统管理员完成所有与维护和监视服务器性能和活动有关的管理任务。

1. 启动、暂停和停止 SQL Server

（1）启动 SQL Server。

①自动启动 SQL Server。在安装过程中，可配置在每次启动 Windows 操作系统时自动启动 SQL Server 实例。安装完 SQL Server 后，可使用 SQL Server 企业管理器启用或禁用该服务器配置。

第一步，在企业管理器中，右击一个服务器，再单击"属性"。

第二步，单击"常规"选项卡，如图 6－21 所示。

图 6－21 SQL Server 属性（配置）—常规

第三步，在"在操作系统启动时自动启动策略"下选择"自动启动 SQL Server"复选框，单击"确定"后返回。

②手动启动 SQL Server。在企业管理器中，右击一个服务器，再单击"启动"。在服务器名称旁边的图标上会出现绿色箭头，表示服务器已成功启动。

在服务管理器中，在"服务"框中，单击"SQL Server"（如果该服务是远程服务，则在"服务器"框中输入远程服务器的名称），再单击"开始/继续"按钮。

（2）暂停和继续运行 SQL Server。当暂停 SQL Server 实例时，已连接到服务器的用户可完成任务，但不允许有新的连接。

在服务管理器中，在"服务"框中，单击"SQL Server"（如果该服务是远程服务，则在"服务器"框中输入远程服务器的名称），单击"暂停"，再单击"开始/继续"按钮。

（3）停止 SQL Server。可从本地服务器或从远程客户端或另一台服务器停止 SQL Server 实例。停止 SQL Server 实例可防止新连接并与当前用户断开连接。如果没有暂停 SQL Server 实例便停止服务器，所有服务器进程将立即终止。

在企业管理器或服务管理器中均可停止 SQL Server。

2. 注册服务器和指派 sa 密码

（1）注册服务器。必须注册本地或远程服务器后，才能使用 SQL Server 企业管理器来管理这些服务器。

①在企业管理器中，右击一个服务器或服务器组，然后单击"新建 SQL Server 注册"命令，进入如图 6－22 所示的对话框。

图 6 - 22　注册 SQL Server 向导—欢迎

如果上次使用注册服务器向导时，选择了"我希望今后在执行该任务时不使用向导"复选框，则 SQL Server 企业管理器将显示"已注册的 SQL Server 属性"对话框。否则，将启动注册服务器向导。

②单击"下一步"，在"服务器"框中，键入服务器名，如图 6 - 23 所示。

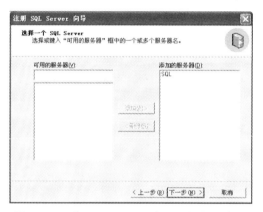

图 6 - 23　注册 SQL Server 向导—添加服务器

③单击"下一步"，进入如图 6 - 24 所示的界面。

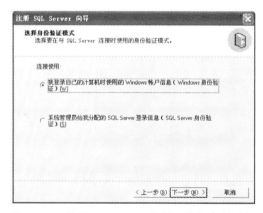

图 6 - 24　注册 SQL Server 向导—选择身份验证

若要指定 SQL Server 企业管理器（作为客户端）与运行正在注册的 SQL Server 实例的服务器之间的连接，需执行"使用 Windows 身份验证"或"使用 SQL Server 身份验证"。

如果"使用 SQL Server 身份验证"，单击"下一步"，则必须提供登录名和密码，如图 6-25 所示。

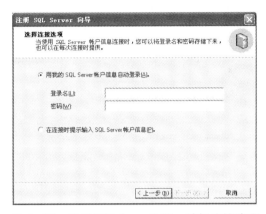

图 6-25　注册 SQL Server 向导—选择连接选项

选择"用我的 SQL Server 账户信息自动登录"，则需输入登录名和密码；选择"在连接是提示输入 SQL Server 账户信息"，则不需要输入登录名和密码。

④单击"下一步"，进入如图 6-26 所示的界面，在服务器"组名"列表中，单击选择一个服务器组。

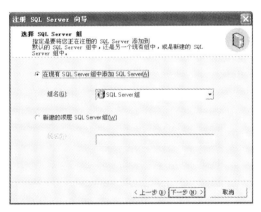

图 6-26　注册 SQL Server 向导—选择服务器组

⑤单击"下一步"，进入如图 6-27 所示的界面，单击"完成"后，系统提示注册成功。

（2）指派 sa 密码。安装 SQL Server 时，SQL Server 安装程序不给 sa 登录指派密码，可以在安装完服务器后给 sa 指派密码。

如果将服务器安全性设置为混合模式，应指派 sa 密码。如果将服务器设置为 Windows 身份验证模式，则不需要 sa 密码，因为 sa 是 SQL Server 登录。

如果不能提供正确的 sa 密码，就必须重新安装 SQL Server。

第一次登录到 SQL Server 实例时，需使用 sa 作为登录标识并且不使用密码。在登录之

图6-27 注册SQL Server向导—完成

后，应更改 sa 密码以防止其他用户使用 sa 权限。

必须先注册服务器以使用 SQL Server 企业管理器，才能更改 sa 密码。

①在企业管理器中，展开服务器组，然后展开服务器。

②展开"安全性"，再单击"登录"，如图6-28所示。

图6-28 安全性

③在详细信息窗格中，右击"sa"，然后单击"属性"命令，进入如图6-29所示的界面。

④选择数据库和语言后，在"密码"框中，键入新密码。

3. 管理客户端

客户程序是前端应用程序，它使用服务器提供的服务。该应用程序的宿主计算机称为客户计算机。客户端软件使计算机可以连接到网络中的 SQL Server 实例。

对多数客户端而言，可以不加修改地使用在 SQL Server 安装过程中安装的默认网络配置。对那些能够连接的客户端而言，只需提供运行 SQL Server 的一个或多个实例的服务器

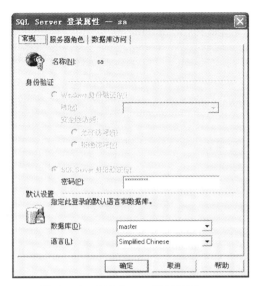

图 6 - 29　SQL Server 登录属性—sa

的网络名称即能连接。对 ODBC 客户端而言，可能需要向客户端提供 ODBC 数据源名称并知道如何配置 ODBC 数据源。

高级用户可以创建和保存个别的网络协议配置。这在 SQL Server 客户端与多台运行不同网络协议的服务器连接时，或在使用了独特的站点设置（如非标准端口地址）时很有用。

4. 备份和还原数据库

SQL Server2000 备份和还原组件为存储在 SQL Server 数据库中的关键数据提供重要的保护手段。通过正确设计，可以从多种故障中恢复，包括：媒体故障、用户错误、服务器永久丢失。另外，也可出于其他目的备份和还原数据库，如将数据库从一台服务器复制到另一台服务器。通过备份一台计算机上的数据库，再将该数据库还原到另一台计算机上，可以快速容易地生成数据库的复本。

（1）创建数据库备份。

①在企业管理器中，展开服务器组，然后展开服务器。

②展开"数据库"文件夹，右击数据库，指向"所有任务"子菜单，然后单击"备份数据库"命令，如图 6 - 30 所示，进入"SQL Server 备份"对话框，如图 6 - 31 所示。

在"名称"框内，输入备份集名称。在"描述"框中输入对备份集的描述。（可选）

在"备份"选项下单击"数据库 - 完全"。

在"目的"选项下，单击"磁带"或"磁盘"，然后指定备份目的地。

如果没出现备份目的地，则单击"添加"以添加现有的目的地或创建新目的地。

在"重写"选项下，如果单击"追加到媒体"，将备份追加到备份设备上任何现有的备份中；单击"重写现有媒体"，将重写备份设备中任何现有的备份。

选择"调度"复选框调度备份操作在以后执行或定期执行。（可选）

③单击"选项"选项卡，如图 6 - 32 所示。（可选）

选择"完成后验证备份"复选框，在备份时对备份进行验证。

选择"备份后弹出磁带"复选框，在备份操作完成后弹出磁带。该选项只适用于磁带设备。

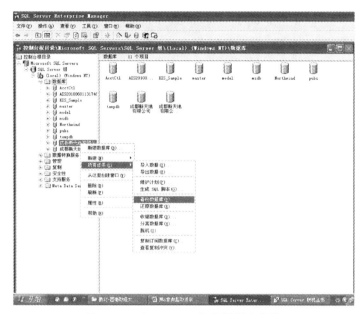

图 6 - 30 SQL Server 备份数据库菜单

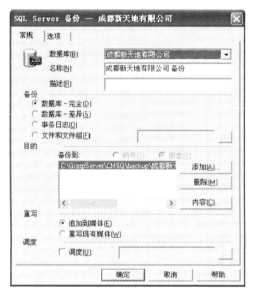

图 6 - 31 SQL Server 备份—常规

选择"检查媒体集名称和备份集到期时间",检查备份媒体以防意外重写。在"媒体集名称"框中,输入将用于备份操作的媒体的名称。如果仅指定备份集到期时间,则将其保留为空。

如果是第一次使用备份媒体,或者要更改现有的媒体标签,则在"媒体集标签"框下选择"初始化并标识媒体"复选框,然后输入媒体集名称和媒体集描述。只有在重写媒体时才能对其进行初始化和标识设置。

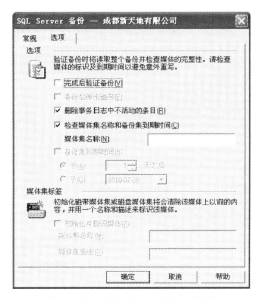

图 6-32　SQL Server 备份—选项

（2）还原数据库备份。

①在企业管理器中展开服务器组，然后展开服务器。

②展开"数据库"文件夹，右击数据库，指向"所有任务"子菜单，然后单击"还原数据库"命令，进入如图 6-33 所示的界面。

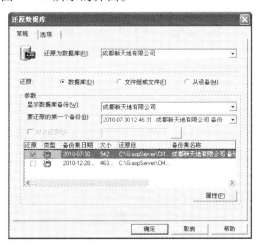

图 6-33　还原数据库—常规

在"还原为数据库"框中，如果要还原的数据库名称与显示的默认数据库名称不同，需在其中进行输入或选择。若要用新名称还原数据库，需输入新的数据库名称。

单击还原下的"数据库"。在参数下的"要还原的第一个备份"列表中，选择要还原的备份集。在"还原"列表中，单击要还原的数据库备份。

③单击"选项"选项卡，进入如图 6-34 所示的界面（可选）。

"还原为"中输入组成数据库备份的各数据库文件的新名称或新位置。为数据库指定新名称将自动为从数据库备份中还原的数据库文件指定新名称。

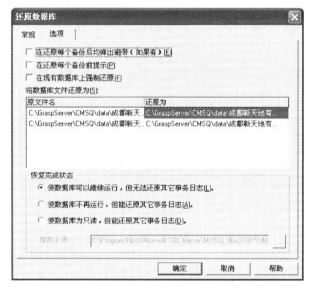

图6－34 还原数据库—选项

如果没有其他要应用的事务日志或差异数据库备份，则单击"使数据库可以继续运行，但无法还原其他事务日志"；如果要应用另一个事务日志或差异数据库备份，则单击"使数据库不再运行，但能还原其他事务日志"。

第四节 财务软件维护

一、金蝶 KIS 专业版的维护

1. 系统工具

KIS 工具包括数据交换工具、辅助工具、系统工具、套打工具四大类。

登录的途径："开始—程序—金蝶 KIS 专业版—工具—系统工具"，每个工具在打开时，需要输入用户名及账号，具备操作权限后方可打开如图6－35所示工具界面。

图6－35 金蝶 KIS 系统工具界面

（1）数据交换工具—航天金税接口。我国大部分企业使用了财务软件或管理软件，一般企业在经营过程中都会涉及发票的管理问题。大量用户同时也使用了金税 Windows 版的开票系统，所以为了减少重复录入发票的问题，数据交换就是必须要解决的问题，提供此工具就是方便二者之间的数据交换。

基于以上种种需求，金蝶 KIS 系统提供了与增值税专用发票及普通发票防伪税控开票子系统接口方案，采用标准 XML Schema 方式制定出标准发票数据交换接口。

①将发票引入到 KIS 系统。在图 6-35 所示工具界面单击"打开"，进入金蝶航天金税接口界面，单击"数据交换—引入文本文件发票"，进入如图 6-36 所示"文本文件引入"窗口。

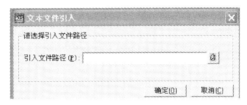

图 6-36　文本文件引入

单击右边的"文件浏览"按钮，寻找到已有的文本文件发票，单击"确定"，即可完成文本文件的引入工作。

②从 KIS 系统引出发票。如果要引出文本文件发票，可在图 6-35 所示工具界面单击"打开"，进入金蝶航天金税接口界面，单击"数据交换—引出文本文件发票"，进入如图 6-37 所示"选择关联关系"窗口。

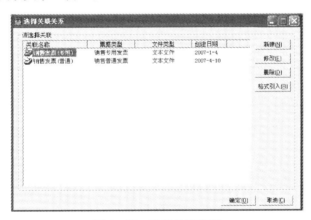

图 6-37　选择关联关系

在此界面，既可以选择已有的关联关系，也可以新建关联关系。

（2）辅助工具—KIS 专业版升级工具。在如图 6-35 所示窗口中，选中"辅助工具—KIS 专业版升级工具"，单击"打开"按钮，输入用户名和密码，即可进入如图 6-38 所示的 KIS 专业版升级界面。

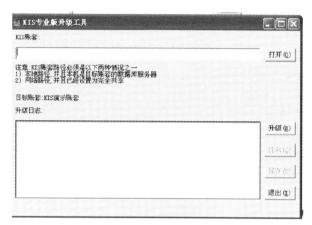

图 6-38　KIS 专业版升级界面

通过"打开"按钮，寻找到需要升级的账套源，再单击"升级"按钮，即可执行升级程序。

（3）系统工具—网络控制工具。为保证最大限度的网络并发控制和数据一致性，KIS系统提供了强大的网络控制，采用了微软事务处理技术，针对性地设置了账套备份、年度独占、月份独占、一般互斥等网络控制功能。正常情况下网络并发控制是由程序自动进行，可以通过网络控制看到正在执行的任务。

在如图 6-35 所示窗口中，选中"系统工具—网络控制工具"，单击"打开"按钮可打开"网络控制管理"。其功能为：

①查询网络功能执行。选择"账套—网络控制"，打开"网络控制"界面，可以浏览到当前系统中有哪些用户，使用哪些功能，什么时候开始启用系统等内容。

②清除网络任务。如果一任务启动时间很长，那极有可能是发生意外事件，未能释放此网络任务，而这会限制其他用户使用相关互斥任务，所以需要手动清除该任务。可使用"清除当前任务"功能来执行清除网络任务。

为保证网络环境中多用户并发操作时财务数据的安全性，金蝶软件提供了网络控制功能，但如果用户出现异常中断、死机等原因可能造成操作记录未完全清除，会导致其他用户不能执行互斥功能，如发现不能过账、结账时，应检查此处。

2. 常见错误的处理

（1）明细账查询错误。账套在查询明细账（包括数量明细账）时提示"产生未知错误"或提示：发生未知错误，系统将当前操作取消，错误号为 0。

①问题原因：数据库表 Glbal, Glpnl 表损坏。

②处理方法：备份当前数据表后，导入新的表结构，并把原数据导入到新表，再利用Check 检查关系的完整性。

（2）报表取数出现翻倍。在报表中进行数据重算后，数据出现双倍。

①问题原因：系统在凭证过账时产生过账错误。（报表公式错误除外）

②处理方法：进行反过账、反结账到出错期间，安装新版本软件（建议用比较高的版本），在新版本软件中恢复操作权限，在新版本软件中重新进行过账、结账。

如果是偶尔在最近一期才出现这种现象，则只需将数据中的 Glpnl 表中的记录删除，再反过账—反结账—过账—结账，即可。

（3）账套备份提示错误。进行账套备份时，系统提示："文件操作发生下面的错误，请仔细检查有关的文件、路径和驱动器91：未设置对象变量或 With Block 变量。确定后，返回界面。"

①问题原因：数据库表 Glpref 错误或数据库损坏。

②处理方法：将数据库表 Glpref 错误对比 Sample. Ais. Glpref 分析，发现当前账套与标准账套之间的账套参数表 Glpref 表多了一个字段：Fpaneedrecalc 将该字段删除后即可正常备份。

（4）固定资产计提减值准备时报错。计提减值准备时报错：运行时错误 13，类型不匹配。

①问题原因：固定资产卡片上缺少减值的科目信息。

②处理方法：计提减值准备是现在的软件升级后增加的功能，所以在升级后需要对所有卡片做其他变动，增加减值准备对方科目和减值科目，之后才能计提减值准备。

（5）固定资产计提折旧时提示错误。固定资产计提折旧时提示：运行时错误 94，使用 Null 无效。

①问题原因：在涉及固定资产金额的几张表 Fabal、Fabaldept、Fabalexpense、Fabalfor 中字段类型为货币的字段丢失了数据。

②处理方法：检查涉及表中的字段，将丢失的记录补上，检查上述表中字段类型为货币类型的默认值是否为 0，如果不是，应该全部都改为 0，重新计提折旧。

（6）录入工资数据无法显示。录入工资数据时，显示全为空白，增加职员也显示为空白。

①问题原因：Padata 的索引和关系丢失；该表中有许多重复值。

②处理方法：备份 Padata 表后删除，导入该表，再将数据复制回去，最后利用 Check 添加关系等。

（7）凭证过账提示错误。在凭证过账时，系统提示："过账发生错误，无法过账。（You Can't Add Or Change A Record Because A Related Record Is Required In Table 'Globj）'。"

①问题原因：凭证中记录的信息与已经存在科目和核算项目中的信息不致。

②处理方法：进行凭证检查，系统报告：74 号凭证中记录的职员－024 在当前账套的核算项目资料中不并存在，增加该职员后，正常过账。

（8）损益类科目明细账无法查询数据。会计科目："财务费用"在结转损益之前，可以显示出总账及明细账；但是在结转损益、并将结转损益的凭证过账之后，"财务费用"的总账及明细账却无法查询。

①问题原因：账套参数设置出现问题。

②处理方法：在"维护—高级—账簿报表"，选择"在账簿报表中显示总发生额和余额为零的记录"，同时，要注意用户权限。

（9）无法启用账套。启用新账套，录入本年累计借方、本年累计贷方和期初数据后，试算不平衡，无法启用账套。固定资产科目之外的数据均正确，固定资产科目起初数据和累计折旧期初余额也正确。

①问题原因：固定资产和累计折旧科目的累计发生数据不正确，这与在这个期间曾经发生过固定资产清理或者卡片中的本年发生信息不正确有关，如果有卡片发生清理，其发生额将不能记入初始化数据中。

②处理方法：新建科目，名称为"初始化前补充清理固定资产本年发生额"在科目初

始化数据中录入本年借贷累计发生额,使试算平衡,最后结束初始化即可。

(10)试算平衡表不平衡。综合本位币查试算平衡表时是平的,但是查看过滤条件"人民币"是不平的,而美元是平的。

①问题原因:理解错误,软件与数据都没有错误。

②处理方法:综合本位币试算平衡表是平衡的,美元试算平衡表也是平衡的,但由于存在期末调汇,美元折合本位币后的试算平衡表是不平衡的,所以人民币试算平衡表就不是平衡的,而这个差额,刚好是期末调汇凭证的金额。

二、速达 7000 SaaS 工业版的维护

账套维护与速达服务器相关。在使用账套维护之前,需要确认客户端已停止操作,然后停止服务器的服务,如图 6 – 39 所示。

图 6 – 39　关闭速达 7000 SaaS 服务器

服务器停止时,在屏幕底部右端的任务栏可以看到绿色的小图标变成红色的小图标。

停止速达服务器后,单击速达 7000 服务器窗口上的"账套维护"则打开"账套维护"窗口,如图 6 – 40 所示。

图 6 – 40　速达 7000 SaaS 账套维护界面

速达软件的账套维护包括对账套数据进行日常维护的各种功能，比如：备份、恢复、修复、引入、压缩、其他维护（删除账套、账套回收站、自动备份）等。

1. 账套备份

在"账套维护"窗口中选择需要备份的账套，单击"备份"，弹出"另存为"对话框，如图 6 - 41 所示。

图 6 - 41　速达 7000 SaaS 账套备份

系统在备份数据时，是将一个账套的所有数据压缩在一个文件中予以保存的，因此需要首先选择保存该压缩文件的路径及文件名。

备份文件名格式为：账套代号 + 系统日期 + 保存类型。

2. 账套恢复

在"账套维护"窗口中单击"恢复"，打开"数据恢复"对话框，如图 6 - 42 所示。

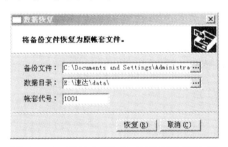

图 6 - 42　速达 7000 SaaS 账套数据恢复

3. 账套修复

如果获得了产品的升级或补丁程序，并放在了系统指定的位置，在重新使用账套前就需要对其进行"修复"。

在"账套维护"窗口先选择准备修复的账套，然后单击"修复"，系统会提示"是否确定对账套×××进行修复？"，单击"确定"则系统自动进行修复，单击"取消"则不做任何操作。系统在修复过程中将会出现一个进度条，以显示修复的快慢程度。

4. 账套引入

如果由于某种原因对计算机系统进行了重建，再次使用速达软件时，可以通过"引入"功能将以前保留的账套数据（账套数据默认存放路径下的 Data 文件夹中的 *.MDF 文件）恢复到系统中即可开始进行日常操作了。在"账套维护"窗口中单击"引入"，打开"引入账套"对话框,如图6-43所示。

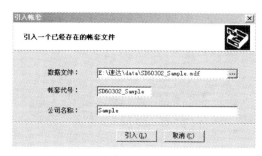

图6-43　速达7000 SaaS账套引入

5. 备份设置

如果觉得手工备份比较麻烦,或者平时就是在相对固定的时间内进行备份的,可以使用本功能来对账套数据进行自动备份。

在"账套维护"界面选择需要自动备份的账套,选择"备份设置",打开"自动备份设置"窗口。可根据需要设置备份频率(包括每天、每周和每月),如图6-44所示。

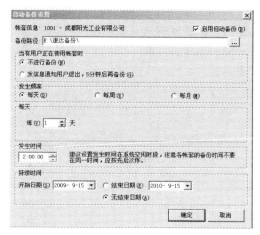

图6-44　速达7000 SaaS账套自动备份

6. 删除账套

用户如果有不再使用的账套时,可以将其删除。单击"账套维护"界面的"删除账套",可以将其删除。另外,账套的删除也可以在"选择账套"界面中进行,如图6-45所示。

选中准备删除的账套,然后单击"删除"即可。上述删除功能只是逻辑删除,还可以在"账套回收站"中将已删除的账套恢复或物理删除。

系统只允许账套的管理员(即拥有最高权限的用户)删除账套,因此在删除账套时,系统会提示输入管理员口令,删除操作完成后,有关该账套的数据都被清除了。

7. 账套回收站

因误操作而删除了账套,又想重新使用原来的账套,可以使用账套回收站功能将已删除的账套撤销删除;或者用户认为已删除的账套已没有用处,又占用了硬盘空间,可以使用永久删除功能,将已删除的账套从存放数据的文件夹下彻底清除掉。

图 6-45　速达 7000 SaaS 账套删除

三、浪潮 myGS pSeries 的维护

浪潮 myGS pSeries 维护工具是系统管理员进入日常维护经常要用到的一个子系统，当创建好了财务账套，并使用环境配置配置好了连接配置信息，就要使用维护工具子系统来增加系统操作员。

维护工具子系统的主要功能有：

（1）新增系统操作员。

（2）为系统操作员分配操作权限，包括功能权限，数据权限和时间权限。

（3）进行日常的数据备份和数据恢复。

（4）完成操作日志的管理。

1. 用户管理

（1）单击"开始—程序—myGS pSeries 管理软件—管理工具—维护工具"，运行维护工具子系统登录界面，如图 6-46 所示。

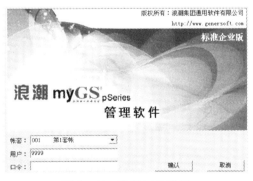

图 6-46　维护工具登录

在"账套"后的列表中选择连接信息，这个连接信息就是在环境配置子系统配置好的连接信息。选择了连接信息也就是指明了当前是对哪一套账进行操作。

用户：输入该联系信息所对应财务账套的账套管理员的编号。

口令：输入该连接信息所对应财务账套的账套管理员的口令。

（2）输完登录信息后，单击"确认"按钮，进入维护工具子系统，如图 6-47 所示。

这个账套管理员编号与口令是在创建财务账套时设置的。一个财务账套的账套管理员

图6-47　维护工具主界面

默认为9999，但可以在创建账套时修改成其他编码。

必须以账套管理员的编号（如"9999"）进入维护工具，不能以其他系统操作员的编号进入维护工具子系统。

在"用户"处输入的是系统管理员的编号，而不是输入系统管理员的姓名。在登录其他业务处理子系统如账务处理等时，都是输入用户的编号进行，而不是使用用户的姓名进行登录。

（3）新增加系统操作员。

①选择维护工具子系统中的主菜单"用户管理—用户注册注销"，进入"用户注册注销"界面，如图6-48所示。

图6-48　用户管理界面

②选择主菜单"编辑—注册"后，窗口中新增加一条空白记录，就可以在空白记录中输入系统操作员的用户编号、姓名与口令。

③功能权限分配。选择想要分配功能权限的系统操作员，然后选择主菜单"编辑—功能权限"，进入"设置用户功能权限"窗口，如图6-49所示，选中相应功能即可。

④数据权限分配。选择想要分配功能权限的系统操作员，然后选择主菜单"编辑—数据权限"，进入"设置用户数据权限"窗口，如图6-50所示，选中相应数据项目进行权限设置。

⑤时间权限分配。选择想要分配功能权限的系统操作员，然后在窗口下边的"日权限"和"时权限"进行时间权限的设置。时间权限可以控制到一周的每一天，而每一天又可以控制到每一个小时。打"√"表示在这个时间范围内允许操作系统。

图 6 - 49　用户功能权限设置

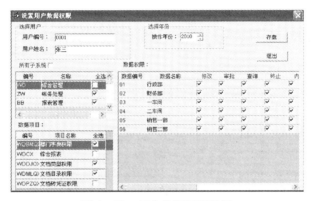

图 6 - 50　用户数据权限设置

　　有些数据的数据权限的设置,要等到相应的初始化工作完成后再进行。如,在账务处理子系统中,若还没有完成科目设置工作,则某些数据权限将无法设置。又如工资管理、报表管理子系统的数据权限可以等到初始化工作完成后再来设置。

　　(4)删除系统操作员。选择想要删除的系统管理员,然后选择主菜单"编辑—注销"后,即可删除一个系统操作员。

　　删除一个系统操作员并不会影响系统中的任何数据,但是最好不要轻易删除一个系统操作员,以免带来一些不可预知的问题。

　　2. 数据处理

　　(1)备份当前数据/恢复当前数据。

　　①备份。如图 6 - 47 所示,选择维护工具子系统中主菜单"数据处理—备份当前数据",进入"备份当前数据"功能,如图 6 - 51 所示,选择要备份的子系统,为备份出来的数据指定存放路径后,单击"确认"。

　　执行备份当前数据后,会在备份路径下形成名为"cur + 系统日期 + 账套编号"的一个子目录。

　　②恢复。选择维护工具子系统中的主菜单"数据处理—恢复当前数据",进入"恢复当前数据"功能,指定路径和子系统后,即可恢复。

　　(2)自动备份设置。选择维护工具子系统中主菜单"数据处理—自动备份设置",可以设置自动备份的间隔时间、自动备份的路径和备份文件的命名规则,如图 6 - 52 所示。

　　(3)账务系统反月结。通过账务系统反月结功能,可以把账务系统的月结日期恢复到

图 6-51　账套备份

图 6-52　自动备份设置

所选择的月份，同时还可以通过相应的设置将所做的凭证恢复到未复核状态或未记账状态，如图 6-53 所示。

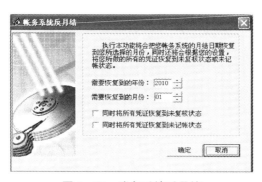

图 6-53　账务系统反月结

四、管家婆财贸双全＋的维护

1. 年结存

一个会计年度结束之后，需要进入年结存，将本期经营数据及明细清零，上一年的期末值转为新一年的期初值。

年结存将结存所有的账本数据，将现在的结存值作为新一年的期初值，并清除本年的经营明细。管家婆财贸双全＋中年结存操作如下：

（1）单击菜单"文件—年结存"，进入如图 6-54 所示界面。

（2）数据检查。系统将检查是否有未记账凭证、损益类科目余额是否为零、是否有未

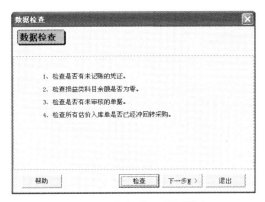

图 6-54　年结存—数据检查

审核的单据、所有估价入库单是否已经冲回转采购。

单击"检查"按钮，系统将对以上各项逐一进行检查，检查通过项后面将以"√"显示。

（3）单击"下一步"，进入"数据备份"对话框，如图 6-55 所示，输入备份文件名称。

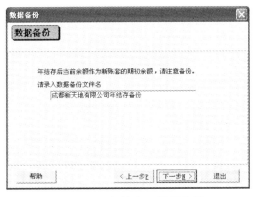

图 6-55　年结存—数据备份

（4）单击"下一步"，系统将进行数据备份，备份完成后，系统将提示备份成功，并给出备份文件名和路径。

（5）在提示框中单击"确定"，进入如图 6-56 所示的"年结存"界面。

（6）单击"下一步"进行年结存，进入如图 6-57 所示的"创建账套"界面。

（7）输入年结存前的备份账套名称，单击"完成"按钮，系统提示数据已恢复到账套中，再单击"确定"按钮，完成年结存并重新启动系统，就可进入新年度的账套。

2. 账套修复

当软件进行升级后，有可能原账套连接的数据库版本不正确，通过账套修复，可进行数据库的升级，以便能正常使用原账套。

（1）单击菜单"文件—账套修复"，进入如图 6-58 所示"账套修复"界面。

（2）单击"开始修复"，系统将对账套进行修复，并以进度条显示修复进度，完成时系统提示"账套修复成功！"。

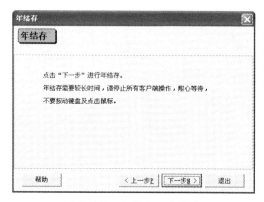

图 6-56 年结存—年结存

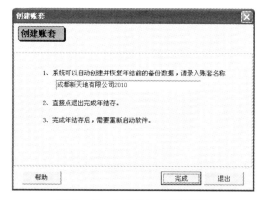

图 6-57 年结存—创建账套

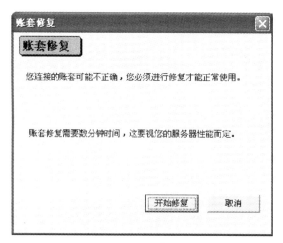

图 6-58 账套修复

3. 业务单据导入、导出

（1）业务单据导出。业务单据导出是将软件中与商品相关的单据以文本格式导出，形成文件。可以在其他账套中将导出的单据再导入。

①单击菜单"文件—业务单据导出"，在弹出的查询条件对话框中输入查询条件，如图

6-59 所示。

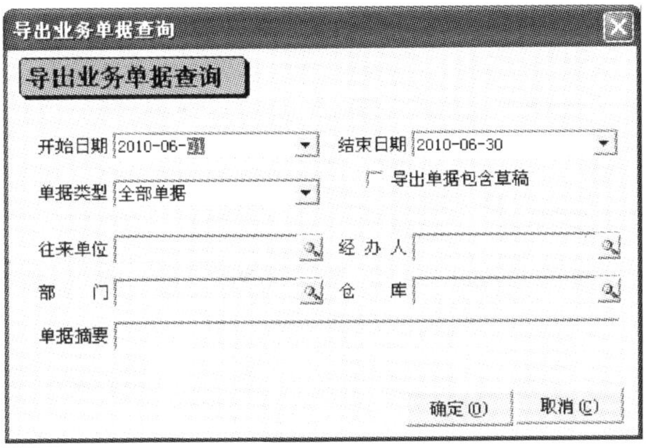

图 6-59　导出业务单据查询

②单击"确定"按钮，进入"导出业务单据"界面，如图 6-60 所示。

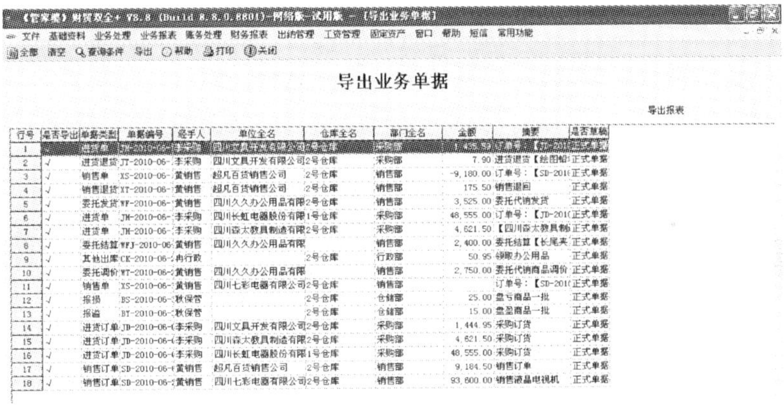

图 6-60　导出业务单据

在每行单据前的"是否导出"栏双击，选中需要导出的单据。

如果要导出所有单据，可以单击"全部"按钮，反之可以单击"清空"来取消所有选择的单据。

③单据选择完毕，单击"导出"按钮，系统提示输入导出文件的保存路径及文件名，默认路径为安装目录，默认文件名为"exportdata"，用户可以自行修改。

④导出完成后，系统提示"导出单据成功"及导出单据的数量。

（2）业务单据导入。用于导入从其他账套导出的单据数据。

①单击菜单"文件—业务单据导入"，进入"导入业务单据"界面，如图 6-61 所示。

②单击"打开文件"按钮，选择导入的文件后，返回导入业务单据界面，如图 6-62 所示，此时已有相关数据信息。

③单击"导入业务单据"按钮，系统开始进行数据检查，如无误则进行导入单据。

导入成功后，系统提示"数据写入成功"及导入单据的数量，导入的业务单据可以在草稿查询中查看。

如果在数据检查时发生错误，如导入单据中的基础资料与目前软件中的不相符，系统

图 6-61　导入业务单据—空白

图 6-62　导入业务单据—数据

以黄色显示错误的数据内容，双击黄色单元格，可以在现有的基础资料中进行选择替换，替换后，重新单击"导入业务单据"按钮，直至没有错误信息，成功导入数据为止。

4. 国标财务数据接口

国标财务数据接口是国家标准化管理委员会于 2004 年 9 月 20 日批准发布的《GB/T 19581-2004＜信息技术 会计核算软件数据接口＞》的具体标准，用户可以通过此接口将电子账套中指定期间的财务数据按照标准的文本格式导出，以实现与其他信息系统之间快速进行无障碍的数据交换。

单击菜单"文件—国标财务数据接口"，进入如图 6-63 所示的界面。

（1）选择导出文件的存储位置。默认为系统的安装文件夹，用户可以根据需要改变。

（2）输入企业信息，包括组织机构代码和行业性质。

（3）选择会计期间。用于设置导出数据所在的会计期间。

（4）选择要导出的报表数据存放位置。

（5）单击"设置"按钮，设置报表起始与结束位置，如图 6-64 所示。

每个报表名称右侧的数字表示报表有效数据在报表中所处的具体范围，用行来表示，如果用户没有修改过报表的格式，需按照默认的取数范围导出数据，否则就需修改取数范围。

（6）设置完成后，单击"导出"按钮，系统自动生成规定的文件，并保存于选定的位

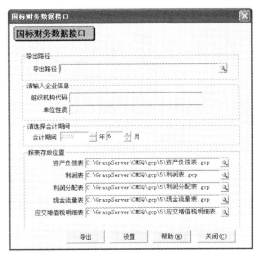

图 6 - 63　国标财务数据接口

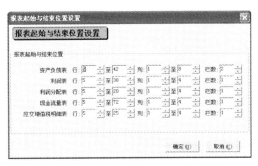

图 6 - 64　报表起始与结束位置设置

置。系统生成的文件格式为文本文件，按照标准的规定，格式文件分为两类，一类是格式说明文件；另一类是数据文件。导出的文件有多个，但格式文件只有一个，其余文件均为数据文件。

① 按照规定，系统生成的格式文件名为 GSSM. txt 文件，存放本软件数据接口所导出数据文件的名称和数据结构的格式说明信息。

② 数据文件包括多个，下面列出所导出的文件与其对应数据的关系，以供参考：DZZB. txt—电子账簿；KJKM. txt—会计科目；BMXX. txt—部门信息；ZYXX. txt—职员信息；KMYE. txt—科目余额及发生额；JZPZ. txt—记账凭证；XMXX. txt—项目信息；WLDW. TXT—往来单位。

五、金算盘 eERP - B 的维护

1. 账套升级

通过金算盘软件系统自带的账套升级程序升级到最新版。

（1）单击"开始—程序—金算盘软件—金算盘软件 eERP—金算盘账套升级系统"，或者双击桌面上的金算盘企业管理软件"金算盘账套升级系统"快捷方式图标，进入如图 6 -65 所示的"金算盘账套升级系统"对话框。

图 6 - 65　金算盘账套升级系统

（2）选择升级前账套文件，输入升级后账套文件，单击"确定"按钮，系统将自动进行账套升级。

（3）单击"设置"按钮，进入"设置"对话框，如图 6 - 66 所示，可对升级账套的相关参数进行设置。如果要升级为新会计准则账套，还可以选择后进先出法的转换方法。

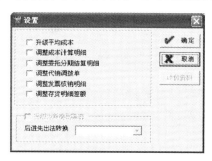

图 6 - 66　金算盘账套升级系统—设置

2. 自动导出和导入数据

（1）数据导出。单击主菜单"文件—数据导出"，系统将弹出如图 6 - 67 所示的"数据导出"窗口。

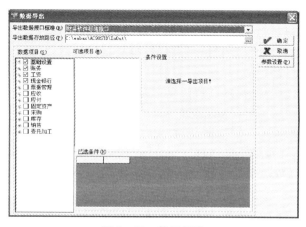

图 6 - 67　数据导出

①导出数据接口标准。系统提供四种接口标准供用户选择：财务软件标准接口，可以导出整个系统的数据项目；防伪税控制标准接口，可以导出基础设置、采购和销售数据，并且可指定金额是否含税；会计核算软件数据接口（GB - 文本格式/GB - XML 格式），可以导出基础设置、财务数据和会计报表。

②导出数据存放路径。系统默认导出数据存放路径是安装系统文件的路径 C：\ eabax \ AC98STD \ InOut \ ，用户可以单击"参照"按钮重新指定路径，并且系统会在此路径下新建以账套名称的前 4 个字符开头后接系统年月日的新目录，如：成都新星 20100728，用于存放导出的数据。

③数据项目。数据项目是用于指定导出数据所要包括的项目，单击选中。

④单击"参数设置"按钮，进入"参数设置"对话框，如图 6 - 68 所示，显示系统的安装路径及相关配置说明。

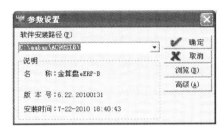

图 6 - 68　数据导出—参数设置

浏览：可以查看配置文件（ACCOUNT. INI）的存放路径。

高级：可以设置单据导出数量格式，包括采用的数制和小数位。

⑤单击"确定"按钮，系统将按用户的设置要求自动进行数据导出。

（2）数据导入。单击主菜单"文件—自动导入"，系统将弹出如图 6 - 69 所示的"自动导入数据"窗口。

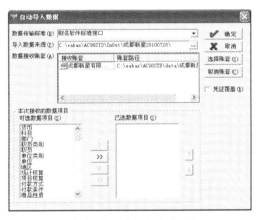

图 6 - 69　自动导入数据

①数据传输标准。与导出数据接口标准相对应。

②导入数据来源。单击"参照"按钮，指定待导入文件所在的路径。

③单击"选择账套"，选择需要进行数据接收的账套，选定的账套将在数据接收账套文本框中显示。

④在"本次接收的数据项目"中，列示可选数据项目，如果选择，则在"已选数据项目"中作为接收导入的数据项目。

⑤如果选择"凭证覆盖"，则导入的数据将覆盖对应的凭证。

⑥单击"确定"按钮，系统将自动进行数据导入。

参考文献

1. 王小云，侯伟强，李丽芳. 财务软件应用技术 [M]. 北京：清华大学出版社，2007.

2. 龚中华，何亮. 初级会计电算化应用教程 [M]. 北京：人民邮电出版社，2009.

3. 龚中华，何亮. 速达 5000ERP 标准培训教程 [M]. 北京：人民邮电出版社，2009.

4. 吴艳华. 财务软件培训教程 [M]. 北京：中国航天科技集团公司财务部，2003.

5. 朝日科技. 管家婆目标实用教程 [M]. 成都：电子科技大学出版社，2005.

6. 任我行公司培训部. 管家婆财务软件（辉煌版）企业应用案例 [M]. 北京：人民邮电出版社，2006.

7. 陈庄，杨立星，刘永梅，毛华扬. ERP 原理与应用教程 [M]. 北京：电子工业出版社，2005.

8. 快乐电脑一点通编委会. 电脑维护与优化 [M]. 北京：清华大学出版社，2008.